LA VÉRITABLE
MARLENE DIETRICH

GILLES PLAZY

LA VÉRITABLE MARLENE DIETRICH

Pygmalion
Gérard Watelet
Paris

DU MÊME AUTEUR

Poèmes
Il y a des nuits belles comme le jour, Editions du Scorff, 1997

Romans
Le Chant de la violette, La Différence, 1985
Le Jeune Homme dans un pays lointain, Manya, 1993

Nouvelles
L'Académie des chiennes, Joëlle Losfeld, 1993

Biographies
Ionesco, le rire et l'espérance, Julliard, 1994
Gustave Courbet, un peintre en liberté, Le Cherche Midi, 1998

Essais et documents
Les Aventures de la peinture moderne, Liana Levi, 1988
Cézanne ou la peinture absolue, Liana Levi, 1989
Voyage en Gracquoland, L'Instant, 1990
Cézanne, Le Chêne, 1991
Mona, l'ange noir de Henry Miller, Terrain vague, 1991
Le Douanier Rousseau, un naïf dans la jungle, Découvertes Gallimard, 1992
Le Douanier Rousseau (Paysages), Herscher, 1994
Fra Angelico, les saints et les anges, Herscher, 1995
Cézanne, le goût de la Provence (photographies de Jean-Bernard Naudin), Le Chêne, 1995
Matisse, saveur et lumière (photographies de Jean-Bernard Naudin), Le Chêne, 1997
Les Chemins de Van Gogh (photographies de Jean-Marie del Moral), Le Chêne, 1997
Villages de peintres (photographies de Jean-Marie del Moral), Le Chêne, 1998
La Toscane, Plume/Flammarion, 1999
De Venise à Vérone, Plume/Flammarion, 1999
Histoire de l'art en images, Adam Biro, 1999
La Bretagne (photographies de l'auteur), Plume/Flammarion, 2000
Les Buttes-Chaumont, Flammarion, 2000

Sur simple demande adressée aux
Éditions Pygmalion/Gérard Watelet, 70, avenue de Breteuil, 75007 Paris
vous recevrez gratuitement notre catalogue
qui vous tiendra au courant de nos dernières publications.

© 2001 Éditions Pygmalion / Gérard Watelet, à Paris
ISBN 2-85704-739.8

« En bonne fille que j'ai toujours essayé d'être, j'ai vécu seule, de mes mérites, et j'ai traversé le malheur et l'enfer pour en émerger, rayonnante. »

Marlene Dietrich, *Marlene D.*

I

UNE JEUNE ALLEMANDE

LE XXᵉ siècle commence à peine. Il va juste boucler sa
première année quand, le 27 décembre 1901, Marie
Magdalene Dietrich, la future Marlene, pousse son premier cri. Louis Erich Otto, son père, est lieutenant de la
police impériale. Ce grade, à trente ans, n'est pas la
preuve d'une carrière de brillant officier, sauf s'il a
conquis ses galons en sortant du rang. Sans doute est-ce
le cas, puisqu'il a servi dans le corps d'élite des uhlans et
qu'il y a gagné quelques médailles. Son père lui-même a
été policier, d'un rang inférieur. L'année de son mariage,
il a le front largement dégarni sur un visage aux traits
fins, au regard perçant et barré d'une épaisse moustache aux deux extrémités bien relevées. Wilhelmine
Elisabeth Josephine, née Felsing, a vingt-deux ans. Elle
est la fille d'un riche commerçant, héritier d'une belle
lignée d'artisans et fournisseur officiel du roi de Prusse.
Elle n'est pas vraiment jolie, plus toute jeune, mais ne
manque pas de charme. Les deux époux se sont mariés
en 1898 et leur union a déjà été gratifiée par la naissance,
en 1900, d'une première fille, prénommée officiellement

11

LA VÉRITABLE MARLENE DIETRICH

Ottilie Josephine Elisabeth et plus simplement Elisabeth. Ils vivent à Schöneberg, un village des faubourgs de Berlin, qui bientôt l'absorbera.

Sans doute Marlene Dietrich aurait-elle préféré un pedigree plus prestigieux. Sans doute se trouvait-elle digne d'une ascendance plus noble. Sans doute même était-elle convaincue d'appartenir à une lignée autrement blasonnée. Mais elle était trop soucieuse de son image pour ne pas préférer la légende à l'histoire, pour ne pas s'inventer une biographie digne d'elle (ce qu'elle n'a jamais manqué de faire quand elle a elle-même raconté sa vie). Aussi a-t-elle paré son père de toutes les qualités, s'inventant une origine et des ancêtres plus nobles, contant cette légende plus tard à sa propre fille. Ainsi, le fils Dietrich aurait-il été un bel officier prussien aux quartiers de noblesse suffisants pour expliquer ce privilège de classe, mais noceur et marié par une famille désireuse de le voir se ranger auprès d'une héritière bien dotée... De l'évolution de sa carrière on sait peu de chose et sa trace se perd vite dans les archives militaires de la Prusse. A tel point qu'on a longtemps cru qu'il était mort quand ses deux filles n'étaient que des petits enfants. Sans doute était-il peu à la maison, peut-être envoyé dans des postes où sa femme ne le suivait pas. Selon Steven Bach, principal biographe de Marlene, les deux époux, au moins pendant quelque temps, n'auraient pas vécu sous le même toit. Toujours est-il que Marlene a toujours affirmé n'avoir gardé de lui que très peu de souvenirs.

Josephine est une femme de caractère, autoritaire, corsetée de principes rigoureux, exemplaire d'une bourgeoisie montante qui ne manque pas d'ambition et n'a aucun complexe à l'égard d'une aristocratie avec laquelle elle rivalise : l'argent gagné par l'ardeur et le mérite de plusieurs générations vaut bien un arbre généalogique. Elle assure d'une main ferme l'éducation de ses deux

12

filles. Elle est elle-même cultivée, lit Goethe et joue du piano. Elle fera d'Elisabeth et de Marie Magdalene (plus souvent appelées par les diminutifs Liesel et Leni, ou Lena) deux demoiselles qui pourront prétendre à de beaux mariages. Afin de bien apprendre ce qu'il faut savoir pour tenir une maison, elles mettent la main à la pâte et la discipline ménagère est la base de leur formation. C'est une école de rigueur, d'humilité, d'efficacité. Pas de laisser-aller, pas de désordre, pas de désinvolture, rien de ce qui fait les enfants gâtés. La société prussienne a l'esprit militaire et Josephine (ce prénom prend le pas sur les autres) Dietrich est un bon exemple de cet état d'esprit : elle tient serrées les rênes de ses deux filles, qui apprennent à obéir sans discuter, à ne jamais se plaindre, à serrer les dents, à ne jamais avoir l'impudeur de montrer leurs sentiments. Les enfants, ça se dresse. Les petites Dietrich ne manquent pas pour autant d'affection. Josephine, aux yeux de Marlene, gardera toujours l'image, à laquelle elle-même essayera d'être fidèle, d'un « bon général ». Elle est exigeante, mais juste ; sans indulgence pour les fautes, mais reconnaissant les mérites. Sans doute leur mère ne s'exprime-t-elle guère, mais elle n'en est pas moins là. Et la famille Felsing les entoure comme il se doit, pour pallier l'absence du père. La grand-mère est une femme belle, charmante, affectueuse. L'oncle Willi, le frère de Josephine, continue sur la voie du commerce familial et s'intéresse de près aux débuts du cinéma, dont il fréquente les pionniers. On va souvent, l'été, dans sa maison, au bord du lac de Wandlitz. Côté Dietrich, tante Valli a un autre prestige, celui d'une dame de classe, bien mariée, élégante cavalière, mondaine et raffinée – le genre de femme à faire rêver une nièce qui la prendra volontiers pour modèle et l'aimera passionnément, jusqu'à recueillir après son départ les mégots satinés de ses cigarettes...

13

LA VÉRITABLE MARLENE DIETRICH

Marie Magdalene est une jolie petite fille. Une photo, prise quand elle a cinq ans, en témoigne. Louis Dietrich, en grande tenue, est assis dans un fauteuil d'osier, auquel s'accoude sa fille. Elle regarde résolument vers l'objectif, le visage rond, les joues épanouies, les yeux vifs, grands ouverts, auréolée d'un vaste chapeau porté très en arrière. Son père, tourné vers la gauche, a les yeux distraitement dirigés dans la direction de son épouse, qu'il ne semble pas voir. Josephine, en effet, se tient debout de l'autre côté du fauteuil, elle aussi le regard perdu vers on ne sait où. Drôle de famille, pense-t-on, et peu unie. Sur une autre photo, l'enfant a le même âge, la même robe, le même chapeau, mais un regard un peu mélancolique. Ainsi pouvons-nous voir deux expressions qui montrent deux faces de son caractère : un grand sourire derrière lequel se cache une secrète tristesse.

On dit qu'elle ressemble à son père. Quelquefois, elle aimerait bien être un garçon et elle décide de se prénommer Paul, un jeu qui peut amuser Josephine, laquelle n'y voit pas de quoi fouetter un chat. A six ans elle va à l'école avec sa sœur. Elle a déjà appris beaucoup de choses à la maison, par sa mère ou quelques préceptrices, s'entraînant à écrire et acquérant des rudiments de français et d'anglais, deux langues que des personnes de la bonne société ne doivent pas ignorer. A tel point que, d'emblée, elle saute une classe et se trouve un peu perdue parmi des compagnes plus âgées qu'elle.

C'est une élève discrète, plutôt timide, qui ne se fait pas remarquer, mais qui s'exalte quand une jeune femme, professeur de français, fait preuve à son égard, alors qu'elle enseigne dans une classe supérieure, d'une attention inattendue dans un monde où les rapports enfants-adultes, élèves-professseurs sont normalement figés dans un formalisme qui ne laisse aucune place aux affections particulières. Ecrivant un livre, *Marlene D.*, dans lequel elle esquisse une autobiographie, Marlene Dietrich, plus tard, inscrira avec une émotion encore vive le nom de Marguerite Bréguand, cette femme qui avait avec elle des conversations amicales, qui l'engageait à ne jamais être triste et à laquelle elle rêvait de faire des cadeaux somptueux.

Elle tient son journal depuis 1912. Dans le carnet rouge que tante Valli lui a offert, d'abord. Dans d'autres carnets ensuite. Elle y inscrit ses émois d'adolescente qui veut plaire aux garçons. Sa sœur Liesel se moque d'elle, mais cela ne l'empêche pas de rester fidèle à ce monologue qui lui tient à cœur et lui permet de se laisser aller à un certain penchant pour l'introspection. C'est par ce document, dans la mesure où des extraits en ont été publiés par sa fille, Maria Riva, que nous disposons de quelques renseignements précieux sur les jeunes années de la star.

Pour l'heure, son avenir est à la musique, une discipline qui fait normalement partie de l'éducation des filles et pour laquelle la cadette Dietrich se montre douée. Elle chante en s'accompagnant d'un luth qui, joliment enrubanné, est comme un jouet superbe. Le violon n'a pas d'emblée la même séduction, mais il confère à celle qui en joue un autre prestige, celui d'une musicienne soumise à son art. La rigueur, dans ce domaine, se nomme Bach. Le plaisir plus facile, c'est la *Sérénade* de Toselli. Mais il faut travailler, travailler. Travailler sans cesse le violon. Prendre aussi des leçons de piano. Devoir et discipline sont les maîtres mots de Josephine, qui s'efforce de les inculquer à ses filles, et y parvient. Si elle travaille, beaucoup, énormément, Marie Magdalene sera concertiste. Son professeur, Bertha Glass, le lui affirme, lui promettant que la musique saura la récompenser de ses efforts. Costumée en Mexicain, elle jouera, pendant la guerre, lors d'un concert de la Croix-Rouge, la *Paloma*, pour commémorer la mort, cinquante ans plus tôt, de l'empereur Maximilien, ce pauvre prince autrichien devenu par la volonté et les troupes de Napoléon III le souverain d'un pays qu'il ne connaissait pas et auquel il donna sa vie.

1914. La Première Guerre mondiale éclate. Marie Magdalene a douze ans. Elle vient de décider que désormais il faudra l'appeler Marlene, qu'elle sera Marlene. La bonne Mademoiselle Bréguand a dû, dès que la tension est montée et que se sont préparés les canons, cesser d'enseigner le français dans une école allemande, où l'ennemie qu'elle était n'avait plus sa place. Maria est une parfaite petite fille allemande, mais elle aime la France, dont elle parle déjà très bien la langue et qui est pour elle associée à cette jeune femme au corsage blanc et à la jupe noire qui l'a élue entre toutes. Elle n'a pas envie de faire la guerre à la France, quand chacun se mobilise, à quelque échelon que ce soit, quand les filles tricotent des écharpes pour les soldats. A travers les barbelés d'un camp où ils sont parqués, elle profite d'un quatorze juillet pour offrir des roses à des prisonniers français. C'est du moins ce qu'elle raconte, sur le tard. Trop romanesque pour être vrai ? Peut-être, mais celle qui allait devenir Marlene Dietrich pouvait bien être une adolescente romantique.

Louis Dietrich, sa fille cadette le note dans son journal, part sur le front de l'est, où un éclat d'obus l'envoie à l'hôpital. Deux ans plus tard, de nouveau sur le même front, il a moins de chance et meurt pour sa patrie. Josephine porte dignement le deuil. Liesel et Marlene sont, comme tant d'autres filles de leur âge, orphelines. Leur mère a appris à ne pas se laisser abattre. Il lui faut tenir bon, pour les filles. Elle s'occupe beaucoup de la maison d'un ami de son défunt mari, le capitaine Eduard von Losch, devient une sorte de gouvernante qui veille sur la mère du soldat et l'accompagne à Dessau, où les von Losch ont leur maison de famille. Eduard a décidé d'y installer sa mère et de rapatrier toutes ses affaires, en attendant la fin de la guerre. A Dessau, les Dietrich ont souvent passé des vacances et Marlene a tôt fait d'y retrouver ses occupations favorites : les promenades et les jeux qui permettent de rencontrer des garçons. A quinze ans, il est temps d'être amoureuse et elle n'y manque pas. Un certain Fritzi est son premier amour. Pour trois jours. Puis c'est pour quelques autres que son cœur bat, successivement.

Josephine, elle, épouse Eduard, moins d'un an après la mort de Louis. Amour ? Raison ? La guerre exalte les sentiments. Seule une espérance démesurée permet d'affronter le quotidien. Rien ne sert de s'enfermer dans le deuil. La nouvelle famille von Losch s'installe à Berlin. Eduard n'y reste que le temps d'une permission. Les deux filles Dietrich aiment bien ce beau-père qu'elles connaissent depuis longtemps. Il est aussi aimable et aussi absent que l'était leur père. Attentionné quand il est avec elles – ce qui est rare – et laissant Josephine exercer son autorité maternelle sans trop s'en mêler. Les filles sont assez rigoureusement élevées pour qu'il n'ait rien à redire. Il les considère comme les siennes, ne serait-ce que par fidélité à l'égard de son ami disparu, et elles sont assez charmantes pour que cela ne lui soit pas difficile. Elles sont heureuses de revenir à Berlin, où la vie, malgré la guerre, est tout de même plus brillante qu'à Dessau. Du moins jusqu'à ce que Josephine retrouve ses vêtements de veuve. Car Eduard lui aussi meurt sur le front. Comment une jeune fille de seize ans n'en serait-elle pas bouleversée ? Mais elle n'écrit rien à ce sujet dans son journal. Pour Marlene, éludant le beau-père, il n'y a qu'un père, un soldat héroïque dont elle réinventera plusieurs fois la carrière et la fin tragique. Elle laissera croire, sans qu'on sache pourquoi, qu'il est mort quelques années avant la Première Guerre mondiale. Elle dira aussi n'avoir gardé de lui que peu de souvenirs, juste l'image un peu vague d'un officier fringant qui fait claquer sa cravache sur des bottes impeccables. C'est étonnant si l'on considère qu'elle avait quatorze ans au moment de sa mort. Cela prouve sans doute que la mère et les deux filles étaient le plus souvent seules à la maison et que c'est Josephine qui s'est chargée de leur éducation. Chose d'ailleurs normale en un temps où les pères s'intéressaient peu à leurs filles, où le monde des hommes et celui des femmes avaient peu en commun.

Josephine est une veuve (deux fois veuve !) exemplaire. Elle ne vit pas pour elle-même. Pas plus après la mort de ses maris qu'avant. Elle ne vit, elle ne vivra que pour ses filles, veillant à faire d'elles des femmes à son image, toute de rigueur et de devoir, ne se plaignant jamais, serrant les dents devant l'adversité, attentive à toujours faire bonne figure, à se montrer digne, à la hauteur de la position qu'elle a conscience de devoir tenir dans la société allemande de son temps.

La guerre, pour Marlene, est une expérience étrange et cruelle. C'est l'omniprésence des mères doulou-reuses, des femmes inquiètes et dignes, les chuchote-ments, les larmes, l'attente des nouvelles, la lecture funèbre des listes où sont inscrits les noms de ceux qu'on ne verra plus. C'est un temps où les femmes montrent leur force, où les enfants apprennent à conte-nir leurs caprices. C'est une école de gravité, de fer-meté. Ce qui n'empêche pas la jeunesse d'être jeune, donc insouciante aussi, quand elle le peut. A la pati-noire, par exemple, où elle aime bien que les garçons se penchent sur elle pour l'aider à se relever, où déjà l'un ou l'autre provoque en elle quelque émoi, ainsi qu'elle le confie à son journal. Elle est amoureuse de quelques garçons, un peu aussi d'une jeune fille qui se pré-nomme Margarete. Pour la belle comtesse Gersdorf, c'est de passion qu'elle brûle. Une très belle dame, une amie de la famille qui lui témoigne beaucoup d'affection, mais sans excès. Une femme qui a de l'allure, de la grâce, le goût des belles choses et les moyens de le satisfaire. Marlene l'aime, elle le confie à son journal. Un geste de l'aimée, une parole la comblent. Elle est amoureuse, sans gêne de l'être d'une femme plutôt que d'un homme. La comtesse se dérobe, quand elle sent que le jeu dépasse ce qu'il est convenu de trouver normal. Heureusement, la peine ne dure pas longtemps, car on oublie vite à cet âge.

Marlene est romantique. Elle aime Chopin et Brahms. Elle applaudit aux grands drames de Shakespeare. Le cinéma aussi la fait rêver. L'Allemagne a déjà sa star, Henny Porten, qui a fait ses débuts encore enfant et qui tourne de nombreux films dans lesquels son visage expressif et son sens de la pantomime assurent son succès, sa gloire, en un temps où les acteurs n'ont pas encore reçu le don de la parole. C'est une reine du mélo qui triomphe dans des rôles de midinette au grand cœur et la mort de son mari pendant la guerre a fait d'elle une figure emblématique de l'Allemagne blessée. Marlene, qui voudrait elle aussi conquérir l'amour d'un public grâce à son talent de violoniste, est une fan de cette vedette du cinéma muet. Elle la guette devant sa porte, la suit dans la rue, fait en sorte de la croiser, de la saluer et, enfin, joue pour elle quelque mélodie sous sa fenêtre. Henny Porten s'en amuse, garde ses distances, prend l'air excédé ; mais elle n'oubliera jamais la ferveur de cette admiratrice dont le nom va bientôt devenir plus célèbre que le sien.

La guerre finie, elle lit *Les Souffrances du Jeune Werther*, l'œuvre célèbre de Goethe qui fit jadis pleurer toute une génération et qui la console quand elle est pour quelque temps mise en pension à Weimar, la ville du célèbre écrivain. Josephine s'inquiète du goût que sa fille montre pour les garçons et du peu de réserve dont elle fait preuve à leur égard : elle n'est pas sérieuse et, si elle ne se reprend pas, elle tournera mal, ne sera jamais la grande artiste qu'elle pourrait être. Hors de Berlin prise par la fièvre de l'après-guerre et de la chute de l'Empire, elle devrait acquérir ce qui lui manque encore pour être la concertiste dont il semble que maintenant sa mère rêve plus qu'elle-même.

Peut-être est-ce maintenant que commence vraiment le XXe siècle. En ce lendemain d'une guerre effroyable, qui a battu tous les records d'horreur. Qui a fait en Europe une formidable saignée, comme en faisait la peste au Moyen Age. Mais ce ne peut être que la dernière, la der des der. Cette fois-ci les hommes ont compris. Ils ont payé assez cher leur folie. Les nations vont s'unir, les peuples vont fraterniser. On va reconstruire sur les ruines. Profiter d'un progrès scientifique, technique, qui ne cesse depuis un siècle de montrer sa vitalité, de décliner ses promesses, de donner des raisons d'espérer. Les hommes changent. Leurs idées aussi. La Russie construit un nouveau monde, qui a pour les uns les couleurs heureuses de l'utopie, pour les autres l'obscurité de l'enfer. Dans toute l'Europe ainsi bousculée par la révolution bolchevique, s'opposent les tenants de l'ordre ancien et ceux d'un temps à venir où les richesses, les libertés, les chances des uns et des autres seraient mieux partagées. L'Allemagne, profondément blessée par sa défaite et le prix qu'il lui faut payer, d'année en année, pour s'en être rendue responsable, est plus que d'autres déchirée. L'Empire s'écroule. La dynastie impériale laisse la place à la république. La république de Weimar, puisque c'est ainsi qu'on la nomme. Une république dont le président est socialiste, qui est menacée par une extrême gauche révolutionnaire d'inspiration soviétique, puis par un putsch d'extrême droite.

La grand-mère Felsing vient de mourir, laissant un héritage non négligeable. Aucun problème, donc, pour payer les frais d'une institution renommée, où une jeune fille peut continuer quelques études tout en se consacrant à la musique. A Weimar, elle partage une chambre avec cinq autres jeunes filles et ne trouve pas cela agréable. Mais la pension n'est pas une prison. Les jeunes filles s'échappent en ville, dans une ville qui est en train de devenir un des grands foyers de l'art moderne, avec l'installation du Bauhaus. Dans ce centre de formation et de création artistique pluridisciplinaire fermente une révolution artistique qui va bouleverser ce qu'on n'ose plus nommer les beaux-arts. Marlene a dix-huit ans. Elle est belle, elle a du charme et du talent. Hors du contrôle de sa mère, elle prend goût à la liberté, rencontre quelques artistes, fréquente des cafés où l'on refait un monde que l'on voudrait plus harmonieux, plus lumineux. L'art a ici des enjeux qui n'ont rien à voir avec ceux d'une bourgeoisie prussienne pour laquelle l'imagination, l'épanouissement de l'individu ne sont pas des valeurs. L'art, ce n'est peut-être pas que de la discipline. Du moins n'est-ce pas forcément une discipline contraire à l'élan d'une personnalité. L'art, c'est aussi un mode de vie, contraire à celui d'une bourgeoisie rigoureuse encadrée par les règles de la religion luthérienne.

Marlene, qui entend le chant de nouvelles sirènes, manque d'acharnement au travail. Elle fait volontiers preuve d'une certaine désinvolture et commence à penser que la musique fait payer cher les plaisirs qu'elle donne. Un professeur de violon est, à en croire une confidence faite plus tard à sa fille, son premier amant. Expérience plutôt grotesque, culbutée sur un divan, jupes hâtivement relevées par un violoniste censé lui délivrer les secrets de Haendel et qui n'a même pas ôté son pantalon... Mais cela ne se passe peut-être pas ainsi. D'anciennes condisciples affirmeront à Steven Bach qu'elle se rendait à ses leçons dans des tenues bien faites pour affrioler le plus sérieux des maîtres. Un ancien condisciple, cité par Charles Higham, se souviendra, bien plus tard, de la beauté d'une jeune fille qui faisait rêver tous les garçons. Marlene prend conscience de sa séduction et du désir des hommes. Sans doute aussi de la façon dont elle peut s'en servir au profit de son ambition. Nul doute qu'elle en joue. Quant à savoir ce qui s'est réellement passé, ou ne s'est pas passé... l'intéressé n'a pas fait connaître sa version. Rien de bien romantique, en tout cas, ne semble se jouer à ce moment-là. L'union sacrée de l'amour et de la musique, dont peut rêver une jeune fille apparemment douée pour l'un et l'autre et au cœur échauffé par Goethe et Chopin, ne se réalise pas à Weimar, d'où Marie Magdalene Dietrich, qui tient toujours à son surnom de Marlene, se retire bientôt.

La musique, dont elle a naguère attendu le plaisir et la gloire, ne se montre pas aussi complice qu'elle le voudrait : elle va même jusqu'à lui refuser de franchir la porte de l'Ecole de Musique, passage nécessaire vers une grande carrière. Selon une autre version, c'est Josephine qui vient sans raison l'arracher aux délices de Weimar pour la ramener à Berlin et la confier à un très rigoureux maître ès Bach. Du moins jusqu'au moment où une tendinite aiguë, lui paralysant momentanément la main, oblige la jeune musicienne à se détacher d'un instrument qui la fait trop souffrir. Alors cela devient l'histoire d'un mauvais coup du sort, d'une vocation contrariée, d'une épreuve à surmonter. Ce qui est mieux pour l'image légendaire d'une star. La déception d'abord est cruelle, mais on ne pleure pas chez les Dietrich. Josephine nous l'a appris, Marlene le prouve. Il lui faut peu de temps pour se relever, prendre une décision, s'engager sur une voie nouvelle.

Marlene a beau dire sur le tard, dans les récits qu'elle fait de sa vie comme dans les confidences à sa fille : la vie est moins romanesque qu'on le voudrait, le personnage moins héroïque qu'il aimerait le faire croire. Si une chose est sûre, c'est que Marie Magdalene Dietrich sait, à la fin de 1921, quand elle fête ses vingt ans, qu'elle ne s'avancera pas sur la voie royale de la grande musique. Pas plus que sur celle, jadis empruntée par sa mère, d'une vie conventionnelle. La gloire musicale ne sera pas pour elle, mais elle ne se laisse pas pour autant abattre, ni ne se range dans l'ordre d'une vie bourgeoise. Elle s'engage dans ce qu'il est convenu de nommer *la vie active*, la besogne payée de cachets peu substantiels – une partie de sa vie qu'elle effacera sinon de ses souvenirs du moins de ses récits. Dans la folie de l'après-guerre berlinoise, entre république nouvelle, émeutes révolutionnaires et tentatives de coups d'Etat, alors que l'inflation effondre le cours du mark et multiplie les zéros sur les étiquettes des prix, il est difficile de ne pas faire quelque effort pour gagner sa vie. Son violon, une fois qu'elle est de retour à Berlin, Marlene, en fait, ne l'abandonne pas. En suivant l'enseignement d'un professeur réputé, Carl Flesch, elle continue de s'exercer pour le grand répertoire. Tout en entrant dans l'orchestre de Giuseppe Becce, qui joue dans l'ombre des cinémas pour accompagner des films muets. L'emploi n'est pas d'un très grand prestige pour une jeune fille qui rêvait de se produire en soliste dans de grandes salles de concert, mais ce n'est pas si mal puisque le chef, la trouvant très douée, lui confie de belles parties. Pour quelqu'un qui s'est déjà bien entiché du cinéma, c'est aussi une excellente façon de voir et de revoir des films, d'y admirer les vedettes à la mode, dont la belle Henny Porten, qui a toujours sa place sur les écrans. Marlene étudie le cinéma en pratiquant la musique. Cette fois, c'en est bien fini de l'enfance. La voici engagée dans une vie professionnelle qui la fait échapper au contrôle de Josephine. C'est un grand pas vers l'indépendance. Et qui sait jusqu'où elle ira, elle qui se montre pleine de confiance en elle, d'ardeur au travail, de volonté de réussir ?

L'expérience, pourtant, est brève. A peine un mois. Car Marlene a un défaut. Non, celui-ci n'a rien à voir avec la musique, pas plus qu'avec quelque mauvais caractère ou déplorable habitude. Mais, pour la musicienne qu'elle commence à être, ce n'en est pas moins un défaut. Ce sont ses jambes ! Celles-ci sont belles, très belles, ainsi qu'elle a déjà eu l'occasion de s'en convaincre, à tel point qu'elles troublent les messieurs de l'orchestre. Car ils les voient, en un temps où la mode acquiert de l'audace en raccourcissant jupes et robes et en révélant des mollets qu'on ne pouvait auparavant admirer que dans l'intimité. Ils en perdent la tête et le fil des mélodies. Le chef d'orchestre, navré, doit se séparer de la fringante violoniste. Les jambes, mais aussi la silhouette, le regard, l'allure élégante. Car elle sait se faire remarquer, se mettre en valeur, s'habiller avec chic et originalité, à la limite quelquefois du bon goût, mais juste ce qu'il faut pour paraître étrange, étonnante, hors du commun. Une jeune femme l'aide à ce jeu d'élégance décalée : Jolly Felsing, la jeune épouse d'oncle Willi. Le frère de Josephine von Losch, qui a ses entrées dans le beau monde, a rencontré à une réception cette beauté d'origine polonaise, qui arrivait de Hollywood en compagnie d'un mari américain qu'elle a délaissé pour l'héritier de la dynastie Felsing. Cette jeune tante est fascinante, ainsi venue d'un autre monde qui est celui du grand rêve cinématographique. Marlene a de bonnes raisons de l'admirer et de lui emprunter, ainsi qu'elle le lui propose, quelques-unes de ses tenues fantaisistes, et l'art très particulier qu'elle a de jouer avec la mode. Jolly, à peine plus âgée qu'elle, est riche par son mariage, et généreuse. Elles sont complices et l'oncle Willi, assurément, ne voit pas d'un mauvais œil sa nièce s'engager dans ce monde du spectacle dont il est un habitué, lui qui est aussi amateur de cinéma que de théâtre et qui fréquente ce qu'on ne nomme pas encore dans le monde entier le *show-biz*. Oncle Willi n'est pas qu'un commerçant avisé, c'est un homme moderne. Il aide Marlene à entamer la résistance de Josephine, dont l'autorité et les espoirs se sentent quelque peu atteints par le comportement de sa fille.

Devoir si vite quitter l'orchestre, c'est une déception, bien sûr. La musique, donc, se refuse à elle, fait tout pour la détourner d'une voie dans laquelle elle se croyait engagée. Mais au moins a-t-elle fait ses preuves et plus rien désormais ne saura l'arrêter. Son physique est un atout. Le cinéma est fait pour de jolies filles comme elle. Nul doute qu'elle commence à avoir l'idée de jouer sa carte devant les caméras. Cinéma et théâtre ne sont pas alors des frères ennemis. Acteurs, metteurs en scène, écrivains passent aisément de l'un à l'autre. Pour se doter de nouvelles armes, Marlene prend des leçons de chant. Il suffit d'un beau-frère (car Elisabeth vient de se marier) pour lui donner le coup de pouce nécessaire à sa montée sur les planches. Georg Will, sans doute, est l'homme qui l'introduit dans un cabaret de Berlin, d'où elle part en tournée, comme girl, dans plusieurs villes d'Allemagne. Comme quoi les jambes qui l'ont chassée de l'orchestre se font pardonner en lui procurant un autre engagement.

Marlene, qui se montre moins désinvolte qu'elle ne semblait l'être à Weimar, et pas bégueule, ne se sent pas déchoir de faire une halte au premier degré des métiers du spectacle. Quand d'autres feraient la fine bouche, elle comprend vite que l'important, c'est de s'introduire dans quelques réseaux, de faire preuve de ses qualités, de se faire des complices, de gravir les échelons de la carrière. Il s'agit pour lors plus de se montrer parée de plumes d'autruche et de lever la jambe en cadence que de vraiment danser. De cabaret en cabaret, la voici qui chante et qui danse pendant un an, dans les lumières du Kurfürstendamm, ce boulevard des spectacles où Berlin oublie la défaite sans trop se soucier de construire un avenir dont personne ne sait de quoi il sera fait. Des débuts, somme toute, plutôt banals, pour une jeune fille qui choisit de jouer ses cartes dans le monde du spectacle, en profitant de son physique. Mais pas question de s'attarder en bas de l'échelle. Quand on aime Goethe et Shakespeare, on peut penser qu'il y a mieux à faire. Mais quand on est la fille de Josephine Felsing et qu'on sent dans ses veines couler du sang d'officier, on sait que rien n'est jamais donné qu'à ceux qui le méritent et le conquièrent. Qu'à cela ne tienne. Celle qui s'est vite faite à l'idée qu'elle ne sera jamais concertiste a désormais une autre visée : elle sera actrice. Et elle fera ce qu'il faut pour cela. C'est-à-dire qu'elle apprendra.

Berlin, en ce début des années vingt, est une ville foisonnante, qui s'enivre d'une liberté qu'elle découvre. L'Allemagne, en 1914, a eu sa folie guerrière, comme la France. La presque totalité des forces politiques s'est engagée dans le conflit avec fougue, sûre de son bon droit, de sa grandeur, de la puissance de son empire et de son souverain, Guillaume II. La défaite, bien sûr, a traumatisé le pays, qui n'a pas été dévasté, contrairement à la France, mais qui a été condamné par les pays victorieux à une indemnité considérable. La proclamation de la république ne s'est pas faite en douceur et l'extrême gauche « spartakiste » a tenté une révolution à l'exemple des bolcheviks russes. Celle-ci a été violemment réduite et la droite nationaliste en a profité pour faire entendre sa voix, autoritaire en politique intérieure et revancharde en politique extérieure. Le poids de la dette, ordonnée par le traité de Versailles qui a mis fin à la guerre, provoque une crise économique qui fait craquer les vieilles structures de la société impériale. L'après-guerre ne tient pas ses promesses. L'espoir, venu avec la paix, a été vite déçu. La démocratie reste fragile. On a du mal à imaginer ce que sera l'avenir, à moins de faire partie des minorités qui cultivent des utopies divergentes. On ne pense guère au lendemain. On cueille le présent au jour le jour. On dépense vite, quand on en a, un argent qui perd sa valeur dans le tourbillon de l'inflation la plus extraordinaire que l'Europe ait jamais connue. On danse, on chante, on boit, on fume, on tâte de quelques drogues, on oublie les différences des sexes. Les cafés, les cabarets, les théâtres, qui sont nombreux, ne désemplissent pas. Les jeux de la scène distraient d'une réalité qu'on a du mal à saisir ; ils prodiguent généreusement leurs illusions ou font rire par leur humour caustique.

En ce temps-là, le théâtre allemand a un nom : Max Reinhardt. Cet homme d'une cinquantaine d'années, ancien acteur et prodigieux entrepreneur, est un vrai fou de théâtre. Il est devenu un metteur en scène très célèbre. Sous l'influence du symbolisme, qui a été le grand mouvement artistique de la fin du XIXe siècle, il rêve d'un spectacle total, s'attache à un style de jeu sans emphase. Il a acquis la réputation d'être un génie de la lumière, de l'éclairage de la scène. Il a aussi tourné deux films avant la guerre. Il dirige maintenant trois théâtres à Berlin, le Deutsches Theater, le Kammerspiel et le Grosses Schauspielhaus. Il produit des spectacles sur quatre scènes de Berlin, mais aussi çà et là en Allemagne et en Autriche, quand ce n'est pas en Russie ou en Amérique. Il sait s'entourer d'excellentes équipes de compagnons, disciples, acteurs, metteurs en scène, professeurs. Théâtre classique, grand spectacle ou pièces contemporaines, rien ne lui est étranger. L'école qu'il vient de mettre sur pied attire les jeunes qui se croient dotés d'un talent dramatique. Par elle, ils peuvent s'introduire dans son empire, acquérir les rudiments du métier auquel s'attaque leur ambition, trouver l'occasion de quelque figuration, puis de quelque rôle dans une des nombreuses pièces sur lesquelles il a la haute main. Encore faut-il y entrer. Marlene, qui a du flair, a vite compris, que là s'ouvrent des possibilités autrement intéressantes que celles qui s'offrent aux girls emplumées. Elle a un physique, de la culture, de la volonté, une bonne pratique de la musique, l'usage courant du français et de l'anglais, le goût du spectacle, l'art d'attirer les regards... C'est beaucoup. Beaucoup plus que la plupart des jeunes filles qu'elle côtoie et qui sont attirées par les paillettes de la nuit comme par un miroir aux alouettes. De telles qualités sont des atouts pour prendre le pari d'une carrière d'actrice, sur scène et devant les caméras. Et pas seulement en Allemagne, car un vrai triomphe est international. De l'autre côté de l'océan Atlantique, au bout de cet énorme et excitant continent qu'est l'Amérique, le cinéma a son haut lieu : Hollywood, où plus d'une star européenne déjà s'aventure et triomphe.

Marlene veut entrer au théâtre par l'école de Max Reinhardt. Pour cela il lui faut passer une audition. Le maître, occupé à des tâches plus importantes, laisse faire ses assistants. Il dirige, donne l'esprit, les impulsions, transmet son énergie. L'aréopage des examinateurs n'en est pas moins impressionnant. Marlene, d'abord, s'avance sur scène pour dire un texte qu'elle a choisi et préparé, une page du grand écrivain allemand de l'époque, Hugo von Hofmannsthal. La deuxième épreuve est imposée. C'est la célèbre prière de Gretchen du *Faust* de Goethe. Elle se jette à genoux avec une telle détermination qu'on l'arrête pour glisser un coussin sous ses genoux. Elle reprend, met toute la conviction dont elle est capable dans cette prestation, et se fait recaler. C'est vexant, certes, mais il en faut plus

28

pour arrêter Marlene. Elle est du genre à passer par la fenêtre quand la porte lui est fermée au nez.

Une relation quelconque, peut-être son beau-frère, ou une personne rencontrée en marge de quelque spectacle, l'aide à prendre un chemin détourné pour se présenter de nouveau chez Max Reinhardt. Un mot de recommandation l'introduit dans la loge de Rosa Valetti, une actrice qui a du tempérament et un nom, un joli bagout assurant sa célébrité au cabaret. L'aînée l'accueille avec la cordialité qu'on doit à une jeune consœur et la prudence avec laquelle on se protège à priori des solliciteurs. Elle l'écoute avec juste ce qu'il faut d'attention. Elle entend sa voix et c'est cette voix qui l'arrache à l'indifférence polie avec laquelle elle s'apprêtait à encourager l'intruse, sans toutefois autrement se compromettre. Une voix qui peut vous donner des frissons et qui, si elle était travaillée, pourrait enjôler bien des spectateurs. C'est assez pour que Rosa Valetti adresse Marlene à Felix Höllander, un administrateur de l'empire Reinhardt, dont le neveu Friedrich est un compositeur qui fait alors, lui aussi, ses premières armes au cabaret.

Et voici qu'une girl aux longues jambes, qui aime la poésie de Goethe et de Rilke plus que les spectacles de divertissement auxquels elle s'est pourtant pliée, s'introduit par la bande dans une école qui n'a pas voulu d'elle : elle devient, en compagnie d'une autre jeune actrice qui fera aussi son chemin, Grete Mosheim, élève particulière d'un professeur qui leur transmet sa science en dehors du cursus de l'enseignement normal. Berthold Held n'est certes pas génial, mais il les aide à travailler leur voix. Surtout, cette situation leur suffit pour participer à d'autres activités de l'école, pour s'asseoir dans les théâtres de Max Reinhardt et se montrer à la Kantine, la petite brasserie installée au sous-sol du Deutsches Theater et qui est le lieu de rendez-vous du tout-théâtre berlinois.

LA VÉRITABLE MARLENE DIETRICH

Marlene cherche du travail. Elle ne peut pas se faire entretenir trop longtemps par sa mère, qui a du mal à joindre les deux bouts. Et elle a soif de liberté. Elle veut, plus que sa sœur Liesel, qui est excessivement soumise à Josephine von Losch, se défaire d'une emprise trop pesante. Dans un café du Kurfürstendamm elle rencontre une jolie jeune fille, Gerda Huber, avec qui elle sympathise très vite. Jusqu'à partager pendant quelque temps la chambre que cette journaliste homosexuelle occupe dans une pension de famille où Marlene acquiert l'estime de la propriétaire par ses talents de cuisinière. Mais, jalouse de son indépendance, elle prend, dès qu'elle le peut, une chambre pour elle seule.

Elle savait que le plus important, c'était de franchir le premier échelon. Et elle l'a fait. Ensuite, ce n'est plus qu'une question de chance et d'entregent. D'entregent surtout. Sans doute Berthold Held sait-il placer ses élèves. Marlene, en septembre 1922, interprète son premier rôle au théâtre. Un petit rôle, mais un rôle tout de même. Elle est Ludmilla Steinherz, dans la *Lulu* de Wedekind. Et elle continue, dans les pièces de Shakespeare, Somerset Maugham et Kleist. Ce qui lui permet d'approcher ces grandes vedettes de l'époque que sont Elisabeth Bergner, Agnes Straub et Albert Besserman. Marlene, qui a bien décidé de ne pas s'attarder aux petits rôles, en est tout émoustillée et, sans complexe, elle se dit que c'est à ce niveau qu'il faut se hisser. Elle fait feu des quatre fers, passe d'un spectacle à l'autre. Cette nouvelle vie professionnelle, c'est aussi pour elle l'apprentissage de la liberté. Une liberté dont elle use au mieux en vue de son ambition et qui ne lui tourne pas la tête. Des galants la courtisent, bien sûr, mais elle résiste (du moins tout le laisse croire) à leurs avances. Séductrice, flirteuse, certes, mais sachant leur tenir la dragée haute. Sa conviction est de plus en plus forte : c'est au cinéma que doit se jouer sa destinée.

LA VÉRITABLE MARLENE DIETRICH

Oncle Willi fait appel à ses relations pour lui donner l'occasion de faire un essai devant une caméra. Stefan Lorant, cameraman du studio Decla, se voit, un jour, assailli par une jolie ingénue, bien en chair et aux joues rondes, dont il ne peut se débarrasser, alors qu'il sort d'un épuisant tournage dans les studios surchauffés du Tempelhof, qu'en improvisant une prise de vues en extérieur. C'est qu'elle est tenace et ne se laisse pas désarmer par les réticences d'un homme épuisé par sa journée de travail et qui n'est pas assez séduit par elle pour avoir envie de remettre sa caméra sur pied. Rien à faire : après lui avoir décliné toutes les raisons qu'elle aurait de ne pas faire du cinéma (une vie harassante, souvent humiliante, riche de plus d'illusions que de satisfactions), il lui faut se rendre à l'évidence : cette jeune femme à la vitalité stupéfiante ne le laissera pas ranger son matériel avant qu'il n'ait cédé à sa demande. Pour en finir, il profite d'une quelconque barrière pour inviter l'acharnée à divers jeux de scène : monter, descendre, sourire, tourner la tête d'un côté ou de l'autre, juste ce qu'il faut pour pouvoir juger de son sens du mouvement, de ses expressions, de la façon dont son visage prend la lumière. Ceci tandis que se pressent autour d'eux d'autres gens de cinéma amusés par la scène.

Stefan Lorant, devenu plus tard, aux Etats-Unis, une sommité de la photographie, racontera cette expérience banale au moment où elle fut faite, mais très amusante quand on sait ce qu'est devenue peu après celle qui en fut « l'héroïne ». Avec une élégante ironie, il n'a pas manqué de faire cette confidence qu'il aurait pu intituler : « Comment je n'ai pas découvert Marlene Dietrich. » Car le bout d'essai lui paraît désastreux. Le visionnant avec quelques camarades, son auteur en conclut que la jeune femme qu'il a filmée n'a rien, mais alors vraiment rien qui puisse lui permettre d'espérer faire une carrière

31

au cinéma. Elle est même plutôt laide à l'image. Quelqu'un d'autre alors fait preuve d'une meilleure intuition. Wilhelm Dieterle est un jeune acteur qui joue dans le film qu'est en train de tourner Lorant et qui voudrait arracher le cinéma à l'industrie des grands studios pour en faire une aventure artistique plus personnelle, plus soucieuse de l'esprit moderne qu'on voit s'épanouir en littérature et dans les arts plastiques. Il a vu Marlene au moment du tournage de ce bout d'essai et quelque chose l'a frappé, qui a échappé aux autres : une aura. Il s'en souviendra dès qu'il aura trouvé l'argent qui lui permettra de tourner le film qu'il veut réaliser après en avoir écrit lui-même le scénario

Nullement dépitée par son échec devant la caméra de Stefan Lorant, Marlene repart à l'assaut et le bon oncle Willi, qui commence pourtant à avoir une bonne raison de douter de sa protégée, cède à ses instances et l'introduit auprès du réalisateur Georg Jacoby (le futur Derek Jacoby du cinéma américain) qui lui confie son premier rôle au cinéma, un rôle mineur de femme de chambre certes, mais dans un film historique, *Le Petit Napoléon*, qui ne vise pas moins que le marché américain. Le film, pour des raisons diverses, ne sera diffusé qu'un an plus tard. On ne peut pas dire que l'apparition peu importante de Marlene y est très convaincante. Dieterle, lui, a enfin pu trouver un peu d'argent pour tourner *La Carrière*, un film au scénario emprunté à Tolstoï et qui conte une version originale de la parabole du Bon Samaritain. Marlene, avec des tresses blondes, y joue un rôle secondaire encore, certes, mais pas tout à fait petit et qui lui vaut les premières mentions (rapides, certes) de son nom dans des articles de presse.

Du côté de chez Reinhardt et de son école, on est, bien sûr, vite au courant des castings en cours. Les studios ne manquent de le faire savoir quand ils sont à la recherche de nouveaux visages. Marlene, qui suit

toujours l'enseignement de Held avec son amie Grete
Mosheim et qui, entre théâtres et Kantine, est attentive
à toutes les informations, ne manque pas de se présenter aux auditions organisées par un régisseur qui recrute
pour une superproduction dont le titre est tout un programme : *La Tragédie de l'amour.* Les deux vedettes en
seront Mia May, femme du producteur et réalisateur
Joe May, et Emil Jannings, un acteur à la forte personnalité et au talent dramatique affirmé, une valeur sûre
du box-office. Marlene s'est, pour l'occasion, affublée
d'une robe suggestive, d'un renard jeté sur ses épaules
et d'une paire de gants verts. Elle est, en plus – et ceci
attire l'attention de Fritz Maurischaat, l'assistant qui
reçoit les candidates –, accompagnée d'un petit chien
au bout d'une laisse. A qui a-t-elle emprunté cet animal
pour parfaire son image, nul ne le sait, mais l'assistant
la trouve séduisante. La manière qu'elle a de cacher sa
jeunesse et son manque d'expérience sous des airs de
femme libérée ne le trompe pas et c'est cette ambiguïté,
s'exprimant dans un étonnant regard, qui retient son
attention et l'incite à attirer celle du régisseur. Celui-ci,
Rudolf Sieber, que ses amis appellent Rudi, est un bel
homme de vingt-cinq ans, né dans la région de Prague
et qui s'est déjà taillé une jolie place dans le cinéma berlinois, entre production et réalisation, jusqu'à se fian-
cer avec Eva, la fille du producteur et de la vedette du
film en projet. Rudi trouve Marlene un peu ridicule,
mais n'en juge pas moins qu'elle est parfaite pour tenir,
dans ce film qui durera quatre heures, le rôle d'une
jeune femme légère, maîtresse d'un juge de paix dont
elle provoque la jalousie, en plein procès : elle accorde
une attention trop visible à l'assassin qui sera bientôt
condamné pour avoir précipité par la fenêtre un rival
malheureux.

La brève prestation de Marlene n'a rien d'extraordinaire, mais elle sait tout de même composer une

étonnante figure. Elle a jeté sur ses épaules son inséparable boa et elle porte un monocle, dont elle s'est fait depuis quelque temps un accessoire qui contribue à la faire remarquer, aussi bien dans la rue que dans les cafés et les cabarets à la mode. Ainsi, pour ce film, a-t-elle modelé son personnage, avec la complicité de Rudi. Celui-ci, très impressionné, en délaisse d'ailleurs sa fiancée. Marlene est amoureuse et il le lui rend bien. Il a beau avoir la réputation d'être un brillant séducteur, il tombe dans les filets de cette femme charmante et volontaire et l'épouse sans tarder, le 17 mai 1923. Marlene est luthérienne, Rudi est catholique, Josephine se fait une raison. Il lui faut bien admettre que sa fille cadette lui a échappé. Mais cela aussi la rassure de voir un mariage mettre de l'ordre dans la vie de bohème de cette jeune femme pour laquelle elle avait imaginé une autre vie. Avec son goût des scénarios fantaisistes, Marlene racontera plus tard à sa fille Maria que, dans la voiture qui les menait à l'église, elle rompit sa couronne de mariée avant de la reposer sur sa tête : n'avait-elle pas perdu sa virginité avec un professeur de violon ? Vrai ou faux, allez savoir… Répétons-le : Marlene n'est pas toujours digne de foi.

A peine mariée et installée 54, Kaiserallee, dans un appartement aux murs couverts d'icônes achetées à des émigrés russes, elle est engagée pour un autre film au nom d'une belle actualité : *Le Saut dans la vie*, que réalise Johannes Guter et dans lequel elle a un rôle qui lui aussi tombe à pic, puisqu'elle y est éperdue d'amour pour un acrobate. Ce qui ne l'empêche pas de signer à peu près au même moment un contrat avec deux producteurs de théâtre, Carl Meinhard et Rudolf Bernauer, qui lui font enchaîner plusieurs rôles. Avec Shakespeare, Wedekind, Molière, elle monte de nouveau sur les planches, sans grand rôle en vue encore, mais au moins, alors que l'inflation ne cesse d'empirer, elle ne connaît pas le chômage, dont souffrent bien d'autres artistes. Mais il lui faut bientôt s'arrêter de travailler.

Marlene est enceinte et heureuse de l'être. Dans le cœur de la jeune actrice qui rêve d'une grande carrière, une mère s'éveille. Une ménagère modèle, qui a été bien formée par sa mère et qui a le goût des choses de la maison. Une femme qui aime faire la cuisine, qui ne craint pas les travaux de couture, qui a envie de se dévouer pour ceux qu'elle aime. Et qui aime déjà très fort ce petit être qui grandit en elle. Elle a fait l'amour avec Rudi, qui n'était peut-être pas le premier et elle n'y a pas pris beaucoup de plaisir. C'est du moins ce qu'elle dira à sa fille, quand elle lui parlera de cette période. Mais l'important, c'est qu'elle est enceinte, et c'est ce qu'elle voulait. Rudi est certes amoureux, gentil, attentionné, attentif à sa carrière, mais ce n'est pas au lit qu'elle le préfère et à cela il n'y a rien à faire. L'ami lui plaît plus que l'amant. Aussi lui annonce-t-elle, dès qu'elle est enceinte, que là s'arrêtent pour eux les jeux de l'amour. Il peut entendre que la décision ne tient qu'à la grossesse et qu'ensuite il retrouvera une activité conjugale qui normalement fait partie de l'ordinaire d'un couple. Il lui faudra pourtant apprendre que sa femme n'y trouve aucun intérêt.

Marlene voit son ventre s'arrondir, sent en elle l'enfant, son enfant, l'enfant de Rudi. Un garçon, ou une fille ? Un garçon, ce serait bien pour elle qui vient d'une famille où l'homme a manqué. Un garçon qui reprendrait le fil coupé des Dietrich. Qui n'en serait pas moins le portrait de son père, le portrait du beau Rudi. Josephine aussi aimerait un garçon, qui lui rappellerait son premier mari, en qui elle pourrait mettre ses espoirs, elle qui aurait tant aimé avoir un fils. Mais une fille, pense Marlene, ce serait plus simple. Elle n'a guère eu de père, n'a pas eu de frère, pas beaucoup de petits amis non plus, alors elle ne sait pas très bien ce que c'est qu'un petit garçon. Déjà qu'un enfant, c'est un peu inquiétant... Elle sent cette vie en elle qui frémit, se nourrit d'elle, puis bouge, donne des coups de pied. Rudi pose la main sur son ventre, se penche, l'oreille sur le nombril de sa femme, pour entendre le murmure de ce petit être. Ils cherchent un prénom, cela les amuse. Un garçon, ce sera Louis. Une fille, ce ne sera pas Josephine, parce que c'est un prénom démodé, parce que la grand-mère sera certainement bien assez présente sans cela. Ce ne sera pas non plus Wilhelmine, un prénom impérial. Non plus que Grete, qui sent un peu trop la campagne. Ils finissent par se décider pour Maria. Le plus simple des prénoms. Qui n'appartient à aucune langue, donc à toutes, ou presque. Qui s'entend dans le monde entier. Et Maria, c'est presque le prénom de Marlene, qui se prénomme Marie, avant Magdalene, et dont on ne sait pas très bien pourquoi elle l'a ainsi reçu sous sa forme française (une aïeule plus ou moins lointaine, du côté de son père, a-t-elle laissé entendre).

Rudi surtout insiste. Et se réjouit de voir que sa femme accepte bien volontiers. Il a compris qu'il ne faut pas la forcer. Il a su présenter peu à peu son idée, y amener Marlene sans la lui imposer, faire en sorte qu'elle-même soit la première à prononcer ce prénom. Rudi est catholique, contrairement à elle qui est luthérienne. Pour lui, la Vierge Marie veillerait alors d'autant mieux sur la petite fille. On pourrait croire, à le voir vivre, que la religion n'a pas d'importance pour lui, qu'il est de ces hommes modernes qui ont rompu avec l'Eglise. Mais, curieusement, ce Don Juan des studios est croyant. Pas très pratiquant, mais attaché à sa religion, à ses rites, à ses signes, à ses coutumes. D'une façon plus proche de la superstition que de la haute spiritualité, sans doute, mais assumant sans complexe son catholicisme. Alors que Marlene, elle, n'a plus aucune préoccupation religieuse. Elle ne se moque pas pour autant des idées, des manies de Rudi, parce qu'elle-même a ses superstitions, ses gestes, ses mots pour conjurer les désagréments, ses grigris.

C'est une fille, Maria, qui naît au mois de décembre 1924, alors qu'une jeune actrice suédoise, dont on dit déjà le plus grand bien, tourne, à Berlin même, *La Rue sans joie*. On dira plus d'une fois, quand Marlene Dietrich et Greta Garbo seront les deux grandes stars rivales de Hollywood, que Marlene a brièvement participé au tournage de ce film, avec un petit rôle, qui a été ensuite coupé au montage. Bien sûr, cela aurait été possible. Bien sûr, ce serait amusant de les imaginer, à leurs débuts, dans une même distribution, mais, vu l'état de Marlene fin 1924, cela est peu probable et personne n'a jamais pu apporter la moindre preuve d'une telle rencontre. Garbo, quelques mois plus tard, traversera l'Atlantique pour gagner l'Eldorado du cinéma, ce Hollywood extraordinaire où se font les plus grandes stars. Marlene, elle, laissant le plus souvent son bébé à la garde de la grand-mère Dietrich-von Losch ou à une nurse, revient très vite au cinéma où elle interprète des rôles un peu plus importants que ceux qu'elle a eus jusqu'alors, dans *Manon Lescaut* d'Arthur Robison, *Une du Barry moderne* d'Alexander Korda, *Madame ne veut pas d'enfant* du même réalisateur – trois rôles dans lesquels elle se montre enjouée et pulpeuse, avec plus d'afféterie que de mystère, plus d'agréable sensualité que d'intensité dramatique. Avec juste quelques attitudes, quelques regards, dont il est facile de dire, quand on sait ce qu'a été ensuite sa carrière, qu'ils annoncent le style qui fera sa gloire.

Berlin fait la fête. Toute une partie de la population, qui a perdu ses repères, s'enivre de fêtes, de spectacles, de plaisirs pas toujours académiques. Ce sont les folles années d'une étonnante libération des mœurs, baptisée au mousseux, scintillante de paillettes, faisant de la provocation un art, jouant de l'ambiguïté des sexes et tâtant sans complexe de la cocaïne. L'expressionnisme, né au seuil de la guerre, a été le premier grand mouvement allemand de l'avant-garde du XXᵉ siècle. Contre la tradition, il s'est fait le défenseur de l'expression individuelle, de la critique sociale et d'une esthétique haute en couleur et en contrastes, volontiers polémique, d'un pessimisme qui ne laisse guère de place à l'espoir. Après la guerre, il récolte largement ses fruits et Berlin devient un des principaux centres des arts, au même titre que le Paris de Montmartre et de Montparnasse. S'imposant dans la littérature et les arts plastiques, ce mouvement donne aussi au cinéma allemand, en plein développement, sa force et son originalité, dans l'exubérance des décors et l'intensité des jeux d'éclairage, qui opposent violemment l'ombre et la lumière, et l'expressivité du jeu des acteurs qui souligne les sentiments et renforce l'intensité dramatique en l'absence de toute parole.

En 1917, l'industrie cinématographique allemande a reçu un coup de pouce efficace de la part du général Ludendorff, qui a fondé la U.F.A. (Universum Film Aktiengesellschaft), une puissante compagnie alors destinée à soutenir la propagande de l'effort de guerre et qui, pour cela, a concentré une bonne part des moyens de production et de diffusion antérieurs, avec une participation financière importante de l'Etat. Après la guerre, la UFA s'est illustrée dans de grands films de divertissement en costumes évoquant quelques grands personnages de l'histoire, tels Catherine de Russie, Lucrèce Borgia, Danton, la du Barry. Un mouvement plus grave, plus soucieux des problèmes de l'époque, s'est développé parallèlement, dans le sillage de l'expressionnisme. Les noms de Fritz Lang (*Le Docteur Mabuse*, 1921) et F.W. Murnau (*Nosferatu le vampire*, 1922) s'inscrivent alors avec panache dans l'histoire du cinéma.

LA VÉRITABLE MARLENE DIETRICH

Les Sieber sont jeunes, beaux, charmeurs. On les voit dans les clubs à la mode, sur le Kurfürstendamm, où Berlin s'encanaille, la fête bat son plein, la morale se désagrège, les sexes se confondent, les travestis connaissent de beaux jours, le jazz fait danser les folles années, le champagne accompagne les rires ou les mélancolies, la cocaïne laisse entrevoir des paradis artificiels. La crise économique enfièvre les esprits. Les corps ne se laissent plus contenir dans les carcans anciens. Marlene, de moins en moins fidèle à son éducation, aime ces nuits troubles. Au Silhouette, à la Rose blanche, à l'El Dorado, elle fait partie des habitués, nimbée d'un début de célébrité, admirée, enviée, fascinante. Elle a perdu de ses rondeurs, elle a gagné de l'assurance, du chic, séduisante de plus en plus, souvent hautaine, se donnant des airs de beauté inaccessible. Elle ne fait plus l'amour avec son mari (si l'on en croit des confidences ultérieures faites à sa fille), entretient avec lui une relation d'amitié amoureuse et de complicité qui les garde, et les gardera longtemps indissociablement unis, comme s'ils étaient un très vieux couple. Ils ne s'appellent plus que Mutti et Papi, *Maman* et *Papa*, montrant bien ainsi que c'est l'enfant commun qui les unit. Marlene garde la chambre conjugale ; Rudi installe la sienne dans son bureau. C'est son domaine, la seule pièce où ne se risque pas la souveraine. Une pièce sombre, aux lourdes tentures, avec un crucifix au mur, des tas d'objets étranges, et toute une série de bocaux dans lesquels il garde, conservés dans du formol, divers petits animaux.

Marlene aime la compagnie des travestis, on lui prête des amitiés particulières, quelques hommes n'en sont pas moins acceptés comme chevaliers servants occasionnels. Quand elle est sur scène, le soir, Rudi sable le champagne de son côté. Un ami photographe lui présente une jolie fille d'origine russe, Tamara Nicolaievna, dite Tamara Matul. Elle plaît à Rudi, Rudi lui plaît. Elle n'en est pas moins amie avec Marlene qui les rejoint souvent après le spectacle, dans quelque café ou cabaret où ils ont leurs habitudes, leur petite bande. Les soirées qui durent un peu tard n'enlèvent pas à la jeune actrice une énergie dont elle est prodigue. Elle a la chance de n'avoir besoin que de peu de sommeil. Elle franchit un pas important en se faisant engager dans une pièce d'Erik Charell, l'heureux auteur de *L'Auberge du Cheval blanc*, auprès d'une actrice chevronnée, chanteuse dynamique et pleine d'humour, Claire Waldoff. A quarante-deux ans, celle-ci est connue comme un des plus remarquables exemples de « garçonne » et sa voix rauque a le charme d'un chant entre deux sexes. Marlene a un coup de chance, car il faut remplacer Erika Glässner, une artiste bien plus réputée qu'elle mais devenue soudain indisponible. Dans le rôle d'une maîtresse de cérémonie, stimulée par l'exemple et l'amitié de Claire Waldoff, elle donne à son personnage une envergure dont elle n'a pas encore fait preuve jusque-là. Elle s'invente une manière de jouer avec une sorte de détachement qui lui permet d'assurer sa présence sans jamais insister sur une expression. Comme si elle contenait toute émotion, retenait son énergie dans une tension plus subtile que toute démonstration flagrante.

Dans la vie, elle est plus expansive. Autant elle peut être distante, sinon même cassante quand elle a peu de sympathie pour quelqu'un, autant elle exprime avec force son affection ou son admiration. Du moins en paroles. Avec sa petite Maria, qu'elle appelle « Mon cœur », elle se montre très attentive, même possessive. Pas très tendre, en fait, mais c'est ainsi qu'elle a été dressée par Josephine. Ce n'est pas une maman câline, mais elle n'en admire pas moins sa petite fille, dont elle est si fière. Maria est jolie, mignonne, adorable. Elle ressemble de plus en plus à sa maman. Tout le monde le dit et la jeune mère, bien sûr, en est heureuse. Elle l'écrit dans son journal : cet enfant, c'est toute sa vie. Le mariage n'est pas ce qu'elle espérait, sans doute bien à tort. Ce n'est que cet enfant qui lui donne tout son sens, sa raison d'être. Qui fonde une famille qu'il n'est pas question de dissoudre. Aussi est-elle une mère excessive. Une de ces mères qui gavent leurs enfants, de peur qu'ils ne grandissent pas, qui les couvrent trop de peur qu'ils aient froid, qui s'inquiètent dès que l'appétit leur manque, qui ne les laissent jamais en paix. Heureusement qu'elle travaille, n'est pas toujours à la maison et qu'il lui faut faire appel à une bonne qui, pour le plus grand bien de Maria, se montre à la fois plus tendre et plus raisonnable. C'est Becky, qui a pour elle de faire preuve à l'égard de Marlene d'une admiration que rien n'entrave et qui lui prouvera longtemps une parfaite fidélité.

Marlene travaille, n'arrête pas de travailler. Josephine lui a appris à ne pas renâcler devant l'effort, à contrôler ses émotions, à maîtriser ses impulsions, à se battre au besoin contre elle-même pour obtenir ce qu'elle veut, pour donner le meilleur d'elle-même. Discipline est un mot allemand et Marlene, sous ses airs de girl décadente, est une jeune femme prussienne, c'est-à-dire deux fois allemande. Rudi n'a pas la même énergie, les mêmes talents, la même force. Contrairement à la tradition qui régit la vie des couples dans la vieille Europe, il apparaît vite que c'est elle le pivot de la petite famille. C'est elle qui contribue le plus à des finances qu'une vie brillante a tôt fait de disperser. Mais pourquoi garderait-on de l'argent, quand il perd sa valeur d'un jour à l'autre ?

Marlene est à Vienne, où elle se montre dans une revue sans grande prétention. Elle y saisit une nouvelle chance au cinéma. Parce que Willi Forst, bel acteur viennois, qu'elle a vu triompher à Berlin et qui a fait preuve à son égard d'une cordiale complicité, a exigé qu'elle figure avec lui au générique de *Café Electrique*, film ambitieux d'un studio dont le maître, le comte Kolowrat, veut faire le cheval de bataille d'un cinéma autrichien qui doit rivaliser avec les productions berlinoises. Marlene obtient ainsi le rôle d'une fille de bonne famille qui s'amourache d'un petit truand et qui montre bien ses jambes en dansant le charleston. Elle en profite pour apprendre d'un de ses compagnons de tournage l'art étonnant de la scie musicale. Ce n'est pas parce qu'elle a délaissé le violon qu'elle a perdu le goût de la musique et cela peut lui servir un jour. Bonne fille, toujours fière de ses gambettes, diplomate aussi peut-être à l'égard d'un producteur qui peut avoir d'autres rôles à lui confier, elle n'hésite pas à se rendre à la clinique où le comte Kolowrat, quelque peu victime de son obésité, se remet d'une opération. Pourquoi ne comblerait-elle pas le vœu qu'il a fait de contempler ses jambes, dépourvues de bas, de son lit d'hôpital ? L'histoire n'est peut-être pas tout à fait vraie, mais elle est assez jolie pour qu'on la retienne au fil d'une vie qui appartient autant à la légende qu'à l'histoire. Ainsi Marlene passe-t-elle plusieurs mois à Vienne, où Willi Forst apparaît comme son chevalier servant.

Berlin lui manque. Rudi et Maria aussi. Elle a besoin d'eux. Besoin de savoir qu'ils sont là pour elle. Cette étrange petite famille qu'ils composent tous les trois (avec, un peu à l'extérieur, Josephine von Losch) lui est nécessaire. C'est un terrain solide sur lequel elle s'appuie, sans lequel elle serait perdue. Son mari et sa fille, en revanche, se sont assez bien passés d'elle. Maria, plus tranquille de n'avoir affaire qu'à Becky, et qui a des rapports plus tendres, plus agréables avec son père quand sa mère n'est pas là. Rudi lui aussi plus détendu, plus disponible pour Tamara, qui a de plus en plus ses habitudes dans la maison. Grâce à elle, le mari délaissé a retrouvé le sourire qui faisait beaucoup de son charme et qu'il avait perdu depuis quelque temps. Souvent Rudi et Maria montent ensemble sur le toit – un endroit où Marlene ne met jamais les pieds et où Rudi élève des pigeons. Maria aime aller avec lui leur donner des graines.

Berlin, Rudi et Maria lui manquent, mais la servitude d'une vie d'actrice est ce qu'elle est. La bohème artistique a ses exigences qui vous arrachent au domicile familial. Les premières années de sa carrière ne sont pas faciles, mais elles sont pleines d'espoir. Au moins prouve-t-elle qu'elle est une professionnelle. Et demain est un autre jour, un jour de gloire peut-être, certainement, il le faut. En attendant, Vienne la retient en faisant d'elle une girl sexy dans une revue arrivée d'Amérique, dont le nom est tout un programme : *Broadway*. Elle y est Pearl, une danseuse du Paradise Club, où le beau Willi Forst tient la vedette (encore lui) et où Peter Lorre, qui sera bientôt l'étonnant assassin de *M le Maudit* de Fritz Lang, est un barman expert dans l'art de tromper les rigueurs de la Prohibition. Dans cette histoire très jazzy, qui esquisse un New York de mauvais garçons, de filles plus ou moins sincères et de boissons interdites, elle a le beau rôle de celle qui venge son amant assassiné. On la voit aussi dans une pièce qui se moque allégrement des tendances artistiques d'une avant-garde qui broie du noir, *L'Ecole d'Uznacht ou : Nouvelle Objectivité*. Quand elle ne travaille pas, elle se montre beaucoup avec Willi Forst, et avec un jeune metteur en scène du nom d'Otto Preminger ou quelques autres personnages du *show-biz* viennois, mais la nature des relations qu'elle entretient avec ces hommes qui la courtisent ne dépasse peut-être pas les limites d'un art du flirt qu'elle semble bien maîtriser. Ainsi passe-t-elle à Vienne la Noël 1927, en attendant de pouvoir rentrer à Berlin, un ou deux mois plus tard, pour y retrouver *Broadway* dans une nouvelle production dont elle conquiert le premier rôle féminin et qui lui permet de retrouver celle qui lui a donné quelques années auparavant le coup de pouce initial : Rosa Valetti. Après un entraînement physique qu'elle suit avec son acharnement habituel, elle fait fureur dans une étonnante scène qui met en évidence ses jambes sublimes, alors que, allongée sur le dos, elle se livre à un exercice de pédalage intensif.

Marlene qui, dans ses souvenirs, ne s'est guère étendue sur ses débuts d'actrice et de chanteuse, n'a pas fait passer à la trappe de l'oubli une prestation qui fut pour elle importante : son duo avec Margo Lion, dans *C'est dans l'air,* une comédie musicale dont le livret est signé Marcellus Schiffer, la musique composée par Mischa Spoliansky et qui est faite sur mesure pour l'actrice d'origine française qui est la femme du premier de ces auteurs, Margo Lion, une belle « garçonne » filiforme aux yeux bleus, réputée pour préférer les filles aux garçons. C'est, par ailleurs, une professionnelle d'une grande rigueur. Le Komoedie est un théâtre du Kurfürstendamm qui appartient à Max Reinhardt. Marlene s'y rend pour une audition. Il lui faut chanter, après avoir rapidement étudié la partition, la chanson qui doit ouvrir le spectacle. Elle s'exécute et ne tient qu'un instant : le metteur en scène appelle déjà la candidate suivante. Mais Mischa Spoliansky a compris que le pianiste avait fait partir Marlene un ton trop haut et que, plus bas, elle pourrait peut-être bien s'en sortir. C'est ce qui arrive, quand on lui accorde un second essai, et elle est engagée. Avec, quelques jours plus tard, une promotion qui lui est annoncée par la vedette elle-même : elles chanteront en duo une chanson clé du spectacle, *Ma meilleure amie.* Les voici donc toutes les deux dans un grand magasin de Berlin, rivales et complices, moins en concurrence pour mettre à profit les charmes d'un beau garçon que montrant, par divers sous-entendus et jeux de scène, une amitié particulière. Marlene expliquera plus tard que c'est elle qui eut l'idée, en toute innocence, d'accrocher aux robes qu'elles portaient l'une et l'autre un bouquet de violettes. La suggestion fut retenue, d'autant plus que les violettes étaient le signe des femmes qui aimaient les femmes. L'ignorait-elle vraiment, elle qui savait tout de la nuit berlinoise et qui pouvait sidérer les convives d'une soirée en entraînant une jolie fille dans un tendre tango ? En tout cas, Margo Lion (qui la fascine et l'épouvante, dira-t-elle) l'influence, comme l'a influencée Claire Waldoff. Elle prend exemple sur elle pour la désinvolture et le phrasé. Parmi les girls invitées à se trémousser dans ce spectacle, certains remarquent une jolie danseuse, Tamara Matul, l'amie de Marlene et la maîtresse de Rudi.

Toujours aussi peu soucieuse d'exactitude, et désireuse de ne pas insister sur ses premiers films, Marlene omet ensuite de dire qu'elle passa aussitôt du théâtre au cinéma. La voici professeur d'amour d'un prince et d'une princesse maladroits (*La Princesse Oh la la* de Robert Land), un rôle qui lui vaut d'être comparée à Greta Garbo, qui triomphe en Amérique, et fait d'elle une candidate possible pour le rôle-titre du film *Lulu* de G.W. Pabst, dont Louise Brooks sera finalement la vedette. La voici maintenant dans une pièce de George Bernard Shaw, où elle ne fait pas grand-chose, mais se tient assise avec tellement de présence et de sex-appeal que pas un critique ne peut l'ignorer et que cela suffit à certains pour parier qu'elle a devant elle une belle carrière. Land l'engage pour un autre film musical, *Ce n'est que votre main, Madame*, qui a pour lui de bénéficier partiellement d'une piste sonore musicale, avec la voix d'un grand chanteur de l'époque, Richard Tauber, dont Marlene raffole. Elle y a un rôle de femme fatale qui lui permet de montrer un peu plus de caractère que dans ses prestations précédentes et de mettre en valeur la façon dont ses hautes pommettes, sur des joues qui ont perdu de leur jeune plénitude, dessinent un nouveau visage, dans lequel le regard se fait plus ravageur (on dira plus tard que Marlene s'est fait arracher les molaires pour avoir les joues creuses, mais rien ne permettra jamais de l'affirmer sérieusement).

Elle enchaîne en séductrice du chemin de fer qui finit par se faire assassiner (*L'Enigme* de Kurt Bernhard, d'après un roman de Max Brod, l'ami et exécuteur testamentaire de Franz Kafka) et en aviatrice naufragée qui porte comme un homme son costume de cuir (*Le Navire des hommes perdus* de Maurice Tourneur). Robin Irvine, la vedette masculine du film, racontera, deux ans plus tard, dans une revue britannique (citée par Alexander Walker), qu'elle jouait de la scie musicale dans sa loge, portait faux col et cravate et gardait ses cheveux tirés en arrière. Il fut séduit par un nez retroussé, que l'actrice pourtant n'aimait pas et pour lequel elle cherchait toujours le bon angle devant les caméras. Elle fit voir Berlin *by night* à ce bel acteur anglais tandis que Rudi travaillait (ou était censé travailler). Le film n'en est pas moins mauvais, ainsi que le suivant, *Dangereuses fiançailles*, dans lequel elle est, cette fois-ci, plutôt séduite que séductrice, en compagnie de son vieux camarade de Vienne, Willi Forst.

Les rôles se suivent et ne se ressemblent pas. Marlene est un peu connue mais pas encore célèbre. Et la course continue. Mischa Spoliansky a écrit la musique d'une autre comédie, *Deux cravates*, dont les textes sont signés Georg Kaiser, un écrivain qui se sert d'une intrigue de vaudeville pour faire une satire sans ménagement d'un monde dans lequel l'argent est roi et l'Amérique le lieu de tous les fantasmes. Derrière un titre anodin, c'est une pièce qui a plus de fond qu'on pourrait le croire. Marlene est d'autant plus heureuse d'y avoir un rôle que

LA VÉRITABLE MARLENE DIETRICH

Le Navire des hommes perdus, qui sort sur les écrans à la fin de l'été 1929 (elle rentre de vacances prises avec sa fille dans une île de la mer du Nord), ne remplit pas les promesses de son énorme budget et se fait étriller par la critique. Elle est aussi contente, elle qui s'est fait un nom dans la comédie musicale mais rêve d'une carrière théâtrale plus relevée, d'avoir l'occasion de faire preuve d'un jeu plus varié que celui auquel elle est d'ordinaire contrainte. Car, pour la première fois de sa carrière, elle tient le premier rôle. Et c'est au Komoedie Theater, le théâtre où elle joue cette comédie dramatique, que le destin, enfin, décide de s'occuper d'elle.

II

L'ANGE BLEU

CE n'est pas une soirée comme les autres. Ce ne sera pas une représentation comme les autres. Avant même qu'elle commence, le bruit court dans les coulisses : il est dans la salle. *Il*, c'est un cinéaste américain, qui est à Berlin depuis quelque temps pour y tourner un film dont la vedette sera Emil Jannings, cet acteur allemand célèbre qu'il a connu à Hollywood et qui l'a réclamé. Josef von Sternberg, réalisateur d'origine autrichienne, nimbé d'une gloire américaine, est encore à la recherche de quelques acteurs, particulièrement de celle qui en sera la vedette, incarnant le personnage principal. Lola Lola est l'ensorceleuse d'un cabaret de Lübeck, qui ruine la carrière et la vie d'un professeur de lycée jusqu'alors peu porté sur les amours scandaleuses. Sternberg ne passe jamais inaperçu, avec ses airs de dandy hautain, sa canne, ses guêtres, sa moustache tombante, son regard aigu qui vous jauge, son esprit caustique, une prétention affichée, une autorité soigneusement cultivée. Il est d'ordinaire lié à la Paramount de Hollywood et celle-ci le prête à la UFA, la grande maison de production allemande, qui compte sur lui pour réaliser son premier film parlant, un film, *L'Ange bleu*, qui sera tourné simultanément en deux versions. Car il n'est pas encore question, dans cette technique toute nouvelle, de post-synchroniser, de doubler, de séparer le son et l'image, sauf à faire une bande-son qui n'ait rien à voir avec l'image. Tout doit être enregistré en même temps et ce n'est pas un mince défi, alors qu'hier encore on se contentait de remuer les lèvres et d'insérer dans les scènes des cartons qui survenaient comme les légendes des dessins des gravures ou des photos de presse.

Il y a fièvre dans les coulisses. Fièvre aussi bientôt sur le plateau, où chacun tente de se faire remarquer, de donner le meilleur de lui-même. Josef von Sternberg est venu là un peu par hasard, pour occuper une soirée, voir ce qui est à la mode sur les scènes de Berlin, ou saluer Rosa Valetti et Hans Albers, qu'il a déjà retenus pour son film. Il a déjà entendu parler de l'actrice qui tient le rôle principal de *Deux cravates*, mais pas vraiment en bien, en tout cas pas comme d'une actrice qui pourrait convenir à une entreprise aussi importante que le premier film parlant du cinéma allemand, qui serait à la hauteur d'un rôle aussi prestigieux que celui de Lola Lola, la femme fatale des bas-fonds. D'autant plus qu'il a fait la fine bouche devant toutes les actrices qu'il a reçues, dont pas mal de jeunes femmes déjà nanties d'une belle notoriété.

Selon ce qu'il racontera plus tard dans son livre, *De Vienne à Shanghai*, Sternberg est d'emblée stupéfait par la façon que Marlene a de s'appuyer avec nonchalance au décor, comme si l'agitation qui s'est emparée de la scène ne la concernait pas, n'avait sur elle aucune influence, ne méritait pas qu'elle condescende à changer quoi que ce soit à son attitude. Elle a une allure, dit-il, qui l'impressionne, le séduit, lui fait évoquer Toulouse-

LA VÉRITABLE MARLENE DIETRICH

Lautrec, l'assure qu'elle est l'actrice qu'il cherche depuis un moment et ne trouve pas. Son nom a déjà été prononcé devant lui, son image lui est venue devant les yeux, mais on l'a découragé de s'intéresser un instant à elle, vantant grossièrement ses formes plus que son talent. Et d'elle-même elle ne s'est pas, comme tant d'autres, précipitée au studio où il a reçu de nombreuses candidates. Elle a, il en est certain, le physique idéal. Pour ce qui est du rôle, du jeu, ce sera à lui, le réalisateur, le directeur d'acteurs, de l'y faire entrer. Marlene sera l'Ange bleu, celle à laquelle il est difficile de ne pas donner le nom de l'établissement dans lequel elle chante en montrant des jambes admirables, qui font tourner la tête des marins en escale et des bourgeois en goguette. Marlene, pour Sternberg, est déjà l'Ange bleu. Mais il lui faut convaincre les producteurs et la vedette masculine sur laquelle chacun pense que le film repose. Tous lèvent les yeux au ciel, lui affirment que c'est impossible, se moquent de l'assurance dont il fait preuve. Marlene, convoquée, arrive dans un tailleur jaune, l'air de s'ennuyer, sans énergie, plus en visite de politesse qu'en battante prête à en découdre avec le rôle de sa vie. Mais Sternberg est têtu, sûr de son intuition. Même quand Emil Jannings et le producteur Erich Pommer, intrigués, débarquent dans le bureau, lui demandent de marcher devant eux, la jaugent avec un mépris évident. Cela n'émeut guère l'élue du cinéaste. Elle ne sort pas non plus de sa torpeur apparente quand celui-ci lui explique que ce n'est pas du tout, ainsi qu'elle le croit, pour un rôle mineur qu'il veut l'engager, mais pour le rôle principal. Elle se contente d'affirmer qu'elle n'est pas une bonne actrice, qu'elle n'a jamais été bien filmée, qu'elle comprend mal pourquoi quelqu'un lui ferait soudain ainsi confiance. Curieux autodénigrement.

Un autre rendez-vous est pris pour le lendemain, pour un bout d'essai. Sternberg n'aime pas les bouts d'essai. Il n'y croit guère. Il n'en a jamais besoin pour se décider. Alors qu'il a déjà fait son choix et qu'il est prêt à ne pas en démordre, il doit tout de même se plier au désir de la production en faisant un essai avec l'actrice que tous lui recommandent, Lucie Mannheim. Elle a de la présence et du métier, mais elle n'est pas, elle ne sera jamais – et cela devrait être évident – Lola Lola. En revanche, le musicien venu l'accompagner au piano, Friedrich Höllander, est retenu par le réalisateur. Quant à Marlene, elle arrive sans avoir rien préparé, sans personne pour l'accompagner, dans une tenue de ville qui ne se prête aucunement au rôle. Qu'à cela ne tienne, Sternberg déniche une robe qu'il ajuste grossièrement avec des épingles, règle longuement les éclairages avec l'attention et la précision qu'il sait mettre dans cette tâche et lui demande de chanter ce qu'elle veut, ce qu'elle sait, n'importe quoi, du moment que c'est d'abord en allemand, ensuite en anglais. Elle entonne l'air qu'elle fredonne à longueur de journée depuis quelque temps, une chanson américaine, *You're the Cream in my Coffee*. Un peu de crème dans le café noir, comme on l'aime à Vienne et à New York. Un peu de douceur dans l'amertume. En noir et blanc.

Projection des deux essais, le lendemain : l'état-major de la UFA, unanime, choisit Lucie Mannheim contre Marlene Dietrich. Ce n'est pas assez pour faire changer d'avis le plus têtu des cinéastes. Il y aura au moins un avantage pour la production : Marlene n'est pas chère. Cinq mille dollars, ce n'est pas une petite somme pour elle, mais ce n'est rien par rapport à ce que touchera Jannings. Rudi a négocié les termes du contrat, un contrat encore prudent du côté de la UFA, puisque la compagnie ne s'engage pas sur l'avenir de l'actrice, se contente d'une option : faisons ce film, nous verrons ensuite. Marlene a beau le prendre d'un peu haut, faire celle qui n'est pas enchantée de jouer les putes, ainsi qu'elle le dit, elle est ravie. Prête à se mettre aussitôt au travail, pour de longues journées au studio, avant de courir au théâtre où il lui faut jouer et chanter encore dans *Deux cravates*. Avant de retrouver dans quelque cabaret les amis auxquels elle se plaint des tortures qu'elle doit subir. Du moins selon les bruits qui ne tardent pas à revenir aux oreilles du prétendu bourreau. Il est vrai que Sternberg n'est pas un directeur d'acteurs facile. Pour lui, un comédien, c'est un matériau qui doit se plier à ses exigences, celles d'une œuvre dont lui, le réalisateur, est le seul auteur. Seule compte sa propre vision et tout, scénario, dialogue, acteur, technicien, lumière, musique, montage, doit la servir, en se fondant dans l'unité de cette œuvre d'art qu'est selon lui, et contrairement aux principes généralement admis dans l'industrie hollywoodienne, un film. Quand il choisit un acteur, c'est parce qu'il est sûr qu'il représentera au mieux ce qu'il a déjà en tête. Peu importe alors que ses raisons paraissent rarement claires aux intéressés eux-mêmes.

Sternberg a une extraordinaire intuition des acteurs. N'est-ce pas lui qui, encore jeune réalisateur, a découvert Georgia Hale, une chanteuse de Chicago venue tenter sa chance à Hollywood et n'ayant encore trouvé d'emploi que comme figurante, à qui il a confié le principal rôle féminin de *The Salvation Hunters* et que Charlie Chaplin aussitôt a engagée pour *La Ruée vers l'or* ? Sternberg gravissait alors difficilement les premiers échelons de sa carrière cinématographique et ce premier film, réalisé avec peu de moyens et une forte personnalité, lui valut un beau succès d'estime. Pourtant, la partie était alors loin d'être gagnée. Maintenant, quelques années plus tard, il retrouve avec éclat cette Europe où il est né et qu'il a quittée, comme bien d'autres émigrants, pour chercher une nouvelle vie en Amérique. Son enfance a été pauvre à Vienne, où il se prénommait Jonas et n'avait pas de *von* devant son nom. La musique des forains du Prater, un formidable parc d'attractions, auprès duquel habitait sa famille, a bercé ses premières années et il a fréquenté assidûment un cirque installé au coin de la rue et où sa mère, une enfant de la balle, a incarné Blanche-Neige dans une pantomime. Sans doute tient-il d'elle le goût du spectacle. Car ce n'est pas son père, Moïse, qui l'a encouragé à être un saltimbanque. Ce colosse, déshérité par ses parents pour s'être marié en dessous de sa condition, gagnait difficilement sa vie, bien qu'il fût doué pour les mathématiques et la mécanique. Il est parti pour l'Amérique, laissant derrière lui une femme et trois enfants, qui ne mangeaient pas toujours à leur faim et qui le rejoignirent quatre ans plus tard.

C'est ainsi qu'à sept ans Jonas devint un petit Américain. Pas pour longtemps, à dire vrai. Trois ans seulement, car la famille entière s'en revint en Allemagne, quelque peu augmentée, d'ailleurs, de deux autres enfants. Jonas retrouva Vienne, le Prater et le cirque, auquel il rendait quelques menus services en échange d'une entrée gratuite. Il avait quatorze ans, quand Moïse décida de reprendre le chemin d'une Terre promise qui, cette fois, tiendrait peut-être mieux ses promesses que la première fois. Pas question pour l'adolescent de continuer ses études. Ni même vraiment d'apprendre un métier. L'important, c'était de contribuer à l'approvisionnement de la marmite familiale en faisant le ménage d'une boutique de modiste, puis en étant magasinier d'une maison de dentelles. Mais la famille se délitait. La mère quitta le père et Jonas, âgé de dix-sept ans et contraint de pourvoir à ses propres besoins, ne pouvait plus compter sur la dentelle pour se nourrir. Il connut la faim et les asiles de nuit, enchaîna les « petits boulots », fréquenta bibliothèques et musées et entra par hasard dans l'univers du cinéma, après avoir accompagné une jeune fille choquée par la foudre dans une maison où un bricoleur astucieux avait inventé une extraordinaire machine à nettoyer les films (ceux-ci en avaient bien besoin, vu les conditions dans lesquelles ils étaient alors projetés).

Du nettoyage à la réparation des bobines si souvent déchirées par la tension irrégulière des projecteurs, il n'y a qu'un pas et Jonas Sternberg devint chef d'équipe au laboratoire de la World Film Corporation. Cette fois, il avait vraiment mis le pied dans le monde du cinéma, sur le seuil des studios. D'autant plus qu'il eut vite la curiosité de voir ce qu'il y avait sur les films de celluloïd en plus des taches et des accrocs. Il eut l'occasion d'aller du côté de Fort Lee, sur le bord de l'Hudson, où la production cinématographique américaine avait alors son centre. Comme, dans une salle de projection de la World Film Corporation, il avait fait une réflexion judicieuse à propos d'un de ces intertitres qui légendaient les scènes du cinéma muet, il fut promu au montage. Un endroit stratégique où apprendre plus que n'en savaient la plupart des réalisateurs, auxquels échappait cette responsabilité de la mise en forme définitive du film. La Première Guerre mondiale voyait entrer les Etats-Unis d'Amérique dans une coalition qui unissait la France, la Grande-Bretagne, la Russie et l'Italie contre l'Allemagne et l'Empire austro-hongrois, mais Sternberg, devenu vraiment américain, n'avait pas d'états d'âme à l'égard de son ancienne patrie.

Il collabora à la réalisation de films d'instruction militaire, enseignant par l'image aux appelés quelques trucs qui devraient leur servir à garder la vie sauve et peut-être même à prendre celle de quelques autres hommes aussi peu aguerris qu'eux. La paix revenue le rapprocha de la caméra, faisant de lui un assistant-réalisateur. Quand la plupart des cinéastes considéraient ce personnage comme une sorte de domestique, un réalisateur, dont le nom s'est aujourd'hui fait oublier, Emile Chautard, lui permit de profiter au mieux d'un tel poste. Cet ancien acteur de théâtre venu de France fut amicalement son maître, l'encouragea à penser qu'il pourrait bien lui aussi réaliser des films, dans la mesure où c'était un métier qui s'apprenait sur le tas et demandait plus d'intuition que de compétences particulières. Bon péda-gogue, Chautard s'appliqua à lui transmettre ce qu'il savait et qu'il voulait généreusement partager. Il lui apprit à se soucier de ce qui se laissait voir dans l'œille-ton de la caméra. C'était assez pour que Sternberg, qui s'était déjà de lui-même fait une bonne culture artis-tique en passant beaucoup de temps dans les musées, s'assure de ce qui serait toujours son premier principe : le cinéma est un art de l'image et tout cinéaste qui a des ambitions artistiques se doit d'être plus qu'un bon directeur d'acteurs ; il lui faut être aussi un bon chef opérateur.

Au moins savait-il désormais qu'il y avait plus intéres-sant que de réparer des films abîmés : les réaliser. Donc fréquenter les studios. Donc traverser l'Amérique, vers la Californie et Hollywood, qui devenait le centre mon-dial du cinéma, y trouver d'autres emplois d'assistant (et tant pis si c'était avec des réalisateurs moins chaleureux, moins pédagogues qu'Emile Chautard), attendre son heure. Et transformer Jonas Sternberg en Josef von Sternberg. En 1923. Déjà on l'appelait couramment Jo, qui va aussi bien pour Josef que pour Jonas, mais le *von* qui l'aristocratise, ce n'est pas lui, dit-il, qui l'ajouta à son nom pour se donner l'allure noble et se hisser à la hauteur de l'autre *von* qui avait déjà fait ses preuves dans le cinéma américain, Eric von Stroheim. Il fut lui-même surpris de se trouver ainsi doté, sur le générique d'un film sans intérêt auquel il avait collaboré, d'une particule ridicule, mais qu'il décida de garder en constatant à quel point elle déchaînait l'animosité de ceux qui voyaient d'un mauvais œil tant d'Européens, et surtout tant d'Allemands, envahir les studios de Hollywood. Hollywood, il y était depuis peu, après avoir traversé l'Amérique jusque dans cette Californie paradisiaque où l'ensoleillement généreux et de grands espaces avaient attiré le tout-cinéma, qui y installait ses quartiers, délaissant la côte est. Et *von* y resta quand il réalisa son premier film. Il venait de faire ses premières armes en tournant à la hâte deux scènes qui manquaient à un film, oubliées simplement, semblait-il, ce dont s'apercevaient les producteurs au moment du montage alors que le cinéaste désinvolte était déjà au loin. Qu'à cela ne tienne, Sternberg n'attendait que cela : faire ses preuves, montrer qu'il pouvait faire aussi bien que la plupart de ces réalisateurs pour lesquels il n'avait qu'une estime modérée.

Un acteur qui venait d'écrire une histoire la lui confia en l'assurant qu'il avait assez d'argent pour en financer le tournage, au moins pour acheter la pellicule. Ce qui assurait une indépendance qu'aucun studio n'autoriserait. Ce qui permettrait à Josef von Sternberg de mettre en pratique certaines idées qu'il s'était bien façonnées. L'histoire ne valait rien. Jo la rendit à son auteur, auquel il proposa d'en écrire et d'en tourner une autre. L'apprenti producteur donna son accord et Jo rédigea le scénario de *The Salvation Hunters*, une histoire dont le personnage principal était en fait un engin monstrueux qui draguait le chenal du port de San Pedro. Puis, en moins de quatre semaines, il réalisa son premier film, squattant un studio désaffecté et promenant une caméra camouflée dans une caisse en pleine rue. En toute liberté. Avec un acteur qui était aussi le producteur et dont il ne savait pas encore que les chèques étaient en bois. Et avec une figurante promue premier rôle féminin, Georgia Hale. Sternberg voulait faire un film différent de tout de qui se faisait alors, ce qu'il devait plus tard nommer « un poème visuel », et il y parvint. L'acteur un peu escroc était un malin. Il trouva aussitôt le moyen, en soudoyant un domestique japonais, de montrer le film à Charlie Chaplin, qui lui-même le fit voir à Douglas Fairbanks Jr. Cela leur plut, ainsi qu'à Mary Pickford, une star du muet qui voulut aussitôt que Sternberg réalise son prochain film. Ce premier coup, donc, était un coup de maître. Quasiment la gloire, déjà. Du prestige, un succès d'estime, mais un échec commercial. Et Mary Pickford de s'effrayer, ainsi que ses producteurs, quand elle comprit que le nouveau génie avait une façon bien à lui de tourner, sans disposer d'un script précis dont chacun pourrait juger à l'avance.

Aussi la suite ne fut-elle pas à la hauteur des espérances données par *The Salvation Hunters* ; et Sternberg, pour tourner, dut aliéner sa liberté en se soumettant à la Metro Goldwyn Mayer. Il ne choisit ni le scénario ni les acteurs et ne maîtrisa pas le montage d'un premier film, avant de refuser d'en faire un autre. Charlie Chaplin, en revanche, lui confia la réalisation de *A Woman of the Sea (Une femme de la mer)*, qu'il produisit pour les beaux yeux d'Edna Purviance, mais ne sortit jamais en salles. Il y avait de quoi désespérer, mais, sûr de lui et de son talent, Sternberg ne se laissait pas entamer. Tant pis pour les couleuvres qu'il lui fallait avaler, il s'acharnait, acceptait des tâches peu enthousiasmantes, puis se trouvait enfin à la barre des *Nuits de Chicago (Underworld)*, qui convainquit si peu le studio qui l'avait produit qu'il ne bénéficia que d'une sortie quasiment clandestine. Sternberg n'avait pas eu lui-même l'idée de cette histoire de gangsters, qui était due à l'écrivain Ben Hecht, mais il l'avait arrangée à sa manière (du coup se brouillant avec l'auteur).

Un nouveau genre cinématographique naissait et le public fut séduit, le bouche à oreille assurant rapidement le succès du film. Cette fois-ci, Josef von Sternberg avait conquis définitivement ses galons de cinéaste.

LA VÉRITABLE MARLENE DIETRICH

Il pouvait enchaîner film sur film et se trouver en bonne place au moment où se jouait la plus grande révolution de toute l'histoire du cinéma, celle du « parlant », qui marqua l'année 1928. Après trente ans de recherches et tentatives diverses, les premiers films sonores synchronisés arrivaient sur les écrans. *Le Chanteur de jazz*, avec Al Jonson, fut un événement, mais il n'était pas encore entièrement dialogué ; et le premier film entièrement parlé, *Lights of New York*, suivit de peu. Toutes les compagnies, en cette même année, firent leur mutation et le cinéma muet fut vite rangé parmi les vieilles histoires. La technique en était bouleversée. Il fallait construire de nouveaux studios insonorisés, se préoccuper du son autant que de l'image, échanger de réels dialogues. L'esthétique aussi en était chamboulée : il n'y avait plus lieu d'exagérer les expressions pour faire passer des messages qui ne pouvaient bénéficier que de quelques mots inscrits sur des cartons insérés entre les scènes. Sternberg, qui réfléchissait beaucoup, ne rata pas le tournant qui vit nombre de réalisateurs et d'acteurs sortir de la route. Avec *Thunderbolt* (*L'Assommeur*), il montra que d'emblée il maîtrisait cet art nouveau. C'est pourquoi Emil Jannings pensa à lui quand la UFA voulut produire son premier film parlant.

A l'origine du film *L'Ange bleu*, il y a le désir d'Emil Jannings d'incarner à l'écran le personnage principal du roman, *Le Professeur Unrat*, de Heinrich Mann. C'est un maître austère et ambitieux qui se prend dans les filets d'une chanteuse de cabaret dont ses élèves, pensionnaires faisant volontiers le mur, sont les admirateurs fascinés. Jannings et Sternberg ont tourné ensemble à Hollywood. L'écrivain Karl Volmoeller les a présentés l'un à l'autre à Berlin, en 1925, alors que Jannings était déjà considéré comme un acteur extraordinaire, le plus grand de sa génération, au moins en Allemagne. Cet homme étonnant, qui a la réputation d'être passablement caractériel, a passé quelque temps à Hollywood dans une maison de Hollywood Boulevard, qu'il partageait non seulement avec sa femme et quelques domestiques, mais aussi avec des chiens et, surtout, des oiseaux auxquels il donnait les noms des vedettes locales. En 1927, il a tourné son premier film américain, *Quand la chair succombe,* avec Victor Fleming, avant d'enchaîner avec Sternberg pour *Crépuscule de gloire.* Il y était un ancien officier russe, rescapé de la révolution et devenu acteur de second rang, figurant maltraité par un réalisateur sadique. Le tournage a été difficile. Les deux hommes se sont plus d'une fois affrontés, bien qu'ils aient fait preuve d'une estime réciproque. C'est que l'énorme Jannings, qui pèse un bon quintal, est d'un tempérament très compliqué. Il est maladivement timide, souvent inhibé sur le plateau quand vient son tour de jouer, capricieux, égocentrique, faisant des scènes pour un rien, tentant de saper l'autorité du metteur en scène auprès des autres comédiens et des techniciens. Parce qu'il doit porter des bottes et qu'elles lui font mal, il les fait assouplir par sa doublure et se plaint ensuite auprès de Sternberg d'avoir ainsi acquis une mauvaise mycose ! A la fin de ce film, Sternberg s'est bien juré de ne plus jamais tourner de film avec ce grand acteur impossible. D'autres, dont Ernst Lubitsch, ont pris la relève.

Rentré à Berlin, Emil Jannings, un jour, envoie un câble à Sternberg. La UFA lui laissant la possibilité de choisir le réalisateur de son prochain film et Lubitsch étant trop cher, il demande à Sternberg de renouveler leur collaboration. Ce sera un film parlant, une grande première en Allemagne et Sternberg, qui n'est pas à l'aise à Hollywood et se sent plus européen qu'américain, se laisse convaincre de traverser les Etats-Unis et l'Atlantique pour tenter cette aventure. La Paramount, avec laquelle il est sous contrat, accepte de le laisser partir quelque temps et le voici qui arrive à Berlin avec toute son aura de cinéaste hollywoodien qui sait déjà faire parler le cinéma. Et avec sa femme, Riza, dont il a récemment divorcé au Mexique, juste avant de l'épouser de nouveau. Emil Jannings a d'abord pensé à un grand rôle historique et c'est un film sur Raspoutine, l'éminence noire du tsar, que voudrait produire la UFA. Sternberg, qui a traversé l'Atlantique pour échapper au goût américain et qui a l'intention de profiter au mieux de l'aventure pour jouer la carte de son originalité, réaliser un film vraiment personnel hors des contraintes des studios, n'est guère enthousiasmé. Et bien décidé à imposer son point de vue, puisqu'il jouit ici d'un prestige dont il était loin de bénéficier outre-Atlantique. Heureusement, Emil Jannings n'est pas crispé sur Raspoutine et, une semaine à peine après l'arrivée de Sternberg à Berlin, il lui demande de lire un livre qui a fait du bruit lors de sa parution, qui est apparu quelque peu scandaleux et qui, bien adapté, pourrait fournir un beau rôle masculin au grand acteur qu'est Jannings. C'est le roman de Heinrich Mann, qui se sert de la passion et de la déchéance d'un professeur de lycée pour faire une violente critique de la société bourgeoise et de son hypocrisie. Sternberg, lui, y voit surtout un superbe personnage féminin. A condition toutefois de donner à cette comédie de mœurs une dimension tragique.

Heinrich Mann est le frère de Thomas Mann, un romancier autrement célèbre, dont la gloire lui fait de l'ombre. Très influencé par le mouvement naturaliste dont Emile Zola et Guy de Maupassant ont été les principaux représentants en France, il s'est consacré à une littérature de critique sociale fermement satirique et assoiffée de justice. *Le Professeur Unrat*, son deuxième roman, a marqué l'actualité littéraire du début du siècle, et l'on a pu y trouver, après la Première Guerre mondiale, une vision prémonitoire de la crise d'une société allemande figée hypocritement sur des valeurs désuètes et incapable de s'ouvrir aux temps nouveaux. Rapidement résumé, c'est bien l'histoire d'un homme honorable qui, sur le tard, tourne mal, joue sa réputation sur une passion déraisonnable, affronte une société qui le renie et se venge durement de l'hypocrisie ambiante. *Unrat* est son surnom, quelque chose comme *ordure*, un quolibet qui, d'année en année, est repris par ses élèves. Ainsi, toujours humilié, le professeur, un vieil homme solitaire, amer, qui est la risée de toute la petite ville, n'a d'autre obsession que de se faire respecter par des garnements peu intéressés par son enseignement. Au moins jusqu'au moment où, sur leurs traces, dans un cabaret que fréquentent plus les marins que les hommes de sa classe, il rencontre Rosa Fröhlich. A l'enseigne de *L'Ange bleu*. Découvrant les bas-fonds de la ville pour la première fois, cet homme, qui n'est guère sorti des livres dans lesquels il étudie la littérature, oublie sa dignité et succombe aux charmes de la chanteuse. Celle-ci s'en amuse, l'épouse comme on plaisante, se fait brillante courtisane. Mais ce n'est pas là l'histoire banale de l'homme dont se moque une fille légère. Pas plus que celle de la pute au grand cœur. C'est une comédie de mœurs : Unrat est un cocu fataliste, qui se sert de sa femme pour se venger de ses anciens élèves. Transformant sa maison en cabaret sulfureux, dont Rosa est l'allumeuse splendide, il pousse à la ruine plus d'un notable. Jusqu'à lui-même s'effondrer, par trop de déraison.

Le romancier, pas mécontent de voir son livre porté à l'écran, accepte le principe de quelques changements et Sternberg met au point le scénario. Le générique en créditera Carl Zuckmayer, un auteur dramatique fort réputé, et Karl Volmoeller. Selon le cinéaste, qui prétendra toujours être le seul auteur du film, le premier sert de caution nationale pour faire contrepoids à la nationalité

64

américaine du réalisateur, et le second n'a son nom inscrit sur la pellicule qu'en remerciement de l'amicale manière dont il a guidé le réalisateur dans le Berlin du jour et de la nuit. Sternberg emprunte la situation au romancier, mais il ne le suit pas dans ses développements. Il laisse tomber la critique sociale, oublie la révolte et la vengeance du professeur. Il transforme les personnages, bouleverse l'histoire, pour en faire une tragédie de l'amour. Le défenseur de l'ordre et de la morale qu'est le vieux professeur (il a cinquante-sept ans) est amoureux, comblé, puis malheureux à en mourir. Rosa Fröhlich devient Lola Lola, une femme de rêve, la séduction même. Terriblement sexy, dirait-on aujourd'hui. Unrat découvre la chair et s'y perd. Il quitte tout pour la jeune femme et suit la troupe de saltimbanques, qui tourne de ville en ville. Mais son amour est égoïste, possessif, jaloux. Lola Lola découvre la tendresse, puis l'ennui : d'abord, elle est ravie de tant de dévouement, se plaît à une affection qui l'apaise, mais vite elle a besoin de plus de légèreté, de sexe. Unrat se ratatine, s'aigrit, ratiocine. Il devient un clown minable, qui fait rire par son humiliation. Tandis que Lola Lola retrouve sa dureté première, et le goût des aventures. Alors, point de vengeance pour le professeur. Au contraire, de retour dans la ville où il enseigna, pour un spectacle dont il est l'attraction (pensez donc, l'ancien notable avec un nez rouge, et qui fait le coq tandis qu'un comparse lui casse des œufs sur la tête...), Unrat touche le fond de la déchéance et du désespoir.

Chez Heinrich Mann, le personnage principal est Unrat. C'est ce qui a plu à Emil Jannings. Chez Sternberg, Lola Lola prend le dessus. Elle rayonne de ses feux de femme fatale, devient figure de mythe, femme éternelle. Elle est la vie, la beauté, l'amour. C'est une actrice capable d'être cela, elle aussi, que Sternberg cherche à Berlin. Et qu'il trouve en Marlene Dietrich.

65

LA VÉRITABLE MARLENE DIETRICH

Non qu'elle soit déjà telle qu'il lui suffise d'enfiler les bas et la guêpière de Lola Lola, mais il sent en elle des potentialités dont elle-même n'a pas conscience. Une puissance séductrice qui ne demande qu'à s'épanouir et à laquelle lui-même saura, par la force de sa propre vision du personnage et son talent de directeur d'acteurs, permettre de s'exprimer.

Maintenant Josef von Sternberg a son histoire et sa vedette. Une vedette qui s'implique aussitôt, discute du choix des costumes, se fait elle-même costumière. Rudi a convaincu le cinéaste de laisser Marlene habiller Lola Lola. Parce que sa femme a son idée sur la question. Parce qu'il sait quel sens elle a du vêtement spectaculaire mais juste. Parce que, ne jetant jamais rien, se débrouillant pour garder les costumes de ses rôles après la fin des représentations ou des tournages, elle dispose de toute une garde-robe éclectique. Sternberg a aussi son compositeur, l'étonnant musicien qui était venu accompagner au piano une candidate malheureuse. Friedrich Höllander contribue à dessiner le personnage de la chanteuse de *L'Ange bleu*. Il la met en musique, sur des paroles qu'il écrit avec Robert Liebmann. Ce sont des chansons pour Marlene, encore plus que pour Lola Lola. Des chansons pour sa voix chaude, rauque. Des chansons pour son peu de voix.

Bientôt il ne reste plus qu'à tourner. Déjà le producteur Erich Pommer s'énerve. Il aimerait disposer d'un plan de travail précis avant le tournage, savoir ce qui va se passer chaque jour, être en mesure de tout contrôler. Sternberg lui réplique qu'il a sa façon de faire, qu'il n'a pas la réputation de dépasser le budget qu'on lui a alloué, qu'il respecte toujours le calendrier. Si on ne lui fait pas confiance, il s'en va ! Erich Pommer, un homme intelligent, cède devant une telle assurance. Vient alors le premier jour du tournage. Jannings parle comme s'il était sur scène, en orateur qui doit faire porter sa voix et qui ne craint pas de corriger les dialogues qu'on lui demande de dire, parce qu'il les trouve trop communs, pas assez littéraires. Il a du mal à comprendre que les micros sont là pour donner de l'ampleur au son et qu'il doit parler non comme un livre mais comme un homme normal, dans une situation qui doit paraître humaine plus que littéraire.

Marlene, elle, une fois coiffée, maquillée, costumée (dans l'audace de ce qui, à l'époque, est quasiment de la nudité), se montre tout de suite prodigieuse, réceptive aux instructions du réalisateur, ne rechignant pas à recommencer une scène des dizaines de fois. C'est que Sternberg insiste jusqu'à ce qu'il ait obtenu exactement ce qu'il veut. Il finit, d'ailleurs, toujours par l'obtenir, même s'il lui faut recommencer une scène des dizaines de fois, poussant à bout la patience de ses acteurs. Jannings supporte mal une telle discipline. Marlene, elle, est exemplaire de conscience professionnelle, d'envie de parfaire son personnage. Elle ne veut surtout pas décevoir ce réalisateur qui l'a choisie, lui a fait confiance. Elle sait qu'elle joue une partie exceptionnelle. Elle a une de ces chances qui ne viennent qu'une fois dans une vie d'actrice, donnent de l'élan à une carrière, bouleversent la vie. Elle ne la laissera pas passer. D'autant plus qu'elle est orgueilleuse, n'aimerait pas un échec. Et Sternberg l'impressionne : c'est évident, cet homme a du génie. Il suffit de le voir sur le plateau, de l'entendre parler de son film, des personnages, de le voir régler lui-même les éclairages, dire son mot sur les costumes, affiner la justesse d'un plan en se plaçant lui-même derrière la caméra pour comprendre qu'on n'est pas là, avec lui, en train de tourner n'importe quel film. Il cherche le chef-d'œuvre, et c'est un enjeu qui n'est pas pour déplaire à une Marlene un peu lasse du cabaret et des comédies musicales, avec ses rêves non accomplis de concertiste et de tragédienne.

LA VÉRITABLE MARLENE DIETRICH

Sternberg a une façon formidable d'être sûr de lui, d'exercer son autorité. Cela rassure Marlene, inquiète et fière de sentir qu'il attend tout d'elle. Pas question avec lui de jouer à la légère, de faire son numéro, juste en professionnelle. Non, il faut tout donner. Tout lui donner. Et, sans réserve, elle lui donne tout. Tout ce qu'elle peut lui donner, ainsi qu'il le lui demande. Elle sera Lola Lola. Elle devient, d'ailleurs, de plus en plus Lola Lola. Elle qui ne se trouve pas vraiment belle, qui n'aime pas son long nez, devient resplendissante. Elle qui aime plaire, mais qui ne séduit jamais par jeu, voici que, sans toutefois faire l'allumeuse comme Lola Lola, elle se donne en spectacle comme jamais encore. Elle, tout de même un peu « garçonne », voici qu'elle exalte sa féminité. Une féminité triomphante. Celle de Lola Lola telle que la conçoit Sternberg. Celle d'une star naissante, dont on ne sait pas encore quel est le destin. Elle se donne à Lola Lola comme à Sternberg. Sans réserve.

Josef von Sternberg vient dîner chez les Sieber. Rudi et lui semblent se lier d'amitié. Rudi est un homme cordial, qui a le sens des relations amicales et professionnelles. C'est un charmeur, qui aime recevoir, faire le seigneur. Jo, lui aussi, est un charmeur, mais plus profond, plus introverti. On boit du champagne. Tami, « l'amie de la famille », qui est la maîtresse de Rudi et qu'on présente le plus souvent comme « la gouvernante de l'Enfant », fait le service. Maria, « l'Enfant », reste avec les grandes personnes. Elle n'a que cinq ans, mais elle est habituée à demeurer ainsi, sage, tenue dans une stricte discipline, ouvrant les yeux et les oreilles, faisant provision de souvenirs qui lui permettront d'être l'historiographe la plus précise de sa mère. Marlene est une hôtesse plus béate que chaleureuse. Elle se montre admirative devant Sternberg, sa culture, son esprit brillant. Il est le roi de ces dîners fréquents qui adoucissent sa vie berlinoise. C'est qu'il prend peu le temps d'autres sorties, ne court pas

68

aux plaisirs du Kurfürstendamm, ne se laisse pas distraire de son travail, de ce film qui doit lui permettre, il l'espère, de marquer un grand coup dans l'histoire du cinéma, de faire preuve de son originalité, de sa force, de sa grandeur. Qui va aussi révéler une actrice hors du commun, bientôt une star peut-être, mais encore apparemment humble maîtresse de maison, épouse et mère, bonne cuisinière qui concocte des bouillons qu'elle lui porte au studio et partage avec lui dans sa loge, parce que sinon il ne prend pas le temps de déjeuner. Cultivée aussi, liseuse de classiques et de poètes contemporains, comme le sont rarement les jeunes actrices.

Une complicité curieuse se tisse entre ces deux êtres, dont l'alliance est en train de faire un grand film, un des plus beaux films qui soient, *L'Ange bleu*. Il semble que l'un l'autre se stimulent, qu'ensemble chacun donne le meilleur de lui-même. Une même passion artistique, sans doute, qui refuse les compromis, cultive les exigences, ne craint pas quelque provocation. Une même conception de l'art, sans concession. Un même lyrisme, un même élan qui les élèvent au-dessus des contingences matérielles. Une amitié aussi, déjà. Plus aussi, peut-être de l'amour. Au moins une certaine forme d'amour, l'union de deux êtres assez semblables pour partager une même grande aventure, assez différents pour avoir quelque chose à se donner l'un à l'autre. Rudi, lui, est le mari. Mais pas comme dans les vaudevilles. Lui aussi complice, et non trompé. Amical, fraternel. Jannings est plus jaloux : le cinéaste ne devrait avoir d'yeux que pour lui, de révérence que pour son talent, même son génie, puisqu'il est, pense-t-il, le plus grand des acteurs. Cette gourgandine qui, hier, n'était rien, ou presque, accapare Sternberg, qui préfère s'enfermer avec elle pour déjeuner (du moins c'est ce qu'ils disent) plutôt que de se mettre à table avec lui, qui est bon mangeur, remarquable avaleur de saucisses et qui serait bon compagnon.

LA VÉRITABLE MARLENE DIETRICH

Jannings n'aime pas Marlene. De moins en moins. Il voit bien qu'elle l'éclipse dans l'esprit du cinéaste, donc dans le film. Elle va lui voler la vedette. Sternberg ne cesse de la mettre en avant, de vanter ses mérites. Et lui, le magnifique Emil Jannings, n'est plus que le faire-valoir de cette débutante. Faussement amical, paternel, il fait d'abord le conseilleur, dit à Marlene que Sternberg va la couler, qu'elle ne devrait pas l'écouter, ne pas jouer selon ses directives, être plus classique et moins poule. Elle se déprécie, lui explique-t-il, à prendre cet accent des faubourgs, qui d'ailleurs lui donne du mal, loin de ses habitudes, de sa culture. Il dit aussi du mal de l'actrice au réalisateur, tente de les monter l'un contre l'autre. Mais ils s'entendent de mieux en mieux, ne se quittent pas, font l'éloge l'un de l'autre. Alors, Jannings hait cette jeune femme encombrante, cette beauté qui lui fait de l'ombre, jusqu'à l'étrangler, ou presque. Vers la fin du film, la fin du tournage, cette scène où Unrat, furieux, se jette sur Lola Lola, l'attrape au cou, Jannings la joue réaliste, confond le film et la vie, l'acteur et le professeur, l'actrice et la chanteuse. Il écume de rage, serre vraiment. Sternberg doit les séparer. Marlene aura des bleus, plusieurs jours, sous le maquillage. Comme si son fétiche avait oublié, ce jour-là, de veiller sur elle. Car elle ne se sépare pas d'une poupée en feutre au pagne de raphia, un petit nègre qu'elle a nommé Sauvage, auquel elle s'est débrouillée pour donner un rôle dans le film, l'introduire dans la loge de Lola Lola.

Au reste, le gri-gri est efficace, puisque la Paramount, suivant l'avis de Sternberg, lui propose un contrat de sept ans à Hollywood, cinq cents dollars par semaine au début, avec ensuite de substantielles augmentations. La UFA, elle, par oubli, maladresse, désintérêt, manque d'intuition, ne tient pas son option, se laisse doubler par l'Amérique. Marlene hésite. Pas envie

70

de s'exiler. Peur de Hollywood et du mépris qu'elle sait
là-bas pour l'art et les artistes. Peur aussi d'une vie américaine qui ne lui dit rien qui vaille, qui ne vaudrait rien
non plus pour Maria. Ou bien a-t-elle l'habileté de se
faire tirer l'oreille, de laisser entendre que ce n'est, après
tout, pas tant d'argent que cela. Sternberg, lui, s'en va,
sans attendre la sortie du film, retourne à Hollywood
préparer un autre film, pour lequel il voudrait encore
engager Marlene. Elle le laisse partir, reste en famille à
Berlin. Jo voudrait qu'elle le rejoigne, s'engage avec lui
sur une voie qu'il lui prédit glorieuse. Il la veut encore
pour actrice. Veut encore la filmer, la regarder, l'éclairer,
la faire jouer au mieux de son corps, de ses gestes, de
ses expressions, de sa voix. Il a besoin d'elle pour cette
œuvre qu'il a l'intention d'accomplir, pour laquelle il
vient de faire un pas décisif. A eux deux, ils n'ont pas
fini d'en faire voir à Hollywood et au monde entier. Pas
fini de montrer que le cinéma, ce peut être du grand art.
C'est ce qu'il lui explique, lui promet. Elle le fascine
aussi comme femme. Elle lui a montré que son couple
avec Rudi n'est que de façade, d'amitié. Lui aussi est
disponible, peu attaché à Madame von Sternberg qui,
d'ailleurs, ne goûtant guère de le voir séduit par son
actrice, a préféré quitter Berlin sans attendre son mari.

Marlene ne se précipite pas. Elle réfléchit. Elle ne
veut quitter ni Berlin, ni Rudi, ni Maria, dont elle voit
mal comment elle pourrait s'occuper, étant actrice à
Hollywood, sans que celle qu'on nomme de plus en plus
souvent « l'Enfant » ait sur place une grand-mère, un
père pour la garder. Elle ne réfléchit pas très longtemps,
à dire vrai. Devant l'absence de réaction de la UFA, avec
aussi peut-être, sans doute, conscience de ce qu'elle a
encore à donner à Sternberg, de ce qu'ils peuvent faire
ensemble, elle se décide. C'est qu'elle est artiste avant
tout, engagée totalement depuis déjà pas mal d'années
dans cette voie de l'art où elle sait que la demi-mesure

conduit à l'échec. L'art est une aventure qui demande de la passion, n'aime pas la tiédeur. Rudi aussi la pousse à partir. Et ce n'est pas pour se débarrasser d'elle et vivre plus simplement avec Tami. Rudi et Marlene ont mis au point leur mode de vie : ils ne sont plus amants, mais toujours mari et femme, parents d'un même enfant, amis, complices. Ainsi se protégeant l'un et l'autre de tout engagement décisif ailleurs. Rudi négocie, habilement : Marlene part, mais ne s'engage que pour deux films, pas pour sept ans. La Paramount, dont les représentants à Berlin croient très fort en Marlene, s'engage, elle, à prolonger la durée du contrat, si l'actrice le désire. Et l'actrice gardera le choix de ses réalisateurs, contrairement à la pratique en vigueur pour les acteurs et réalisateurs qui, une fois liés à une compagnie, doivent lui obéir sans discuter. Elle rejoindra donc Sternberg. Après la première du film, où elle se doit d'apparaître, un triomphe.

Le tournage du premier film parlant allemand a été un événement. Le studio où se concoctait cette grande œuvre a reçu d'innombrables visiteurs, intrigués par la nouvelle technique, curieux aussi de la vedette montante, cette actrice qu'on y disait époustouflante. Le tout-Berlin des arts est venu, gens du spectacle bien sûr, écrivains et peintres aussi. Max Reinhardt lui-même a voulu voir l'actrice qui a quelque peu fréquenté ses établissements. Aussi le film est-il très attendu, précédé d'une bonne réputation et de nombreux articles de presse, qui déjà en font un événement. Le 31 mars 1930, une première séance a lieu pour la critique, l'après-midi, avant la soirée de gala au Gloria-Palast, et quelque chose comme un grand frisson passe sur la salle dès l'apparition de Marlene Dietrich en Lola Lola, si peu vêtue, aguichante et chantant d'une voix terriblement sensuelle que, ce soir, les gars, elle va se trouver un homme... La naissance d'une star est une évidence.

LA VÉRITABLE MARLENE DIETRICH

Sternberg a été séduit, sur la scène où se jouait *Deux cravates*, par une certaine façon désinvolte, hautaine, insolente, qu'a Marlene de se tenir. A l'écart d'une action qu'elle regarde avec détachement. Attirant à elle les regards. S'imposant alors qu'elle ne fait rien. Fascinante d'être simplement là. Silhouette irradiante. Visage paisible. Regard à vous glacer le sang. Mais elle bouge aussi, et comment ! Capable d'arpenter une scène, un plateau à grandes enjambées, de part et d'autre, autoritaire, conquérante. Sexy. Impériale. Puis s'arrêtant, les mains sur les hanches, jaugeant la situation, provocante. Sternberg la voit quand d'autres ne l'ont qu'aperçue. Il la voit telle qu'elle est à de brefs instants. Telle qu'elle est derrière l'apparence d'une actrice ordinaire. Telle qu'elle peut être, absolument, si on l'y aide, si on le lui demande. Telle qu'elle sera. Telle qu'elle est déjà au fond d'elle-même. Telle qu'il va la faire être, à jamais. *L'Ange bleu* est la chance qu'il lui donne de se révéler ainsi dans toute sa force, son éclat, sa grandeur. Alors Lola Lola vampe les lycéens, comme les marins en escale et les bourgeois en goguette. Femme fatale. Irrésistible. Dans la fumée des cigarettes qui met du brouillard entre elle et ses admirateurs, dans le vacarme des buveurs de bière aux conversations nerveuses et aux remarques volontiers salaces, la chanteuse qui éblouit les nuits de Lübeck chante qu'elle a un pianola et qu'elle ne laissera pas n'importe qui y toucher. Chante aussi que, ce soir, elle cherche un homme – et chacun de rêver que ce pourrait être lui. Proclame qu'elle est faite pour l'amour, de la tête aux pieds, et qu'à cela il n'y a rien à redire. Lola Lola règne sur la scène de *L'Ange bleu*, qu'elle arpente, dominatrice, en tenues qui montrent ses épaules, ses cuisses entre les bas et les culottes à volants. Ce qui, à l'époque, 1930, est d'une grande audace au cinéma. Le côté Toulouse-Lautrec, qui plaît tant à Sternberg... Erotisme d'une chair claire, laiteuse, ronde, douce, peu musclée, selon les critères de l'entre-deux-guerres.

Les lycéens courtisent Lola Lola, sont amoureux, tentent leur chance ; mais c'est un homme qu'elle cherche, pas un blanc-bec à peine sorti de l'enfance. Elle se contente de les tenir dans un flirt léger, amusée, flattée par leur admiration. Encouragée aussi par le tenancier du cabaret, qui voit l'argent couler au rythme du mousseux, qui tient à ce que l'après-spectacle soit l'heure des consommations renouvelées par des soupirants tenus en haleine. Un homme, des hommes, cela ne doit pas manquer, au fil des rencontres, des voyages d'une ville à l'autre. L'amour, tel qu'elle le chante, c'est du sexe, du plaisir, du septième ciel qui vous sort de la besogne mal payée, donc du rêve. Un autre monde, une autre vie, au moins pour un moment.

Dans sa loge, c'est une autre femme, du moins une autre face. Elle sait que, trop souvent, le rêve ne dure pas. Elle est jeune, mais en sait assez de la vie pour être quelque peu désabusée. Pas satisfaite de ces spectacles de bas quartiers, de ces hommes grossiers, de ces artistes minables, de ces cabaretiers méprisants. Pas vraiment fière d'elle-même. Et sans grande espérance. Dans l'intimité de sa loge, dans les gestes de l'habillement, du maquillage, avec son peignoir mal fermé, tandis que vont et viennent ses compagnons du spectacle, son cynisme est moins brillant, teinté d'amertume : cette femme, apparemment forte, sûre d'elle-même, a aussi sa fragilité. Elle aimerait un peu plus d'affection, de respect, de tendresse, de sécurité. C'est ce qui lui fait trouver une complicité avec le professeur Immanuel Unrat, qui lui-même, derrière une apparence de maître dictatorial, a toutes les maladresses d'un jeune homme ne sachant rien des femmes. Il la touche par son attachement, gagne sa confiance en affrontant pour elle un marin costaud. Il est l'incroyable chevalier de cette belle qui est plus de la nuit que du jour. Et lâchant tout pour elle, le lycée, sa réputation, son mode de vie, il lui propose ce qu'aucun homme ne pense à lui offrir : un amour sans réserve. C'est assez pour qu'elle se laisse aller auprès de cet homme qui n'est pas beau, qui n'est pas riche puisqu'il a abandonné son métier, qui a l'âge d'être son père. Loin du rêve des jeux torrides, elle se laisse prendre à celui du mariage.

Est-ce pour cela qu'elle porte ce nom double, deux fois Lola ? La femme de la vie n'est donc pas celle du spectacle. Dès qu'elle entre en scène, elle est autre. L'actrice dans ses rôles n'est pas celle qui, en coulisses, vit sans masque. Du moins est-ce, à ce moment du film, la leçon qu'on croit pouvoir tirer de la fable. Jusqu'au rebondissement, qui ne tarde pas. Vous pensez bien qu'une telle morale du pot-au-feu ne saurait être viable. Lola Lola ne se repose qu'un instant. Se trompe en se croyant douée pour un bonheur paisible. S'ennuie avec son vieil homme. Ou bien elle s'est trompée en le choisissant, trop faible, bêtement amoureux, incapable d'inventer avec elle une autre vie, égoïste aussi plus que généreux, possessif plus qu'amoureux. Il sombre, se néglige, supporte mal les regards du désir qui se portent sur sa femme, se rend odieux, ridicule, encombrant. Mais Lola Lola ne suivra pas Unrat dans sa chute, puisque telle est la vraie histoire du film que Sternberg a tiré du roman de Heinrich Mann. Il peut bien mourir d'amour ; mais, elle, elle sera toujours du côté de la vie. Et tant pis si ce n'est qu'une vie de petite chanteuse de cabarets minables. Mazeppa, le bel hercule qu'interprète avec brio Hans Albers, déjà lui propose un autre jeu, un jeu d'amour certes passager, mais tel que depuis cinq ans (cinq ans déjà qu'elle a épousé le professeur !) elle n'en a, semble-t-il, pas connu. Ce n'est pas pour autant qu'elle se désintéresse du vieil homme transformé en clown sur la scène de *L'Ange bleu*, devant le tout-Lübeck venu assister à l'événement... Humilié d'être ainsi condamné à se donner en spectacle dans la ville où il fit scandale, devant ses anciens élèves, déchiré par la jalousie et son impuissance à retenir Lola Lola, Unrat s'effondre sous les yeux terrifiés, les grands yeux merveilleux, de cette femme qui peut-être l'a aimé, y a cru quelque temps, a bien dû constater l'échec de cette histoire impossible, mais a gardé pour lui une certaine tendresse, amitié.

Emil Jannings n'a pas démérité. Il a été dans *L'Ange bleu* le grand acteur qu'on attendait. Donnant au personnage du professeur une belle dimension tragique. S'affirmant en acteur immense. Il faut le voir découvrir la semi-nudité de Lola Lola dans sa loge, ramasser des cigarettes tombées sous la table de maquillage où il ne voit que deux admirables jambes nues. Le voir aussi affronter ses élèves en une colère shakespearienne. Savourer son mariage, à la table de noce, jouant fièrement à faire le coq pour accompagner un tour du prestidigitateur. Déjà passablement déchu, faire le tour des clients d'un cabaret pour proposer aux clients attablés des photos de sa femme. Se grimer en clown dont le masque ne cache pas l'intense désespoir. Pousser enfin le plus bouleversant des cocoricos, le cri de son agonie.

Pourtant, Marlene Dietrich lui fait de l'ombre. Berlin, dans la salle du Gloria-Palast, n'a d'yeux que pour elle, subjugué par sa prestance, époustouflé par son panache, séduit par la femme, conquis par l'actrice. Parce qu'elle impose, parce que Sternberg impose avec elle une nouvelle image de femme, de la femme, complexe, ambiguë, forte et sensible, séductrice et amicale, fatale et délicate. Loin des garçonnes, dont l'heure se termine sur le Kurfürstendamm, et pour lesquelles elle a plus d'une fois montré de la complicité, Marlene s'impose en femme-femme. Ni maman ni putain.

76

LA VÉRITABLE MARLENE DIETRICH

Le 31 mars 1930, une autre Marlene naît à Berlin, la grande Marlene qui part aussitôt, le soir même, pour l'Amérique, Hollywood, rejoindre Sternberg, tourner avec lui un autre film. Elle a vingt-neuf ans, un mari et une petite fille qu'elle laisse derrière elle, le temps de voir venir, une mère dont elle a eu du mal à défaire l'emprise, un oncle qui lui a mis le pied à l'étrier, une tante jeune et belle qui lui a servi de modèle, des amantes et des amants peut-être (nous manquons de confidences), sans doute ce Willi Forst avec lequel elle était si liée à Vienne et qui était là, ce soir, avec Rudi, tous deux amis, pour assister au triomphe.

III

HOLLYWOOD

L<small>A</small> sirène retentit. Le S.S. *Bremen* se détache lentement du quai. C'est un beau paquebot transatlantique, luxueux comme il se doit pour un navire qui transporte du beau monde entre l'Europe et l'Amérique, un chef-d'œuvre d'art décoratif comme il se doit pour un bâtiment qui doit aussi représenter son pays aux yeux du monde. Tout y est prévu pour que les quelques jours de traversée soient agréables aux passagers riches, ceux de la classe de première, qui sont à la fête du matin au soir et, s'ils le veulent, du soir au matin, dans les salons, au bar ou à la piscine, avec ce qu'il faut de serviteurs attentifs. Ainsi Marlene Dietrich, son billet pris par la Paramount, qui la fait venir à Hollywood, quitte-t-elle l'Allemagne, sa famille, sa jeunesse. Elle ne sait pas pour combien de temps. L'Amérique saura-t-elle la retenir ? Fera-t-elle d'elle une star ? Les stars, les vraies, se doivent d'être à Hollywood, où se font les gloires internationales. Rudi et Maria, un jour, peut-être, la rejoindront. Ou bien elle sera de retour et ce ne sera pas un drame. La tête ne lui tourne pas. Les pronostics de Jo, qui lui affirme qu'elle a devant elle une carrière de star, ne l'enivrent pas. Elle est solide. Sa vie ne serait pas brisée par un échec. D'autres, avant elles, sont montés au septième ciel du cinéma et en sont redescendus. Elle travaillera. Elle remontera sur scène, pour des rôles plus ou moins grands. Et si on ne veut plus d'elle dans le spectacle, elle trouvera bien autre chose à faire. Elle va rejoindre Jo qui, une fois encore, va divorcer de sa femme. Elle va rejoindre un ami, un complice, le réalisateur qui lui a donné sa chance, l'a transformée, mise encore sur elle. Elle part seule. Elle sera seule, à Hollywood, seule avec Jo, dans un monde auquel il lui faudra se faire, dont elle se méfie, dont il lui faudra apprendre les règles. Seule, ou presque, car elle emmène Resi, l'habilleuse qui s'est occupée d'elle sur le tournage de *L'Ange bleu* et qui l'accompagne comme une femme de chambre. Mais Resi n'est pas une amie. Il lui faudra, là-bas, s'en faire. Ce qui n'est pas pour l'inquiéter. Elle ne manque pas d'aisance pour se lier, trouver son public, ses admirateurs, ses confidents. Bien sûr, on ne part pas pour une telle aventure sans un pincement au cœur, une inquiétude. « Serai-je à la hauteur ? Et si j'avais le mal du pays ? Mais je ne me suis engagée que pour deux films et cela passera vite. Je n'aurai pas le temps de m'ennuyer. Et, si vraiment cela n'allait pas, je demanderais à Rudi de venir, avec l'Enfant. »

Marlene part sans se retourner. Fière du succès de sa dernière soirée à Berlin. Forte de ce que Sternberg lui a révélé de son talent. Prête à affronter, sous la bannière de la Paramount, l'héroïne de la MGM, Greta Garbo. Car c'est cela, elle le sait bien, qu'on attend d'elle : rivaliser avec la dernière grande découverte du cinéma hollywoodien, une Suédoise qu'elle aurait pu rencontrer à Berlin, quand elle y a tourné, il y a cinq ans, une scène de *La Rue sans joie*. Greta Lovisa Gustafsson, née en 1905,

82

est un peu plus jeune qu'elle. Après des débuts très remarqués dans son pays, elle a été engagée, à vingt ans, pour jouer dans ce film de G.W. Pabst à Berlin. Une prestation qui lui a valu d'être aussitôt appelée à Hollywood par la MGM. Elle y est devenue la dernière star du cinéma muet, dans *La Tentatrice* et *La Chair et le Diable*, avant de faire ses débuts sonores dans un film du cinéaste français Jacques Feyder, *Anna Christie*. Reine des écrans, idole du public, elle est désormais surnommée « la Divine ». C'est cette hégémonie que veut abattre la Paramount. Pas de raison que la compagnie ne trouve pas, quelque part dans le monde, une actrice de même classe, une femme aussi fascinante. Il lui faut une vedette. Donc tout faire pour en trouver une. Mais cela ne se trouve pas au détour de n'importe quelle pellicule. C'est qu'il y en a des gens, à la Paramount, des producteurs, des réalisateurs qui vivent les yeux écarquillés, en quête de l'oiseau de paradis. Et, pour l'instant, pas une qui puisse avoir la prétention d'illuminer l'écran. Pas une, sauf cette Allemande dont Josef von Sternberg et le producteur Bud Schulberg disent qu'il faut parier sur elle. Qu'y a-t-il à perdre ? A dire vrai, pas grand-chose. Rien qu'un peu d'argent. Et beaucoup à gagner.

Marlene ne se retourne pas. Il ne faut pas s'attendrir. N'est-ce pas cela que sa mère, la Prussienne, lui a appris ? Rester ferme. Regarder droit devant soi. Se faisant confiance et sans peur des coups. Le travail, la volonté seront ses meilleures armes. Elle pense bien un peu à Rudi et à l'Enfant. A l'Enfant, surtout, qu'elle considère plus comme une jeune amie, une compagne un peu esclave, que comme une petite fille et qu'elle tente de protéger contre tout enfantillage, quitte à la laisser peu voir d'autres enfants. Elle pense à la veuve Dietrich-von Losch, qui lui a donné beaucoup de sa force, mais dont elle se sent si éloignée depuis qu'elle vit sa vie d'actrice, de femme libre. Elle pense à la belle tante

LA VÉRITABLE MARLENE DIETRICH

Valli, à l'oncle Willi et à sa jolie épouse. A Willi Forst et à ses amis du Kurfürstendamm. Mais elle tourne la page, enfermée dans sa cabine tandis que le S.S. *Bremen* s'avance sur une mer qu'on aimerait plus calme. Elle s'installe, range ses affaires, vérifie que le ménage a été fait avec la rigueur qu'elle exige, désinfecte à l'alcool le lavabo et la cuvette des cabinets, ainsi qu'elle le fait toujours dans les salles d'eau dont elle prend possession.

Resi a mal au cœur et perd son dentier en se défaisant de son dernier repas par-dessus le bastingage. Le genre de laisser-aller que n'aime guère Marlene. Elle boit du champagne dans les salons du paquebot et se lie avec un couple charmant, Jimmy et Bianca Brooks, qui connaissent bien le monde du cinéma américain, le fournissent en costumes, en habillent la plupart des vedettes, à la ville comme à l'écran. On bavarde, on plaisante, on prend la vie à la légère en traversant l'Atlantique. Marlene, un jour, montre à Bianca un curieux livre, des photos de femmes entre elles, qui intrigue l'Américaine peu au fait des amours clandestines. Marlene lui fait-elle un signe ? Pas sûr. En tout cas, Bianca n'y prête guère attention. Très étonnée, un peu choquée, intriguée certainement, mais pas tentée. Marlene, pour sa part, ne lui fait pas d'autres avances et cultive une sorte d'amitié flirteuse avec Jimmy.

La radio du bord fonctionne jour et nuit pour Marlene. Rudi lui fait part des réactions de la critique au lendemain de la première de *L'Ange bleu*. La presse fait sa louange, confirme le succès que lui ont fait les premiers spectateurs. Elle est, disent les journalistes, « extraordinaire », « fascinante ». Elle fait preuve « d'une maîtrise totale ». Jo, qui a eu vent du triomphe, lui envoie aussi des messages. Il se réjouit pour elle, autant que pour lui. Il sait que c'est *leur* triomphe, une œuvre faite à deux, qui augure bien de leur avenir commun, de ce qu'ils ont à faire encore, ensemble. Jo est heureux et amoureux. Marlene est heureuse, reconnaissante, mais pas vraiment amoureuse. Respectueuse plus que séduite. Leur prochain film s'annonce, d'après un roman que Marlene a fait lire à Jo, quand il a quitté Berlin, qu'elle ne trouvait pas formidable, disait-elle, mais qu'elle lui recommandait tout de même de lire. Elle savait qu'il ne fallait pas avoir l'air de lui forcer la main, mais il y avait là, elle en avait l'intuition, quelque chose qui pourrait lui plaire, une histoire romantique et moderne, des personnages hors du commun, un rôle assurément pour elle. Amy Jolly, elle s'y voyait déjà. Elle a bien joué. Elle a deviné Jo. Il a lu le livre, en a vu les faiblesses, en a aussitôt corrigé l'intrigue, comme il l'a fait pour *L'Ange bleu*, le reconstruisant pour l'image, le simplifiant, lui donnant plus d'intensité. Il a étoffé le personnage de cette jeune femme venue d'on ne sait où, de France sans doute, et débarquant en Afrique du Nord pour chanter dans un cabaret. Prise entre deux feux de l'amour, celui d'un homme riche, qui lui offre une vie confortable, avec classe, et celui d'un légionnaire, qu'aucun bras ne saurait retenir. Jo l'annonce, par radio : ils vont faire ce film, *Morocco*. Il a convaincu la Paramount, qui d'ailleurs avait déjà acheté les droits du roman de Benno Vigny, en avait même déjà tiré une première mouture de scénario. Gary Cooper, qui est déjà quelqu'un au box-office, en sera la vedette masculine. Ils formeront un couple formidable.

Le bateau, c'est quelques jours de vacances. A se reposer. A regarder l'océan, qui est comme le monde de cette année 1930 : agité, incertain. A bavarder. A boire du champagne. A lire des poèmes de Goethe et de Rilke. Maintenant New York dresse ses gratte-ciel sur l'Hudson. Le S.S. *Bremen* se glisse auprès de la statue de la Liberté, salue Manhattan, enfin accoste. Les bagages sont de nouveau bouclés. Les robes du soir pliées dans les malles. La plupart des passagers sont fébriles à l'idée de poser le pied sur la terre d'Amérique. Certains, qui ont voyagé en classe économique, viennent ici pour changer de vie, se donner une autre chance, fuir une Europe où ils ne trouvent plus leur place. Ils cherchent du travail, une espérance. Ils sont déjà, au fond d'eux-mêmes, américains, bien qu'ils sachent assez mal ce que cela implique. D'autres ne viennent que pour un moment, par curiosité, pour affaires, pour voir cet autre monde qui fait rêver le Vieux Continent et qui est peut-être une image de son avenir.

Marlene ne vient pas voir l'Amérique. Celle-ci ne la fait pas rêver. Ce qu'elle en sait ne l'attire pas. C'est une Berlinoise qui a les pieds sur terre, qui est attachée à son pays et à sa famille. Mais elle est actrice. C'est son métier et le cinéma lui offre de l'exercer au premier plan. Le cinéma, c'est Hollywood. Plus que Berlin. Même si Berlin a fait ses preuves. Tout grand acteur européen se doit de passer à Hollywood, d'y conquérir les plus beaux lauriers, de s'y faire une gloire internationale. Tant que le cinéma était muet, ce n'était un problème pour personne. Maintenant qu'il parle, c'est une autre histoire. Les acteurs doivent être capables de prononcer correctement l'anglais. Assez bien pour ne pas choquer les spectateurs des Etats-Unis. C'est une autre gageure. Marlene la prend. Ce n'est pas qu'elle parle bien anglais. Elle a, certes, enregistré une version anglaise de *L'Ange bleu*, mais non sans difficulté. Jo s'est en effet arrangé pour couvrir un peu sa voix dans les scènes les plus délicates. Et il lui a fait habilement prendre un drôle d'accent, une façon de parler originale, qui donne l'impression d'un certain exotisme, d'une voix marquée par la vie, lourde d'expériences, avec un grain de vulgarité des bas-fonds. Elle s'en est ainsi bien sortie. Maintenant il va falloir faire mieux, pour gagner ses galons américains. Travailler. Acquérir la pratique, l'aisance, le vocabulaire. Faire illusion, en quelque sorte. L'illusion, justement, c'est son métier.

86

LA VÉRITABLE MARLENE DIETRICH

Sur le quai, les passagers passent le sas d'une douane peu indulgente, qui filtre les immigrants. Le studio a envoyé ses hommes pour faciliter les démarches, libérer les nombreuses malles, le violon et la scie musicale qu'elle a emportés avec elle. Walter Wanger, le chef du bureau new-yorkais de la Paramount, a amené quelques journalistes, des photographes pour faire part à toute l'Amérique de l'arrivée sur son sol de la nouvelle star de la Paramount. Car une star, cela se fabrique, avant même que quiconque ait vu un de ses films. Heureusement, on a pu arrêter Marlene avant qu'elle ne monte sur la passerelle. On l'a obligée à se changer, à se vêtir en vedette de cinéma, pas en bourgeoise allemande. Elle a ôté son tailleur beige, mis une robe noire et jeté sur ses épaules, malgré la température extérieure, le manteau de vison que lui a rapporté *L'Ange bleu*. Le numéro 2 de la Paramount est là, lui aussi, pour l'accueillir, la présenter à sa première conférence de presse, l'après-midi même. Elle y parle correctement anglais, ce qui est un bon point pour une étrangère. Elle évoque l'Enfant qu'elle a laissée derrière elle, et qui lui manque. Quoi ? Une star qui a un enfant ? Normalement, les stars n'ont pas d'enfants, ou bien elles les cachent. Les stars sont des étoiles, pas des mamans. Walter Wanger lui montre New York by night. Sa femme devait venir, mais elle a mal à la tête. Le tête-à-tête tourne au vinaigre : l'homme est maladroitement entreprenant. Pendant le dîner, dans un établissement à la mode, Harry Richman, un chanteur dont Marlene connaît bien les disques, chante *On the sunny side of the street*. Le côté ensoleillé de la rue, bientôt le soleil de la Californie, le printemps qui s'annonce...

Ne pas s'attarder à New York, lui dit Jo, auquel elle vient de téléphoner, se plaignant de la grossièreté du M. Paramount local. Jo est jaloux. Elle prend le premier train pour l'ouest. Elle traverse l'Amérique. De grands espaces déroulent d'étonnants panoramas à la fenêtre du compartiment... Cela ne ressemble à rien de ce qu'elle connaît. Oui, l'Amérique est bien un autre continent. Un nouveau monde à New York, c'est certain, mais ailleurs plutôt un très vieux monde, si peu habité, si naturel, si brut qu'il semble appartenir à des temps très anciens. Y a-t-il donc vraiment quelque chose au-delà de ce désert ? Oui, une terre de pionniers qui a conquis des territoires jusqu'alors inviolés, où le cinéma, s'éloignant des abords de New York où il eut d'abord ses marques, s'est installé. Construisant une ville. Se taillant un empire. Désormais, le cinéma est roi en Californie et Marlene a envie de s'emparer de quelques joyaux de la couronne. Elle est inquiète, bien sûr, mais ne le montre pas. Pas comme Resi, qui a tout l'air de se demander ce qu'elle est venue faire de ce côté-ci de l'Atlantique, mais ne dit rien de son trouble depuis qu'elle s'est fait rabrouer par sa patronne, qui n'aime pas les démonstrations de faiblesse. Toujours garder la tête haute, ainsi que le lui a enseigné Josephine. Et faire front. Mais elle regrette que Rudi ne soit pas là pour l'épauler, la conseiller au moment où elle entre dans le sanctuaire du cinéma américain.

Un premier studio de cinéma a été installé à Hollywood, un faubourg de Los Angeles, en 1908, par un colonel qui l'a accompagné d'un zoo afin de tourner des films de jungle ! Les grandes compagnies, délaissant la côte est, ont suivi l'exemple, pour profiter du prix avantageux des terrains, du soleil favorable aux prises de vues, des grands paysages où tourner les westerns déjà bien à la mode. La Metro Goldwyn Mayer, la Paramount, l'Universal, la Fox, la Warner, la Columbia, les Artistes Associés ont fait la fortune de la petite ville qui a été intégrée à la municipalité de Los Angeles et lui a donné un second souffle. Mack Sennett, D.W. Griffith, Charlie Chaplin ont été parmi les premiers à y porter leurs caméras, et c'est bientôt toute une ville qui est sortie de terre et qui est devenue un quartier de Los Angeles. De grands hôtels, des maisons somptueuses, d'énormes cinémas y ont été bâtis, sur le bord de mer, sur la Pacific Coast Highway, à Malibu, à Bel Air. Le cinéma devenant une industrie de pointe à la croissance rapide, l'argent s'est mis à couler à flots dans une communauté extravagante qui a fait du luxe le premier de ses principes. Dès la fin de la guerre, une véritable folie d'argent, de sexe, d'alcool s'est emparée de la petite cité. Drogue, orgies, morts suspectes... Hollywood s'est attiré les foudres des ligues de vertu alors très influentes aux Etats-Unis : le cinéma apparaissait de plus en plus aux yeux des conservateurs les plus fermes comme un art infernal qui incitait d'autant plus à la débauche que ses vedettes menaient une vie aussi scandaleuse que les personnages qu'elles incarnaient à l'écran. En 1922, cinquante clergymen manifestaient à l'hôtel de ville pour demander le boycott de l'acteur Fatty Arbuckle qui venait pourtant d'être innocenté de toute responsabilité dans la mort d'une jeune femme empoisonnée par trop de mauvais alcool, en un temps où la Prohibition favorisait la diffusion de spiritueux frelatés.

Hollywood, selon Joseph Kessel, c'est une immense fabrique de songes. Une ville bâtie dans le luxe, sans cesse construite et reconstruite selon les caprices des uns et des autres. Une ville aux larges avenues, aux demeures fantaisistes, excessives, prétentieuses, folles, ou simplement belles. Une ville plus besogneuse qu'elle n'en a l'air et qui ne fait la fête qu'en dehors des heures de travail (mais alors quelle fête !). Une usine qui produit la drogue la plus universelle du XXe siècle : le cinéma.

Ici, à Hollywood, est née une nouvelle image de la femme. Ou plusieurs images de femmes devenues par la force du film des *sex-symbols*. Des femmes belles. Des femmes libres. Des femmes qui aiment l'amour et qui ne se laissent pas dominer par les hommes. Des femmes qui ne passent pas leur vie à la maison, entre la cuisine et les enfants. Des femmes qui font rêver les hommes à tel point que l'écrivain Blaise Cendrars, en reportage à Hollywood au début des années trente, affirme être allé dans une maison pas vraiment close où les dames qui officiaient étaient toutes des sosies de stars... Clara Bow est peut-être alors le plus bel exemple de ce nouveau type de star *sexy*. Elle a fait des débuts éclatants à seize ans et n'en avait que vingt et un quand elle a crevé l'écran dans *It* (*Le Coup de foudre*), un film qui apparaît encore aujourd'hui comme le grand manifeste du *sex-appeal* et qui lui valut de recevoir trente-cinq mille lettres d'amour en une semaine. C'était il y a trois ans. Trois ans seulement. Depuis elle mène une vie si scandaleuse, elle paraît tellement immorale que la Paramount, qui a beaucoup cru en elle, ne peut pas parier sur elle pour faire face à Greta Garbo, la nouvelle vedette de la MGM. D'autant plus que ses débuts dans le cinéma parlant n'ont pas été convaincants. Marlene, elle, arrive d'Europe, encore inconnue aux Etats-Unis, comme si elle était née avec ce film tourné à Berlin et qui n'a encore été projeté sur aucun écran américain : *L'Ange bleu*. C'est à elle qu'il échoit de porter les couleurs de la Paramount dans le combat des deux grands géants du cinéma.

Jo la rejoint à Albuquerque, tout heureux de la retrouver, aux petits soins pour celle qu'il sent ici vulnérable, qui a besoin de lui pour apprendre l'Amérique, faire ses premiers pas à Hollywood. Il lui est nécessaire. Elle se repose sur lui, qui l'installe d'abord chez lui, où sa femme, Riza, n'est que relativement ravie. Il la met aussitôt au travail, à l'étude des costumes, comme cela s'était fait, avec succès, pour *L'Ange bleu*. Et au régime, parce qu'il faut qu'elle maigrisse, perde des rondeurs de

Lola Lola pour devenir une Amy Jolly très classe. La publicité aussi s'occupe d'elle, diffuse dans toute la presse les photos qui ont été prises sous la direction de Jo, placarde des affiches un peu partout. Sternberg est un réalisateur qui ne laisse rien au hasard, se bat en permanence contre les cadres de la Paramount pour garder toutes les cartes en main, du moins le plus possible. Alors pas question de laisser courir n'importe quelle photo de sa star, de cette femme qu'il façonne autant qu'il l'adore. Car il sait qu'une star, ce n'est pas tout à fait une femme. La femme, Marie Magdalene Dietrich, dite Marlene, épouse Sieber, il la connaît. Plutôt bien maintenant, dans ses forces et ses faiblesses, son talent d'actrice, son ambition, ses caprices et ses contradictions, ses mesquineries aussi. Il est amoureux d'elle. Il la désire, l'adule. Il passe tout son temps avec elle, sous prétexte de travail, de la formidable aventure dans laquelle ils s'engagent ensemble. Il ne supporte plus Riza, qui ricane. Pas vraiment jalouse, mais qui envie d'en profiter pour divorcer à son avantage.

La jeune star n'en est encore qu'au début de son apparition. Alors que personne ici n'a vu ses films, elle n'est qu'un espoir, une réputation en train de se faire. Il faut faire monter la pression, préserver son image, l'élaborer, pour en faire – mieux que la belle, la séduisante, l'affriolante, l'aguichante Marlene – la sublime Marlene. Celle qui devra se montrer dans toute sa splendeur en Amy Jolly, celle dont *Morocco* devra être l'indiscutable révélation. Dans *L'Ange bleu* elle a prouvé qu'elle est une bonne actrice, capable de composer un personnage bien différent d'elle-même, de lui donner sa vérité, sa présence. Pour le second film auquel ils travaillent, qu'il a déjà extraordinairement en tête et dans les yeux, l'enjeu est autre : elle doit fasciner moins par son personnage que par sa propre présence. Et celle-ci n'est pas qu'une question de nature. Elle dépend aussi en bonne part du cinéma, du cinéaste, auquel il revient de façonner son image. Cette Marlene nouvelle, il la voit. Il l'avait pressentie assez vite, à Berlin. Il s'en est assuré au fil du tournage de leur premier film, en la regardant, en l'éclairant, en la filmant, en voyant les premiers rushes. Il a vu que ce visage avait un don rare pour le cinéma, la capacité de se métamorphoser en beauté surhumaine. Oui, cette femme, somme toute assez ordinaire, volontiers maternante, qui passe des heures dans sa cuisine et abreuve son réalisateur de bouillons de sa façon, même petite bourgeoise par certains côtés (ou bien un peu cocotte de cabarets berlinois, ce qui n'est pas mieux), abrite en son sein une déesse. Celle-ci ne demande qu'à se montrer, pour peu qu'on sache l'aider à se révéler.

C'est parce qu'il s'est senti investi d'une telle mission que Sternberg a tant tenu à ce qu'elle vienne le rejoindre à Hollywood. Il sera son serviteur, le grand prêtre de cette divinité du cinéma. Il saura, lui seul saura, il en est sûr, faire que Marlene apparaisse dans toute sa splendeur. Pour cela, il faut qu'elle perde quelques kilos, un peu de ses rondeurs de jolie femme dans le goût du jour, que ses joues se creusent. Que ses sourcils se relèvent. Que son visage s'affine. Que son regard gagne encore en force séductrice. Un peu de régime, de sérieux massages, beaucoup de maquillage et une maîtrise parfaite de l'éclairage, et c'est un nouveau visage qui apparaît. D'abord, dans quelques photographies, afin de mettre l'eau à la bouche de tout un chacun par l'intermédiaire de la presse. Puis, pour un film de propagande publicitaire de la Paramount, où passent les unes après les autres toutes les vedettes de la compagnie. Ernst Lubitsch a vite commencé un tournage pour y introduire la nouvelle acquisition de la compagnie. Jo l'a aussitôt fait interrompre, arguant que, selon le contrat qu'elle a signé, il est le seul réalisateur habilité à faire

tourner Mademoiselle Dietrich (« Mademoiselle Dietrich », c'est ainsi qu'on la nomme à Hollywood). Jo a
repris l'affaire en main, avec le costume déjà prévu, le
frac et le chapeau haut de forme blanc, ainsi qu'elle les
avait portés à Berlin en ce personnage androgyne
qu'elle cultivait si volontiers au fil des soirées. Avec,
surtout, sa manière extraordinaire de l'éclairer. Les
bobines de Lubitsch, jetées à la poubelle, ont été
accompagnées de photos de plateau que Marlene est
arrivée à se procurer, malgré la censure exercée par
Sternberg. Elle en trouve un lot, qu'elle dédicace pour
l'envoyer à Berlin, aux amis qui ont été habitués à ses
frasques travesties et qu'elle a légendées d'un *Vati Marlene*, soit *Papa Marlene*, qui fait preuve d'une belle ironie à l'égard d'une image de star alors en cours
d'élaboration. Enfin, le nouveau look a été mis au point
pour *Morocco*. Avec un rôle taillé sur mesure pour
concorder avec ce nouveau visage, pour imposer la star.
La rivale de Greta Garbo, elle aussi connue pour sa
féminité ambiguë.

Marlene est seule à Hollywood. Seule avec Jo. Et avec
Riza. Mais Riza n'existe pas plus pour elle qu'elle
n'existe pour Jo. Marlene sent combien Jo est fasciné
par elle. Comment ne le sentirait-elle pas, puisqu'il ne
se prive pas de lui dire qu'elle est belle, extraordinaire,
merveilleuse ? Pour lui faire comprendre qu'il l'aime. Et
pas qu'en cinéaste. En homme aussi. En homme qui la
désire, le lui montre et auquel elle cède. Céder, c'est
bien de cela qu'il s'agit, car Marlene n'a pas vraiment
envie de faire l'amour avec lui. Quelque chose la gêne
dans ce que les hommes attendent d'une femme, dans
ce que tant d'hommes semblent attendre d'elle. Cette
obsession qu'ils ont de s'introduire en vous, cette petite
mécanique, ces ahanements. Elle aime qu'on l'aime.
Elle aime qu'on l'admire. Elle aime l'amitié, la complicité, une certaine façon d'être ensemble. Mais, au lit,

elle préfère lire Goethe et Rilke, encore et toujours – ou dormir. Sternberg la séduit par son intelligence, son charme, ce qu'elle ne craint pas d'appeler son génie. Par les attentions qu'il a à son égard. Son dévouement. Sa façon d'être toujours là quand elle en a besoin, de l'aider à s'adapter à la vie de Hollywood, de la protéger contre les curieux, les journalistes, les cadres de la Paramount. Alors elle lui cède. Pour ne pas le décevoir ; pour qu'il ne soit pas malheureux. Pour le remercier de tout ce qu'il fait pour elle. Elle n'a pas pour lui de ces battements de cœur, de ces frissons qui troublent la chair, mais elle fait l'amour avec lui. Comme elle l'a fait avec d'autres hommes, avec Rudi, avec Willi Forst. D'autres aussi peut-être, sans doute. Elle fait l'amour sans grand plaisir. Sans conviction. Plutôt le laisse lui faire l'amour. Le mieux, le plus simple, le moins gênant, c'est encore de le caresser jusqu'au plaisir, de lui accorder sa bouche plutôt que son sexe.

Riza est facilement éliminée. Jetée dehors par son mari, qu'elle énerve de ses plaintes, de ses colères. Il n'est pas question pour elle d'avoir la complaisance de Rudi, de jouer le ménage à trois. Pas question pour eux non plus, qu'elle agace, qu'elle encombre. Ils sont si proches, si complices, quand ils parlent du film qu'ils vont bientôt tourner, qui les obsède, qu'ils veulent mener à la perfection, qu'ils n'ont pas besoin d'elle. Ils partagent une aventure dont elle est exclue, elle, l'actrice qui n'a pas réussi. Elle les encombre, ils la rejettent. Jo, pour elle, n'est qu'un monstre, pas un admirable génie. Marlene, une ambitieuse, une voleuse de maris. Jo va divorcer, être libre. Il pourrait... Mais Marlene est claire : elle, elle ne divorcera pas. Elle restera à jamais Madame Sieber, la femme de Rudi. Jo comprend qu'elle ne l'aime pas assez pour choisir de vivre avec lui, que cet étonnant mariage est pour Marlene la garantie de sa liberté : elle n'est pas libre, donc pas la peine qu'on lui parle de mariage, pas même de vie commune. Et bien décidée à cultiver au mieux l'illusion. Pas de scandale, pas d'amants déclarés. Qu'on jase, oui, mais qu'on ne puisse rien prouver. En fait, Marlene n'est amoureuse de personne. Trop prise par sa nouvelle vie, trop sous l'emprise permanente de son réalisateur. Un peu mélancolique aussi d'être si loin de Berlin, pour être disponible. Il faut d'abord faire ce film, régler sa situation, voir où elle en est, organiser son existence, en Amérique ou en Allemagne, selon ce qui se passera. Apprendre aussi l'anglais, à la manière américaine, améliorer son accent et son vocabulaire, acquérir de l'aisance. Avec l'aide de Jo qui s'improvise professeur de langue.

Marlene s'est installée à Beverly Hills. Elle ne tenait pas à rester installée chez Jo après le départ de Riza. Jo aurait été prêt à affronter le scandale, mais la Paramount ne l'aurait pas accepté. De toute façon, Marlene n'en avait pas envie. Elle voulait une maison à elle. Etre chez elle. Pouvoir rester seule. Tenir à distance cet ami-amant qui ne la quitterait pas d'une semelle s'il le pouvait. Resi est avec elle, en gouvernante efficace. Grâce à Rudi, qui a eu l'idée de l'attacher à sa femme, afin qu'elle ait quelqu'un de confiance auprès d'elle. Resi est discrète. Elle sait bien qu'elle n'est qu'une employée, qu'elle n'est pas, ne sera jamais une amie. Même pas une confidente. Une employée au service d'une femme exigeante, capricieuse. Avec des moments exceptionnels où les barrières tombent, où elles se retrouvent toutes les deux dans la cuisine à concocter des petits plats allemands. Pour le reste, la Paramount veille à tout. C'est elle qui s'est chargée de la maison, d'engager une femme de ménage, un jardinier, de fournir une voiture avec le chauffeur qui va avec. La Paramount, on dirait que c'est la providence. Comme s'il suffisait de claquer des doigts pour obtenir tout ce qu'on veut. Jo dit que

LA VÉRITABLE MARLENE DIETRICH

Marlene a besoin de ceci ou de cela et la Paramount y pourvoit. Ce qui ne veut pas dire qu'elle montre en toute occasion beaucoup de considération pour ses vedettes. Après tout, ce ne sont, elles aussi, que des employées. Cher payées, flattées par bien des avantages, mais des employées, qui doivent être aux ordres. Heureusement que Rudi a bien négocié le contrat. Sinon Marlene pourrait être obligée de tourner n'importe quel rôle dans n'importe quel film, sous l'autorité de n'importe quel réalisateur. Et dire qu'on voulait qu'elle s'engage pour sept ans ! Pas sûr qu'elle reste ici bien longtemps. Jamais, elle en est certaine, elle ne se sentira chez elle à Hollywood, où l'argent remplace l'éducation, la culture. Comment peut-on vivre dans un monde qui est aux mains de marchands de fourrure ? Et qui prétendent dicter leur loi à l'art, aux artistes, au public.

Gary Cooper, son partenaire, est plutôt séduisant. Frank (tel est son vrai prénom) a déjà joué dans une trentaine de films et il vient de s'imposer dans un beau western, *The Virginian*. Jeune acteur, il est devenu un excellent cavalier grâce au médecin qui lui a conseillé de faire du cheval pour se remettre d'une fracture de la hanche. D'emblée, il est évident que Marlene et lui ne sont pas indifférents l'un à l'autre, et leur jeu se ressent de cette attirance. Mais Cooper est aux mains d'une Mexicaine possessive qui ne le lâche pas un instant, de la loge au plateau, affalée sur ses genoux quand il ne joue pas. Et Jo n'apprécierait pas. Marlene a trop d'estime, d'amitié pour lui, et trop besoin de lui, pour lui faire un coup pareil. Alors elle écrit à Rudi, plus proche de lui d'en être séparée. Personne ne la comprend aussi bien que lui, ne lui est aussi dévoué, d'autant mieux qu'il n'attend plus rien d'elle que cette confiance fraternelle. Elle a le mal du pays, qui est une certaine façon d'avoir le mal de Rudi. Et le mal de Maria, l'enfant absente, sans laquelle elle est terriblement seule. Elle leur écrit, elle leur téléphone, souvent. Elle leur envoie même des disques sur lesquels sa voix a été enregistrée, pour leur parler, à eux, rien qu'à eux. De nouveaux liens, très forts, se tissent ainsi, à distance, entre eux. Marlene est peut-être une star, un de ces êtres qui ne semblent pas appartenir vraiment à l'humanité ; il n'empêche qu'elle a des sentiments comme tout un chacun, le besoin de se sentir en sécurité parmi les siens. Et elle est une mère. Elle n'aime personne autant que Maria. Elle se le répète chaque jour, à longueur de journée : Maria, c'est toute sa vie. C'est aux yeux de cette enfant qu'elle veut être extraordinaire. C'est elle qu'elle veut séduire. C'est son admiration qu'elle désire. C'est son amour qu'elle veut, à jamais.

Marlene, dans *Morocco*, apparaît une fois encore en frac dans un cabaret, plus chic qu'elle ne l'était en Lola Lola, l'allumeuse de Lübeck. En frac, mais pas garçonne du tout. Somptueusement féminine, plutôt, dans ce personnage de femme qui joue sa vie par amour, qui abandonne tout orgueil en même temps que ses chaussures pour suivre, en compagnie d'une chèvre, le beau légionnaire qui s'intéresse si peu à elle. L'aventurière superbe, qui a laissé de l'autre côté de la mer un passé dont elle préfère ne rien dire, avait tout l'air d'être de celles à qui on ne la fait pas, qui ont perdu leurs illusions, qui peuvent désormais affronter la vie avec un joli cynisme. Comme Lola Lola, sauf dans la parenthèse de son mariage avec Unrat. Mais à Amy Jolly le plaisir ne suffit pas, non plus qu'une vie aisée avec un gentleman. Elle est éperdue d'amour, d'amour fou. Et ne pourra, bien sûr, que s'y perdre, dans le désert. Mais avec panache. On pensait avoir affaire à une femme fatale ; on y découvre l'héroïne généreuse d'un amour absolu.

Marlene aussi se donne, plus qu'on pourrait le croire, à Sternberg. Encore plus exigeant ici qu'il ne l'était à

Berlin. D'autant plus perfectionniste qu'il se sait étroi-
tement surveillé par les pontes de la Paramount qui,
chaque jour, regardent les rushes. Sans cesse remettant
la caméra sur le même ouvrage, il multiplie les prises,
jusqu'à cinquante d'une même scène, pressure acteurs
et techniciens, agace Gary Cooper par ses longues
réflexions silencieuses, mais n'altère pas la patience de
Marlene. Les techniciens la surnomment « l'Ange rose »
parce qu'ils la trouvent bien docile, toujours disposée à
reprendre un geste, une phrase surtout, puisque son
anglais n'a pas toujours le ton qu'il faut (une fois, pourtant, elle craque, fond en larmes, est près de tout pla-
quer, n'en pouvant plus de ne pas arriver à prononcer
correctement la première phrase du film, celle qui
accompagne son apparition : « Thank you, I don't need
help », « Merci, je n'ai pas besoin d'aide »). Jo, qui
d'habitude tourne très vite, prend son temps. Il ne faut
pas être médiocre sous prétexte du respect d'un planning. C'est le destin d'une star qui est en question, et
cela mérite des sacrifices. Un regard, des jambes, une
silhouette, une voix, cela ne suffit pas pour une telle
alchimie. Il faut un chef-d'œuvre. *Morocco* en est un.
Un peu kitsch, sans doute, dans son romantisme de
sable chaud et de Légion étrangère, mais grandiose par
son histoire dessinée comme une épure, emportée dans
un élan romantique sans complexe, par la beauté de ses
images lumineuses, la parfaite cohérence de tous les
éléments qui le composent, lui donnent une admirable
intensité. *Morocco* est un chef-d'œuvre parce qu'il est le
plus beau monument que réalisateur ait jamais dressé à
une actrice, parce qu'il est le parfait écrin dans lequel
Marlene Dietrich prend son envergure de star. Sternberg et la Paramount ont gagné leur pari. Greta Garbo
et la MGM n'ont qu'à bien se tenir.

Marlene et Jo triomphent ensemble. Le film scelle
leur union, renforce leur complicité. Deux êtres qui

ensemble se vouent à l'art, au grand art. Travaillent ensemble à une même œuvre, un genre de cinéma d'ordinaire peu prisé par les grandes compagnies, un cinéma d'artiste plus que de marketing. Mais aussi un cinéma de star, ce qui les sauve aux yeux des producteurs, avant de leur faire séduire le public. Marlene et Jo ont fait mieux qu'un beau film, ils ont créé une star et l'ont livrée dans un bel écrin.

Marlene est à Hollywood depuis sept mois. Elle y a bien travaillé dans un film qui la réjouit quand elle le visionne en fin de montage, serrant si fort la main du réalisateur tout au long de la séance qu'elle la couvre de bleus (mais peut-être exagère-t-il quand il raconte cela, plus tard). Le succès les récompense en ce mois de novembre. Lors de la première d'abord, puis en salle, au Chinese Theater, sur Hollywood Boulevard. La presse est élogieuse, salue la star, s'étonne d'une telle apparition, félicite la Paramount d'avoir trouvé aussi bien, sinon mieux que Greta Garbo. Le public, bien conditionné par une campagne de promotion qui dure depuis des mois et par ce concert de louanges, se presse au guichet du cinéma et fait grimper le film au score du box-office. Mais pas question de s'endormir sur les lauriers. Il faut battre la star quand elle est chaude, en redonner avant que l'admiration ne se relâche, la montrer bientôt dans un autre film réalisé par Josef von Sternberg, en lui proposant pour la suite un autre contrat, qui la retienne. *L'Ange bleu* attend son heure, mais c'est un film qui paraît un peu désuet par rapport à la nouvelle image de Marlene. Avant même que *Morocco* ait été montré au public, la Paramount a déjà mis en production un autre opus du couple Sternberg-Marlene. Cette fois-ci, pas de cabaret, pas de chansons. Marlene est une espionne, l'Agent X-27, une prostituée viennoise qui fait entrer ses charmes dans les services secrets, s'amourache d'un espion soviétique et meurt tragiquement, déshonorée. *Dishonored*, c'est le titre du film souhaité par Sternberg, mais censuré par la production, qui lui substitue le code de la belle agente. Gary Cooper, lui, se défile, sans envie de se remettre sous la coupe du réalisateur de *Morocco*, sans doute aussi retenu par sa Mexicaine jalouse, qui préfère ne pas le voir approcher une seconde fois la nouvelle star de Hollywood.

Marlene, de nouveau, incarne une femme fatale au destin malheureux. Mais qui ne perd rien de sa dignité dans la tragédie. L'amour est pourtant, cette fois-ci, plus généreux à son égard, quoique aussi impossible. Comme si une telle beauté ne pouvait qu'échapper aux règles de la vie ordinaire. Sternberg cultive le mélo au seuil de la tragédie. Ou bien traque la tragédie au seuil du mauvais goût. L'émotion est au rendez-vous du grand spectacle. Les cordes sensibles sont flattées sans complexe. Les ficelles de l'intrigue sont tendues comme des élastiques. Marlene, sublime encore, domine un monde de feuilleton populaire avec la classe d'une tragédienne. Plus jeune, elle rêvait de jouer Shakespeare. Certes, elle ne joue pas Shakespeare, mais il n'est pas sûr qu'avec Sternberg, en X-27, elle en soit si loin. C'est que l'un et l'autre, dans cette alliance qu'ils ont inaugurée avec *L'Ange bleu* et qu'ils ont scellée avec *Morocco*, ont donné au cinéma toutes les garanties que demande le grand public, sans rien sacrifier de l'ambition qui les a motivés : réaliser une grande œuvre d'art. Seulement, cette œuvre, c'est moins tel ou tel film que ce personnage de star qu'ils ont créé ensemble, qu'ils font vivre et qui n'est ni Marie Magdalene Sieber ni Mademoiselle Dietrich mais tout simplement Marlene, un être idéal, irréel, dont l'actrice n'est que la servante et dont le cinéaste est le révélateur. Et l'Agent X-27 de mourir, comme meurent les stars qui savent qu'elles vont ressusciter, sans bandeau sur les yeux, après avoir soigneusement rectifié leur rouge à lèvres.

LA VÉRITABLE MARLENE DIETRICH

Marlene, enfin, peut souffler. En ce mois de novembre 1930, *Morocco* est un triomphe. Il n'y a pas de raison que *X-27*, dont le tournage vient de se terminer, n'en soit pas un aussi. *L'Ange bleu* va bientôt sortir sur les écrans américains. Marlene n'attend pas de voir comment Lola Lola sera accueillie aux Etats-Unis. Elle prend des vacances. Heureuse de quitter Hollywood, où elle ne parvient pas à se sentir chez elle. Pas désolée de s'éloigner un peu d'un Sternberg génial mais un peu encombrant avec ses airs de cocker en mal d'affection. Revenir à Berlin. Retrouver Rudi et Maria. Maria, surtout, qui lui manque et qu'elle va ramener avec elle, en Amérique, puisqu'elle a décidé d'y rester, le temps de remplir son prochain contrat.

De nouveau, mais dans l'autre sens, la traversée de l'Amérique, mais d'ouest en est. Sans prendre le temps de vraiment s'arrêter à New York. Une autre fois, elle ira à Broadway voir les spectacles qui y triomphent, comparer la grande avenue américaine des spectacles au Kurfürstendamm de Berlin. Elle a hâte d'être sur le paquebot, qui est déjà un peu de l'Allemagne et, quand elle y est, elle piaffe d'impatience, trouve qu'il ne va pas assez vite pour la déposer au port de Bremerhaven. Enfin, les voici sur le quai, à l'attendre. Rudi, toujours aussi beau, souriant, prévenant. Elle sait qu'il lui est fidèle, à la manière qu'elle lui a imposée. Elle est heureuse de pouvoir compter sur lui, de l'avoir pour elle, avec l'Enfant, la jolie Maria. Tamara n'a pas enlevé Rudi. Cela, Marlene ne l'a jamais craint. Tamara a des qualités, elle est jolie, elle est gentille, elle s'entend bien avec Maria. Mais elle ne fait pas le poids. Ce n'est pas elle qui pourrait lui prendre Rudi. D'une certaine façon, Tamara lui appartient, comme Rudi lui appartient. C'est une pièce de l'étrange dispositif familial qu'elle a mis en place. Maria n'est pas très à l'aise, un peu hésitante. Ne sait pas comment se comporter avec

101

cette mère qu'elle n'a pas vue depuis si longtemps. Elle y a pensé, elle en a rêvé. Elle aime cette mère, belle et un peu effrayante. Mais peut-être est-elle plus impressionnée qu'elle ne l'aime. Pendant son absence, Rudi lui en a tant parlé. Tamara aussi. Becky aussi. Tous l'adorent. Elle, comment ferait-elle autrement ? Elle n'est qu'une enfant. A peine six ans. Elle voudrait courir vers cette mère, qui la prend dans ses bras mais ne dépose sur ses joues qu'un baiser rapide. Et qui parle, parle, dans le train qui les mène à Berlin, mais ne parle que d'elle, de Hollywood, et ne prend que rapidement de leurs nouvelles, déjà faisant des projets, donnant des ordres, organisant son séjour...

Berlin ne l'a pas oubliée. Fière de la gloire conquise outre-Atlantique par son ambassadrice à Hollywood, sa ville natale l'accueille chaleureusement. Du moins le Berlin qui résiste aux sirènes national-socialistes. Le parti de Hitler a bien progressé depuis quelques années, affichant son ambition dictatoriale, son antisémitisme, sa pratique terroriste, jetant l'anathème sur tout un pan de la culture, condamnant *L'Ange bleu* comme film décadent. L'accusant aussi, elle, de n'être pas une bonne Allemande, de s'être livrée à l'Amérique, de n'y jouer que des rôles d'étrangère au lieu de représenter dignement son pays. Cela juste au moment où Lola Lola se met à chanter, en anglais, sur les écrans américains et où Londres découvre *Morocco*, en présence de la star qui a traversé la Manche pour l'occasion. Ainsi, quand Marlene devient, dans le monde entier, la plus célèbre des Allemandes, son vieux Berlin, qu'elle voit sombrer dans la peste brune, lui est donc moins sympathique. En moins d'un an, le climat s'est considérablement dégradé, le Kurfürstendamm a moins le cœur à la fête, la situation économique est désastreuse et la situation politique très inquiétante. Josephine von Losch, ainsi que beaucoup d'Allemands, n'a guère conscience de ce qui se passe. Liesel non plus, dont le mari semble avoir de fâcheuses sympathies. Rudi se fait du mauvais sang parce que le cinéma allemand va mal et qu'être le mari d'une star lointaine n'est pas un atout.

Marlene, très chef de famille (d'ailleurs, c'est elle qui tient de plus en plus les cordons de la bourse), prend des dispositions pour les temps à venir, en accord avec Sternberg et les cadres de la Paramount, qui veillent à ce que la vie privée de leurs vedettes soit conforme à l'image d'elles que la promotion veut imposer au public. Tandis qu'elle fête ses vingt-neuf ans et que s'allument les bougies de l'arbre de Noël, tout s'organise. Maria partira comme prévu à Hollywood avec sa mère, à qui l'on n'a pas manqué de reprocher d'accepter trop facilement de se séparer de sa fille. Jo leur trouvera une villa digne d'elles, où les installer. Rudi emmènera Tamara, sa compagne, à Paris, où il aura l'œil, pour la Paramount, sur les affaires européennes. Ainsi chacun sauve-t-il ses propres intérêts. Marlene a Maria, Rudi a Tamara et Jo croit avoir Marlene. Seules Maria et Tamara n'ont pas été consultées. Condamnées à la passivité, elles n'ont qu'à obéir. Maria n'a certes pas l'âge de donner son avis et la discipline silencieuse est son ordinaire. D'ailleurs, elle se réjouit d'aller au pays des Indiens et de bientôt connaître le royaume du cinéma. Heureuse aussi à l'idée de vivre avec cette mère dont l'absence est pire que l'emprise excessive. Triste cependant de quitter un père un peu moins oppressif et surtout Tamara, qui a pour elle une tendresse, une complicité que les autres n'ont pas. Au moins Becky, la nurse, l'accompagnera-t-elle, pour s'occuper d'elle comme Resi s'occupe de Marlene. Ceci réglé, la star oublie un peu son ciel étoilé et le régime qui lui a assuré une ligne si élégante. Elle se bourre de saucisses et de chou comme un Emil Jannings, sûre de pouvoir maigrir quand il le faudra. Quand Sternberg et la Paramount l'appelleront de nouveau devant les caméras. La compagnie n'aime pas voir ses acteurs, fussent-ils des stars, dépenser son argent sans travailler ; pourtant, elle laisse Marlene à Berlin jusqu'au mois d'avril 1931. Jo, qui tourne rapidement un film sans elle pour faire plaisir à ses employeurs, voudrait mettre en chantier *L'Adieu aux armes,* le roman qui a rendu célèbre Ernest Hemingway. La Paramount en a acheté les droits, mais elle ne veut pas le lui confier. En revanche, il tournera une histoire dans laquelle sa chère Marlene aura un train pour partenaire principal.

Une deuxième fois, le S.S. *Bremen* l'arrache à l'Allemagne. Mais, cette fois-ci, elle n'a pas la même appréhension que l'année précédente. Elle n'est plus l'aventurière qui part tenter sa chance. Elle est une star qui doit se défendre contre l'intérêt pressant des autres passagers, l'abondance de fleurs qui gâtent l'air et dont elle se débarrasse après que Resi en a soigneusement mis de côté les cartes qui les accompagnent. Pas forcément pour y répondre. Non, plutôt dans l'application d'une manie collectionneuse qui lui fait tout conserver, enregistrer, classer, entasser. Les preuves de son succès, les documents qui pourraient un jour servir à son histoire, mais aussi les petits riens. Marlene est collectionneuse, de plus en plus, et elle apprend à Maria, qui se voit investie de tâches apparemment peu enfantines, à l'assister dans la collecte et la conservation de tant de choses plus ou moins anodines. Pour les pièces plus importantes, ou confidentielles, les lettres qu'elle reçoit et les doubles de celles qu'elle envoie, elle les adresse elle-même à Rudi. Elle sort peu de sa cabine, se tient à l'écart pour éviter les importuns, lit les livres qu'elle aime avoir toujours avec elle, ses chers Goethe et Rilke. Resi, Becky et Maria, elles, passent leur temps sur le pont, d'autant plus que la mer n'est pas mauvaise et que Resi n'est pas obligée de prendre garde à son dentier en se penchant au-dessus du bastingage. Jusqu'à ce qu'apparaisse la statue de la Liberté, dont la vision enchante l'Enfant. Son cœur bat pour ce Nouveau Monde, où elle débarque comme dans un grand rêve, sidérée toutefois par la pression des journalistes avides d'une star en chapeau de feutre et cravatée. Des cadres de la Paramount enlèvent prestement Marlene pour l'emmener à son hôtel, avant de prendre le train qui l'amènera à Hollywood, où l'attend Sternberg. C'est lui qui a préparé l'installation des trois femmes et de l'Enfant dans une nouvelle villa de Beverly Hills, où une Rolls Royce verte, sortie tout droit de *Morocco*, est à leur disposition.

Maria ouvre grand ses yeux, découvre un paysage de paradis, de soleil et de palmiers, se fait tancer pour avoir montré trop d'excitation et s'être approchée de la piscine sans un chaperon à sa suite. Elle a tout de suite de la sympathie pour le chauffeur de la belle limousine. Elle apprend ses premiers mots d'américain, en attendant d'aller, un jour, dans quelque école – ce qui lui a jusqu'ici été épargné. L'idée de se trouver dans un endroit où elle serait avec d'autres enfants n'est pas pour lui déplaire, mais sa mère, qui fait croire que Maria a quatre ans quand elle en a six, ne semble pas pressée de prendre une telle décision. Au contraire, elle instaure un curieux régime de compagnonnage, fait autant de complicité que d'autorité. Maria prend l'habitude de suivre Marlene au studio, devient son assistante quasi permanente, toujours aux petits soins pour sa mère, ainsi que celle-ci l'exige. Elle découvre le monde agité, peu compréhensible au premier abord, de la Paramount ; s'exalte d'en faire partie, gagne l'affection de Nellie, la coiffeuse de Marlene, et de Travis Benton, le grand costumier des studios, un petit génie de la couture avec lequel Marlene s'entend très bien, quand ils étudient ensemble les tenues de *Shanghai*

LA VÉRITABLE MARLENE DIETRICH

Express, le prochain film de Jo. Maria s'impose. Marlene impose Maria. La Paramount joue une nouvelle carte, celle de la star-à-l'enfant. C'est une première dans l'histoire de Hollywood, où les maternités sont considérées comme des extravagances indignes de personnages dont on attend qu'ils soient hors du commun. Marlene est donc star et mère, et comme on ne voit pas son mari, les mauvaises langues ricanent sur ce nouveau miracle d'immaculée conception. Il en faut plus pour troubler la vedette qui ricane : au moins, ce n'est pas Garbo qui risque de montrer ses enfants. L'allusion aux amours homosexuelles de la Suédoise n'est, à vrai dire, pas très délicate de la part d'une femme qui, sur ce chapitre, n'est pas très nette, mais ne sont-elles pas en état de guerre ? Il est vrai que Marlene, pour le moment, ne fait pas d'écarts, si ce n'est qu'elle se montre en pantalon, en costume d'homme et que ce serait un scandale si elle n'était pas Marlene, si elle ne pouvait pas déjà tout se permettre, à elle seule imposer une mode.

Toujours courtisée par un réalisateur à sa dévotion, elle le tient à distance, au moins en apparence. Pas question qu'il passe la nuit dans la villa, d'où on ne le voit pas toujours partir le soir mais où il arrive, le matin, à l'heure du petit déjeuner, tiré à quatre épingles, avec l'air d'un homme qui va au bureau. Maurice Chevalier, le Français de Hollywood, le titi parisien qui a conquis l'Amérique, se joint souvent, de plus en plus, à eux. La proximité de leurs loges, au studio, a donné l'occasion à ces deux séducteurs que sont l'homme au canotier et la femme en pantalon d'exercer leurs charmes l'un sur l'autre. L'Europe est aussi, pour ces deux êtres qui se sentent en exil dans cette Amérique d'artifices, un bon élément de complicité. Chevalier, le gamin de Ménilmontant qui voulait être acrobate à dix ans, a commencé très tôt une carrière de chanteur comique dans les cafés-concerts avant d'imposer son charme sur les scènes plus prestigieuses de l'opérette, auprès des grandes dames de la chanson qu'étaient Fréhel et Mistinguett. Il a appris l'anglais pendant la guerre dans un camp de prisonniers où il était coincé avec des soldats britanniques, ce qui lui a permis, quand la célébrité lui est venue et que la Paramount l'a engagé, de se faire facilement à la vie américaine. A Hollywood comme à Paris, son charme et sa gentillesse sont ses meilleurs passeports. Il a déjà tourné avec les grandes vedettes féminines que sont Claudette Colbert, Jeanette MacDonald et Merle Oberon. Marlene et lui ont très vite sympathisé et s'ils sont amants, c'est en camarades plus qu'en amoureux. Avec un maximum de discrétion, car Maurice lui aussi est marié (bien qu'un divorce se prépare).

Mais il y a tout de même du scandale dans l'air, un de ces esclandres que déteste le puritanisme américain. Riza von Sternberg, qui a la dent dure et soif de vengeance, s'est tournée vers la justice pour attaquer sa rivale. Elle l'accuse de « détournement d'affection » entre autres mauvaises actions et lui réclame, à titre de compensation, une somme qui lui permettrait de se la couler douce pendant quelque temps. Encore heureux que Riza ne puisse prouver l'adultère. Hollywood, pas plus que le reste de l'Amérique, n'aime ce genre d'affaires. La famille est sacrée. L'hypocrisie, elle, n'est pas un vice. C'est bien pour cela que, au mois de juillet, la Paramount elle-même organise un voyage de Rudi à Hollywood (de Rudi sans Tamara bien sûr), orchestrant pour les journalistes les retrouvailles des deux époux. Sous l'œil amical d'un cinéaste au-dessus de tout soupçon, Josef von Sternberg ! Comme quoi le cinéma n'est pas que sur les écrans...

Difficile d'être plus différents l'un de l'autre que le sont Jo et Maurice. Le premier est tourmenté, romantique, original, plongé dans de lourdes réflexions, toujours préoccupé par le film en cours et quelques autres qu'il pourrait bien tourner, un jour ou l'autre. Le second est gai, les pieds sur terre, désinvolte, amusant. Marlene admire l'un, le respecte ; de l'autre, elle aime la légèreté, l'humour, le charme. Pourquoi devrait-elle choisir ? Pourquoi Jo serait-il jaloux ? C'est fou ce sens de la propriété dont la plupart des gens font preuve en amour, au lieu d'y être généreux ! Marlene aime Jo d'une façon et Chevalier d'une autre. Elle aime Jo comme elle aime Rudi : d'une grande et forte amitié, d'une solide fraternité. Jo est pour elle un dieu du cinéma, celui qui lui a permis d'être une star, et aussi un formidable compagnon de travail. Mais il est trop sensible, du moins affiche-t-il trop sa sensibilité. Marlene n'aime pas les yeux de merlan frit, les susceptibilités amoureuses. Chevalier, lui, est plus simple que Sternberg. Il ne la met pas sur un piédestal. Prend la vie et l'amour avec légèreté. Comme il les chante avec son accent de parigot. Avec lui elle se détend, s'amuse, rit. Ce qui ne contribue pas à rafraîchir l'humeur de Jo. Mais Jo est un gentleman qui aime Marlene et a besoin d'elle. Il ronge son frein, accepte la règle édictée par la reine de la Paramount, passe ses soirées au salon comme un vieux mari tandis que madame (pardon, Miss Dietrich) fait de la tapisserie. Le dimanche, il pose un chevalet dans le jardin et pratique la peinture de plein air. Et quand Maurice est là, on dirait une réunion amicale de trois vieux soldats de la Paramount. Il ne manque que Rudi, mais celui-ci est retenu à Paris, où la compagnie lui entretient une vie mondaine des plus agréables. Ce qui ne l'empêche pas, de loin, de rester le conseiller numéro un de sa drôle d'épouse. Sternberg encaisse. Sternberg connaît Marlene, il sait que Chevalier ne lui est qu'une passade. En récompense, il jouit tout de même de quelques privautés.

Shanghai Lily, la femme du train, est le troisième visage donné par Sternberg à la star Dietrich. Dans le troisième film qu'il a conçu pour elle. N'oublions pas que Marlene, pour *L'Ange bleu*, s'est glissée dans un rôle qui attendait son interprète, tandis que pour *Morocco* et *X-27* Sternberg a pensé, vu les films pour elle. Et de film en film, il continue de nourrir le mythe Marlene, d'en dessiner la figure de déesse, de bâtir sa légende avec des personnages qui la montrent souveraine, au-dessus du commun des mortels. Des histoires extraordinaires, des personnages d'envergure, un fond d'histoire, des grands sentiments, les plaisirs et les drames de l'amour, l'ombre de la mort. Cette Marlene de cinéma n'appartient pas à notre monde. Ce n'est plus une actrice qui interprète, fort bien d'ailleurs, ainsi qu'elle l'a prouvé dès *L'Ange bleu*, des rôles successifs et différents ; c'est une idole qui apparaît de film en film. Seuls changent les circonstances, les costumes, les témoins de cette révélation. La lumière, elle, fait trop partie du mythe pour beaucoup changer et le grand prêtre du rituel y veille. C'est du grand art. C'est aussi une stratégie impeccable de la part de Sternberg et de la Paramount. Jamais une star n'a encore été aussi bien programmée. De Pékin à Shanghai, le train qui traverse la Chine est un superbe écrin pour Marlene et le drame d'amour et de guerre qui s'y joue prend toute sa densité d'être ainsi enfermé dans un lieu clos où fenêtres et rideaux permettent de bien jouer avec la lumière, d'entretenir le clair-obscur que Sternberg maîtrise mieux que jamais et dont il se sert pour entretenir l'image d'une Marlene mystérieuse, inaccessible. Alors, peu importe l'intrigue, cette histoire de train pris en otage, de femme au passé aussi incertain que celui de la belle de *Morocco*, de guerrier chinois et d'officier anglais. Cela n'est là que pour servir au culte d'une star merveilleusement filmée par un homme qui l'aime et en exalte la beauté avec d'autant plus de force qu'elle ne se donne aussi entièrement à lui qu'en présence des caméras.

109

LA VÉRITABLE MARLENE DIETRICH

Marlene pourtant se lasse de jouer ainsi les déesses, comme elle se lasse de Sternberg, comme elle se lasse de Hollywood. Elle sent que cette Marlene de cinéma lui échappe, comme une autre Marlene qui n'est pas elle-même. Au fond, elle est (du moins en est-elle, en ce moment, convaincue) une femme ordinaire qui n'aspire qu'à une vie tranquille, dans sa maison, avec sa fille et des amis – qu'ils soient mari, amants ou simplement camarades – pour lesquels elle ferait la cuisine. Une petite bourgeoise allemande se réveille derrière le fard de la vedette hollywoodienne. Et si, pour changer, elle jouait ce rôle au cinéma, s'y montrait non comme une aventurière sans liens mais comme une mère ? Depuis qu'elle vit ici avec Maria, après ces mois de séparation, elle prend très au sérieux son rôle de mère. Sans doute en a-t-elle une conception originale, sans démonstration de tendresse, sans jamais se mettre au niveau de l'Enfant, au contraire exigeant d'elle qu'elle se comporte en personne responsable, adulte. Maria ne va toujours pas à l'école. Elle a pris quelques cours d'américain avec Jo, avant que celui-ci ne soit entièrement requis par *Shanghai Express*. Pour le reste, elle a appris un métier, celui de femme de chambre. Car c'est elle qui, dans la loge, a la responsabilité de la fourrure, des plumes, des faux cils, dont elle prend soin afin qu'ils soient parfaits quand Marlene en a besoin. C'est elle aussi qui est sur le plateau, en marge de l'action, avec la coiffeuse et la maquilleuse, gardienne du miroir (miroir, mon beau miroir...) dans lequel la maman-star se surveille entre deux prises. Marlene, à sa manière, avec son extraordinaire autorité, dresse Maria. Pas besoin de coups pour cela, il suffit de la violence d'un regard, de l'intensité d'une attente et la petite fille ne souhaite que contenter sa mère, surtout éviter ce regard de mépris dont elle sait parfois la cingler, ou bien ces heures de silence qui prennent acte d'une maladresse. Mais c'est aussi une mère étonnante qui peut aller dans un grand magasin y acheter le sapin de Noël, illuminé de dizaines d'ampoules électriques, qu'on vient d'y installer, le faire transporter dans la villa de Beverly Hills, amasser à son pied des cadeaux pour toute la maisonnée et les amis, puis le faire scier par des charpentiers de la Paramount afin de le dresser de nouveau, reconstitué, dans le jardin. Une magicienne.

Marlene a l'idée d'une histoire, que la Paramount lui achète. Une histoire de mère, mais d'une mère qui a trop de sexe pour ne pas effaroucher la censure. Le projet tombe à l'eau. Sternberg le remplace par une histoire de son cru, celle de *Blonde Vénus*. Cary Grant sera la vedette masculine. Mais Sternberg et la Paramount ne se mettent pas d'accord sur le scénario. Sternberg ne veut pas tourner le film tel qu'on le lui impose. Marlene refuse d'y jouer s'il est confié à un autre réalisateur. On parle procès, des avocats frétillent, ni Jo ni Marlene ne paraissent vouloir céder. Apparemment indifférente à cet épisode très hollywoodien, Marlene danse avec Maurice Chevalier. On les photographie en amoureux, pour le plus grand plaisir des échotiers et d'un public en quête de potins. Jo, lui, rumine sa jalousie et se réconcilie avec la Paramount, sur les instances de Rudi qui voit d'un mauvais œil sa femme mettre imprudemment en danger sa carrière. Car l'époux est revenu. En urgence, pour former un cabinet de guerre afin de faire face à une menace de kidnapping qui vise Maria, peu de temps après que le bébé du célèbre aviateur Lindbergh a lui-même été enlevé (on le retrouvera mort). Jo et Maurice, en attendant le père, sont venus monter la garde, avec des armes sans doute empruntées au magasin des accessoires de la Paramount et l'appui de Harry, le chauffeur de la Rolls qui a beaucoup d'affection pour l'Enfant. La police est sur les dents, la villa devient un camp retranché. Maria a l'impression de tourner dans un film de gangsters dont elle est l'héroïne. Ah ! s'ils croient qu'ils vont pouvoir facilement s'emparer d'elle... Et s'ils y arrivent, elle leur fera la vie dure. D'ailleurs, Teddy, son petit chien, n'est-il pas là pour la défendre ? Mais rien ne se passe. Une fausse rançon est remise selon les directives reçues, mais personne ne vient la chercher. Après quinze jours de fièvre, la vie reprend son cours. Sauf que, désormais, Maria aura des anges gardiens, des costauds professionnels prêts à faire face à un coup dur. Et une bonne raison pour ne pas aller à l'école, pour ne pas vivre la vie d'une petite fille ordinaire. Mais aussi une mauvaise raison pour ne pas aller au studio assister à la préparation, puis au tournage de *Blonde Vénus*. Jo et Marlene ont repris leur travail de forçats, tandis que Rudi et Maurice boivent du champagne à Paris et leur adressent des messages pleins d'une bonne humeur partagée.

Blonde Vénus est un mélo dans lequel une femme, Helen Faraday, se fait chanteuse de cabaret (tiens, tiens...) pour que son mari, atteint d'une mauvaise maladie, puisse être soigné. Mais celui-ci, quand il apprend d'où vient l'argent, n'est pas content, d'autant plus qu'entre-temps l'épouse au grand cœur a pris un amant. On se bagarre, on se dispute l'enfant, puis on se réconcilie en démontrant qu'après tout il n'y a rien d'extraordinaire à ce qu'une femme aime deux hommes à la fois. La fable ne manque pas d'un certain rapport avec la réalité. Marlene, moins hiératique que dans les films précédents, retrouve le cabaret et y fait un époustouflant numéro de femme gorille qui a des airs de strip-tease surréaliste. Mae West occupe une loge voisine et les deux femmes se lient d'amitié. Celle qu'on a surnommée « la déesse du péché » a commencé sa carrière au théâtre à l'âge de six ans. Elle a ainsi grandi sur scène avant de devenir une vedette de music-hall. Une vedette sulfureuse, bien en chair, aux hanches larges, aux cheveux platine et à la poitrine épanouie. Mae West, c'est, pour cette époque, l'érotisme même, mais avec un humour qui, le plus souvent, désarme la censure. Les professionnels du cinéma américain viennent d'adopter un « code de la pudeur » qui fixe les règles de la bienséance cinématographique : par exemple, pas de lit en arrière-plan d'une scène qu'interprètent un homme et une femme... Marlene Dietrich et Mae West sont des professionnelles sans complaisance, des vedettes qui, quand elles sont en confiance, montrent qu'elles ne se prennent pas trop au sérieux et font preuve d'une ironie décapante. Marlene, qui d'ordinaire n'aime pas les familiarités, accepte la décontraction un peu vulgaire de sa consœur, qui n'est pas sans lui rappeler le Berlin du Kurfürstendamm. Elles copinent comme deux employées d'un même bureau, plaisantent sur les servitudes de la vie d'actrice et se racontent des histoires de femmes, c'est-à-dire des histoires d'hommes. Mae West est intelligente et elle a du nez : c'est elle qui a découvert un jeune acteur du nom de Cary Grant auquel Jo a donné le rôle de l'amant de la Vénus blonde. Archibald Alexander Leach est arrivé d'Angleterre, il y a cinq ans, pour jouer à Broadway, dans des comédies musicales. Depuis deux ans, c'est un acteur salarié de la Paramount. Il est joli garçon, sympathique, élégant, intelligent, pas prétentieux et joue fort bien la comédie. Mais ce ne sera pas assez pour empêcher le film d'être un four. Sans doute parce que ni Sternberg ni Marlene n'y croyaient vraiment quand ils s'y sont engagés. Peut-être aussi parce qu'il n'était pas facile pour eux de faire descendre le personnage mythique de la star, tel qu'ils l'avaient brillamment construit et imposé en trois films, dans une histoire aux données aussi réalistes, une comédie de mœurs contemporaines. Peut-être aussi parce que leur entente n'est plus ce qu'elle était. Leur histoire d'amour tourne mal et leur histoire de cinéma a perdu de sa force. Une scène de cabaret, un frac et un chapeau haut de forme, un clin d'œil aux amours lesbiennes ont beau apparaître comme des échos de la légende de Marlene, ils ne sont plus ici que comme des citations sans magie.

Marlene a toujours le mal du pays. L'Amérique des kidnappeurs l'inquiète. Elle veut revoir Berlin, retrouver les lieux de sa jeunesse et quelques amis, embrasser sa mère. Elle songe, un moment, à rentrer définitivement en Europe, pour y revenir sur scène, à Londres ou à Paris. Car Berlin, selon Rudi qui vient d'y faire un séjour, court à la catastrophe : les nazis sont partout en cette fin 1932. Marlene réserve des places sur le S.S. *Bremen*, puis les annule en raison de l'actualité politique allemande. D'autre part, elle est encore sous contrat pour trois mois avec la Paramount et cela lui coûterait cher de le rompre, comme elle a été tentée de le faire en apprenant qu'il n'était plus question qu'elle tourne encore un film avec Sternberg sous l'égide de cette compagnie. Jo, lui, voit son contrat se terminer avant le sien et il prend des contacts avec d'autres studios. Il va donc falloir que Marlene se résolve à obéir à ses employeurs en jouant ce qu'ils lui ordonneront de jouer, dans le film de leur choix et avec le réalisateur qui aura la charge de la diriger. Elle se contente donc d'emmener Maria à New York et au bord de l'Atlantique avant, pour se changer les idées, d'emménager à Santa Monica, dans une autre maison, louée déjà depuis quelque temps et dans laquelle elles auront plus de chance d'oublier les mauvais souvenirs du camp retranché de Beverly Hills, quand menaçaient les kidnappeurs. Le style de cette imposante demeure bâtie par le magnat de la presse William Randolph Hearst pour sa maîtresse, l'actrice Marion Davies, a des relents d'Antiquité, avec fronton et colonnes, au-dessus du Pacifique. Une nouvelle vie ici commence, un deuxième acte de la vie américaine de

LA VÉRITABLE MARLENE DIETRICH

Marlene Dietrich. Juste au moment où Jo, tirant la conclusion de son double échec, jette l'éponge, fait ses adieux. Marlene le trouve stupide, mais en est vexée. Elle s'enferme pendant vingt-quatre heures dans sa chambre et en sort la tête haute. Maurice Chevalier la console à Noël, sous les yeux de Rudi qui est venu de France porter des cadeaux à sa femme et à sa fille.

IV

L'APOTHÉOSE

L A Paramount l'exige et Marlene n'a pas le choix : elle doit tourner *Le Cantique des cantiques*. Sans Sternberg, qui a décidé de voler de ses propres ailes. Il n'est plus là pour la défendre, la diriger, la sublimer. Pour la protéger contre les cadres d'une compagnie qui ne considère ses stars que comme des employées de luxe, ou un capital à faire fructifier. Elle doit s'en remettre à Robert Mamoulian, qui n'est certes pas le dernier venu dans les studios, mais n'est qu'un bon faiseur. A trente-cinq ans, il a réalisé *Dr Jekyll et Mr Hyde* et dirigé Maurice Chevalier dans *Love me tonight*, un des films qui ont contribué à la gloire du chanteur français. Celui-ci en a gardé un bon souvenir et c'est un élément favorable. Par ailleurs, on prête à Mamoulian une liaison avec Greta Garbo, ce qui est moins positif aux yeux de Marlene. Elle, elle le trouve trop insipide pour lui trouver du charme et ne fait rien d'abord pour lui faciliter la tâche. De toute façon, elle a décidé une fois pour toutes que seul Sternberg savait la diriger et qu'elle ne devrait jamais tourner un film avec un autre

119

réalisateur (elle aimerait, au fond, que Sternberg lui appartienne, continue de travailler à sa gloire et, surtout, ne fasse pas pour quelque autre actrice ce qu'il a fait pour elle). Heureusement, Mamoulian est un homme intelligent et délicat, qui ne se prend pas pour un génie et respecte les gens avec qui il travaille. Il sait bien qu'il n'a pas affaire à une actrice facile, qu'elle s'est résolue à contrecœur à tourner avec lui, mais il est diplomate et ne la brusque pas. Tout le contraire de Jo. Le rôle de Lily ne fera rien, c'est évident, pour soutenir l'image qu'a si bien élaborée Sternberg et que Marlene a toutes les raisons de considérer comme leur œuvre commune. Mais, en bonne professionnelle, formée à l'école du cabaret et du théâtre, elle s'investira, en fin de compte, au mieux dans une production dont la Paramount attend qu'elle lui rapporte beaucoup de dollars.

Lily est une jolie fille, un peu paumée, qui sert de modèle à un sculpteur pour une œuvre inspirée du *Cantique des cantiques*. Elle est amoureuse de l'artiste qui, lui, profite d'elle mais ne l'aime pas. Il la laisse bien volontiers à un baron amateur d'art mais pervers qu'elle épouse, qu'elle trompe et dont elle brûle, plus ou moins malencontreusement, le château. Se retrouvant à la rue, elle se prostitue, chante et finalement retrouve son sculpteur bien-aimé. Celui-ci comprend enfin qu'elle est la femme de sa vie ! Mamoulian n'a pas plus choisi le scénario que la star, mais il s'en tire plutôt bien parce que, bon directeur d'acteurs, il parvient à donner un peu de vérité aux personnages. Marlene, pour sa part, tire son épingle du jeu grâce à la complicité amicale qu'elle entretient avec Travis Benton. Le costumier lui a concocté des tenues capables de la transformer de petite paysanne en baronne, puis en chanteuse de cabaret. Surtout, avec une autorité que Mamoulian a le tact de ne pas prendre à rebours, elle prend la maîtrise de la lumière et dirige les éclairagistes. Sa compétence, qui lui

vient de l'exemple de Sternberg, étonne. Avec, toujours, entre deux prises, l'œil dans le grand miroir qui
l'accompagne sur le plateau et dans lequel elle contrôle
en permanence son image. Mamoulian la laisse faire,
même il la félicite, reconnaissant qu'en cette matière elle
ne manque pas de talent. C'est un gentleman. Pourtant,
il a du mérite de ne pas s'énerver quand, après une
prise, surtout s'il y a des visiteurs sur le plateau, son
actrice lance cette interrogation : « Jo, pourquoi m'as-tu
abandonnée ? » La scène est assez théâtrale pour qu'il ne
s'en affecte pas, et assez répétitive pour perdre vite de
son impertinence.

Jo est en Allemagne. Politiquement aveugle, il négocie
avec la UFA un possible retour de lui-même et de sa star
chérie dans les studios de Berlin, bien que Rudi, moins
obtus, l'ait très clairement mis en garde sur des nazis qui
n'ont pas manqué de donner des preuves de leur fourbe-
rie. Et même quand, d'un taxi, il voit brûler le Reichs-
tag, le Parlement allemand, il a du mal à comprendre
qu'il s'agit là d'un crime nazi. Marlene a une meilleure
intuition et elle accepte avant lui l'idée qu'elle ne
reviendra pas de sitôt à Berlin pour y poursuivre sa
carrière. Les nazis eux-mêmes lèvent l'ambiguïté : ils
décident, en avril 1933, de priver de leur nationalité bon
nombre d'écrivains et artistes allemands, émigrés ou
encore dans leur pays ; un mois plus tard, ils organisent
l'immense autodafé de tous les livres qui leur paraissent
contraires à leur doctrine. Marlene est allemande. Elle
ne se sent pas, mais alors vraiment pas, américaine. Ces
nouvelles, pour elle, sont d'autant plus alarmantes. Elle
s'inquiète pour sa mère, sa sœur, le reste de sa famille,
qui ne plient pas bagage. Elle s'interroge aussi sur son
avenir, puisque son contrat avec la Paramount prend fin
et que, pour l'instant, elle n'a ni engagement ni projet.
Peu encline à se laisser aller à la mélancolie, elle se livre
à un sport dans lequel elle devient experte : la gestion

d'amours concurrentes. Chevalier est toujours dans les parages. Brian Aherne, son partenaire du *Cantique des cantiques*, est son favori pendant quelque temps. Le tennisman Fred Perry lui apprend à tenir une raquette et en est récompensé. Une femme, enfin, lui tourne la tête et les sens.

Marlene n'aime pas beaucoup les grandes fêtes hollywoodiennes. Elle les évite, mais quelquefois il lui est difficile de ne pas aller jouer son rôle de star, ne serait-ce que pour tenir son rang. Cela aussi parfois l'amuse de se plonger dans cet étonnant monde d'artifices. Cela aussi peut lui plaire de se faire admirer, de juger de l'effet que font ses apparitions. Elle a beau dire qu'elle n'est bien qu'à la maison, préférant faire la cuisine pour ses proches plutôt que de profiter du luxe d'un traiteur, elle prend bien quelque plaisir à exercer sa souveraineté. La voici aujourd'hui buvant du champagne, courtisée, tenant ses distances, hautaine à son habitude (du moins quand elle n'est pas en petit comité) à une soirée du producteur Thalberg. Elle regarde, plus qu'elle écoute. Rarement se disent des choses intéressantes dans de telles situations et le niveau des conversations, c'est surtout potins ou chiffres du box-office. Marlene observe, critique en son for intérieur les uns et les autres, tente de repérer qui peut être digne de son intérêt. Elle se glisse entre les groupes, échappant à ceux qui veulent la retenir, se faire valoir à ses yeux. D'un mot, elle peut être cassante. D'un regard, elle se protège. Là, un peu à l'écart, fine, les traits tirés, le cheveu noir, l'œil aussi, une jeune femme triste, seule, apparemment au bord des larmes. Marlene s'approche d'elle, lui sourit. L'autre se redresse, la regarde longuement, profondément ; elle a reconnu la star de la Paramount, se présente et, vite, lui fait des confidences. Elle se nomme Mercedes de Acosta, est scénariste à la MGM et amie, proche, très proche, de Greta Garbo, qu'elle aime passionnément et qui le lui rend mal, trop infidèle. Marlene est séduite. Comme elle ne l'a pas été depuis longtemps. Elle a envie de lui donner de sa force, de son affection. Dès le lendemain, elle se rend chez elle, avec un imposant bouquet de tubéreuses et Mercedes se console dans ses bras de ses déboires avec Garbo. L'Espagnole est excessive, d'un romantisme exacerbé qui s'exprime en missives aussi fréquentes qu'ampoulées. Marlene est amoureuse, et pas mécontente de doubler dans ce domaine la star qui est sa rivale au cinéma. Du moins tant que les flammes de Mercedes ne l'agacent pas. Car avec elle il ne faut jamais en faire trop, en tout cas pas longtemps, et surtout ne pas tenter d'enfreindre une liberté à laquelle elle tient par-dessus tout. C'est ainsi que la fièvre amoureuse tourne vite à l'amitié, qui sera fidèle pour peu qu'on accepte ce changement d'intensité – et qui est le meilleur mode de relation que des amants puissent entretenir.

En attendant que s'éclaircisse sa situation professionnelle (celle-ci supporte moins le flou que sa situation amoureuse), elle quitte Hollywood pour la France où Rudi, toujours employé de la Paramount, est devenu un grand connaisseur des bons restaurants de la capitale. Il lui a réservé une suite à l'hôtel Trianon, à Versailles, où elle arrive avec Maria et sa nouvelle Cadillac. Elle en profite, managée par son mari, toujours aux petits soins, pour enregistrer un disque. A Londres, elle va voir Brian Aherne, qui a lui aussi traversé l'Atlantique. A Vienne, elle retrouve son vieil ami Willi Forst, qui fait ses débuts de réalisateur en filmant une vie de Franz Schubert. Elle s'amourache aussi d'un beau chanteur, Hans Jaray, tandis que Rudi est tout content de pouvoir passer un peu de temps avec sa fille hors de la présence de Marlene. Celle-ci n'en trouve pas moins le temps d'écrire de nombreuses lettres à Mercedes de Acosta. En Autriche, où elle joue pendant quelque temps à l'humble mère de famille dans un chalet de campagne, elle retrouve sa mère et sa sœur qui ne supportent pas trop mal le nouveau régime dont l'Allemagne subit l'épreuve.

Marlene aime l'Europe de Paris et de Vienne. Un certain raffinement. Une vieille culture. Le contraire de l'Amérique et de Hollywood. Et elle y est accueillie avec une passion qui l'enchante. Des foules scandent son nom en se pressant pour tenter d'obtenir un autographe. Elle aimerait y revenir au théâtre. Car elle se rend compte qu'être une star, c'est vivre dans une grande illusion, faire passer son image avant son talent, perdre d'autant sa réalité qu'on devient un mythe. Et le cinéma, pour elle, n'a pas le prestige professionnel du théâtre. C'est une discipline difficile, rigoureuse, qui demande surtout d'obéir au réalisateur, d'être un objet qu'il façonne. Sur la scène, au contraire, l'acteur a tout un champ pour son interprétation. Il lui faut vraiment créer un personnage, l'approfondir, le faire vivre de spectacle en spectacle. Mais la vie de Marlene, son travail sont maintenant en Amérique, où la femme terriblement dépensière qu'elle est peut trouver la quantité de dollars dont elle a besoin. D'autant plus que le séjour en Europe lui coûte une fortune. Une star ne mégote pas. Elle se fournit chez les meilleurs faiseurs, ne dort que dans les plus grands hôtels, ne s'assied qu'aux meilleures tables, entretient dans le luxe sa famille et sa cour. A Hollywood, où il lui faut maintenant rentrer, avec de nombreuses malles pleines de costumes, robes, manteaux, chaussures, gants, dessous, accessoires et bagatelles, Sternberg a redressé la situation. Il est revenu à la Paramount, pour laquelle il prépare un film dont l'héroïne sera Catherine de Russie. Et qui jouera le rôle de cette princesse innocente qui se transforme en souveraine toute-puissante et grande amoureuse ? – Marlene, bien sûr. La Paramount, donc, la garde.

Jo, qui a retrouvé assez de prestige au studio pour y diriger avec beaucoup de liberté ce film à grand spectacle, donne libre cours à son ambition artistique, en créant des décors d'un baroque délirant et en dirigeant lui-même l'orchestre qui joue la musique de Tchaïkovski, Mendelssohn et Wagner qu'il a choisie pour étoffer la bande-son. L'ensemble peut paraître un peu délirant, mais Jo, dont les déboires sentimentaux n'ont en rien altéré la dévotion qu'il a pour Marlene, la dirige et l'éclaire en la magnifiant encore mieux que dans leurs films précédents. Elle-même est assez bonne actrice pour être aussi bien la jeune fille pure du début que la femme avide de sexe et de pouvoir qui lui succède. Il faut la voir en costume blanc s'asseoir sur le trône qu'elle vient de conquérir avec l'armée de ses amants pour ne pas douter un instant de ce que Marlene est la Grande Catherine. On sent alors chez elle une telle jubilation qu'on ne manque pas de se dire que ce n'est vraiment pas par hasard qu'elle est devenue la star qu'elle est : c'est bien en elle-même qu'elle a trouvé la formidable assurance qui lui attire l'admiration éperdue de ceux qui l'approchent. Jo, lui aussi, est plus impérial que jamais. L'acteur Sam Jaffe le supporte mal et Marlene elle-même, pourtant d'ordinaire si docile avec son réalisateur de prédilection, n'évite le clash que grâce à son habileté diabolique. Mercedes de Acosta, venue la voir sur le tournage, raconte comment elle tombe volontairement de cheval et fait l'évanouie pour couper court aux excès autoritaires de Sternberg. Celui-ci n'a plus qu'à se précipiter vers elle pour la prendre dans ses bras en appelant un docteur qui, complice de la mauvaise blague, est déjà prêt à intervenir. Leur relation se détériore et, s'il est convenu avec la Paramount qu'ils ont encore un film à faire ensemble, il devient évident que ce sera le dernier. Quant à Maria, qui fait ses débuts au cinéma dans le rôle de Catherine enfant (un petit rôle, mais un rôle qui réjouit cette petite fille déjà bien au fait des choses du cinéma), il est évident qu'elle n'est pas de ces enfants prodiges dont Hollywood est friand. En plus, la vedette du film et le réalisateur lui ont joué un mauvais tour en faisant d'elle quasiment un bébé. Comme si sa mère avait voulu se prouver que cet Enfant dont elle ne veut pas admettre l'âge n'est pas plus âgée qu'elle l'affirme.

La magie du tandem Dietrich-Sternberg ne fonctionne plus. Du moins en termes de box-office. Si quelques critiques reconnaissent la grande qualité artistique du film, la plupart le trouvent ampoulé, kitsch, peu vivant et reprochent à Sternberg d'avoir trop figé Marlene dans ses belles images. Il en faut plus pour refroidir l'orgueilleux réalisateur. Depuis longtemps il est certain qu'il lui faut faire son propre cinéma contre les grandes compagnies, et sans compromis pour plaire au public. Sauf qu'il est le plus souvent convaincu que son génie est tellement évident qu'il ne peut que s'imposer à tous. Il prépare déjà le film suivant, une adaptation du roman de Pierre Louÿs, *La Femme et le pantin*. Marlene, elle, fait un saut à Berlin, où les nazis qui ont pris en main la production cinématographique, après en avoir chassé les Juifs, espèrent encore qu'elle pourrait y vivre et y travailler de nouveau. Mais elle n'est pas dupe. Elle n'est revenue que pour voir sa mère et sa sœur, tenter de les convaincre de s'exiler, elles aussi. Comprenant qu'ils ne peuvent la convaincre, les nazis passent à l'attaque en l'accusant de ne jouer que des rôles de prostituée et de se faire passer pour allemande alors qu'elle serait à moitié russe ou polonaise !

Josephine von Losch ne veut pas quitter son pays, Liesel non plus et Marlene repart un peu tristement pour l'Amérique, sachant bien qu'elle risque de ne pas revenir à Berlin avant longtemps. Sur le bateau du retour, une rencontre lui fait oublier cette contrariété. Un homme de belle prestance la séduit autant par son allure que par sa gentillesse et son amitié. Lui-même est sous le charme de cette star en robe blanche qui descend l'escalier du restaurant et s'avance lentement en laissant à chacun le temps de l'admirer, prenant son temps comme elle a appris à le faire dans les films de Sternberg (toujours compter jusqu'à douze avant de faire un geste, quand on veut lui donner tout son impact). Comme elle remarque qu'il lui paraît difficile de s'asseoir à une table où ils seraient treize convives, Ernest Hemingway, écrivain de renom depuis qu'il a publié *L'Adieu aux armes*, propose d'être le quatorzième. Mais cette soudaine et mutuelle attirance, qui est le début d'une longue amitié, se borne à une camaraderie intellectuelle.

Jo, comme à chaque retour d'Europe, est là pour l'accueillir. Il a veillé à l'installation de la nouvelle maison qui a été louée par la Paramount, dans le quartier de Bel Air. Il parle de son prochain film. Ce sera l'histoire d'une femme qui fait marcher un homme. Ou bien l'histoire d'un homme qui se laisse humilier par une femme. En tout cas, un portrait de femme haut en couleur. De quoi mettre en valeur la beauté de Marlene, aussi bien que son talent d'actrice. Le rôle de Concha est taillé sur mesure pour elle. Ce personnage d'une belle Espagnole, qui se joue des sentiments d'un homme pour lequel la souffrance n'est pas une raison suffisante pour prendre le large, peut paraître incongru. Il est bien exotique pour la belle Allemande. Et à la limite du cliché. Mais Concha n'est pas que ce qu'elle a l'air d'être. Comme la Grande Catherine, c'est une femme qui aime exercer son pouvoir, qui accorde plus d'importance au sexe qu'au sentiment amoureux. Et qui prend un certain plaisir à voir quel degré de soumission peut atteindre un homme qui l'aime. L'amoureux, certes, est touchant, prêt à tout accepter pour n'être pas totalement rejeté. Ridicule aussitôt dans sa passivité, son abaissement. Sternberg aime ces histoires d'amour fou. Ces passions qui choquent la raison. Déjà le professeur Unrat... Pour son dernier film avec Marlene, Jo boucle la boucle de leur collaboration, donne à son héroïne toute sa force. Concha nous rappelle Lola Lola. Une Lola Lola qui a un peu vieilli, avec un Unrat plus résigné. Tout le contraire d'Amy Jolly, de l'Agent X-27, d'Helen Faraday, ces femmes qui subissaient la passion plus qu'elles n'en étaient l'objet. Et avec un cynisme qui n'est pas sans rappeler, toutes proportions gardées, celui de la Grande Catherine. De film en film, Josef von Sternberg a ainsi esquissé une vision de la femme à deux visages, ici amoureuse et généreuse, là égoïste et dominatrice. Marlene n'est ni l'une ni l'autre. Ni donnant tout à un seul amour, ni prenant plaisir à faire souffrir. Inspirant l'amour fou, capable aussi de grands élans. Jo le sait. Il connaît bien ces deux faces d'une femme, qui se défend fièrement contre tout danger de se faire mettre le grappin dessus. Il sait ce qu'elle lui a donné. Et ce qu'elle ne peut lui donner. Mais, d'un côté comme de l'autre, dans ses refus comme dans ses dons, dans ses caprices aussi, il la sait impériale. Dans *Shanghai Express*, Shanghai Lily n'est ni victime ni bourreau. Elle est au-delà de la passion. Dans une certaine sagesse, autant pour ce qui est de sa propre histoire que pour ce qui est de l'histoire telle qu'elle se déroule dans le bruit et la fureur. C'est cette supériorité, cette classe que Jo admire et qu'il a tant aimé mettre en lumière. Qu'il a envie, une dernière fois, de célébrer.

Si, dans cette mythologie érotique dont Sternberg a été le propagateur depuis *L'Ange bleu*, la femme, c'est Marlene, on aurait tort de croire que le cinéaste fait son autoportrait en pantin. Certains commentateurs le diront un peu vite, une fois de plus confondant une vie et une œuvre. Souvent la difficulté de ses relations avec son actrice a fait souffrir le cinéaste et il a dû constamment juguler sa jalousie, mais il est conscient, l'a toujours

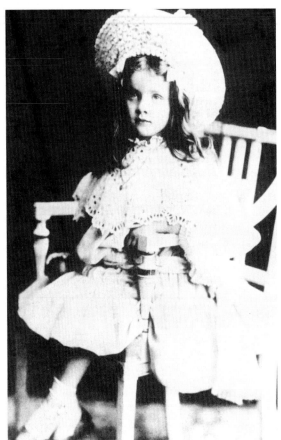

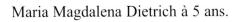

Maria Magdalena Dietrich à 5 ans.

Marlene et sa fille Marie vers 1928.

Marlene
et son mari,
Rudolf Sieber.

X27 (1931)
avec Victor McLaglen

L'Ange bleu (1930).

Avec Josef von Sternberg pendant
le tournage de *X27*.

L'Impératrice rouge (1934) avec
John Lodge.

Le Jardin d'Allah (1936) avec Charles Boyer.

Avec Clark Gable dans une émission de radio.

Désir (1936) avec Gary Cooper.

La Maison des sept péchés (1940) avec John Wayne.

Le Voyage fantastique (1951) avec James Stewart.

L'Ange des maudits (1952)
avec Mel Ferrer.

Martin Roumagnac (1946) avec Jean Gabin.

En tournée sur le front, en 1944, elle galvanise les soldats américains.

Au Sahara Hotel, à Las Vegas, en 1953.

Avec Jean-Pierre Aumont (à gau-che) et Jean Cocteau, à Paris en novembre 1959.

Avec le metteur en scène Ernst Lubitsch.

En 1950, avec Alfred Hitchcock.

été : ce que cette femme lui a fait endurer fut le prix à payer pour ce que, d'autre part, l'actrice lui a donné. Car au réalisateur elle a donné plus qu'elle n'a jamais donné, et ne donnera jamais, à aucun homme. Jo n'a jamais été le pantin de Marlene. Ne s'est pas laissé humilier. N'a jamais perdu ses esprits. Toujours pensant au film en cours ou à venir. Plaçant son œuvre au-dessus de tout. Au-dessus, c'est certain, de ses amours, heureuses ou malheureuses.

Le travail, comme d'habitude, commence avec l'étude des costumes. Marlene et Travis Benton s'en donnent à cœur joie, laissent libre cours à leur fantaisie. On dirait deux collégiens préparant des déguisements pour Mardi gras. C'est que, pour Marlene, son travail d'actrice qui a un personnage à composer ne commence pas par la lecture d'un scénario, ni par une réflexion sur ce qu'il est, ce qu'il ressent, ce qui le motive... Il lui faut d'abord habiller ce personnage. Le voir, en imaginant comment la caméra pourra le filmer, comment ses vêtements passeront à l'image, prendront la lumière. Comment elle apparaîtra derrière le voile de dentelle qui doit faire d'elle la plus fascinante et la plus mystérieuse des femmes. Il lui faut, pour entrer dans son rôle, d'abord se travestir ; et elle aime ça. Avec un sens rare de la haute couture. Et beaucoup d'ingéniosité pour réaliser ses idées. Travis est pour cela son inséparable complice. Lui aussi passionné par ce jeu. Et perfectionniste. Quand le département chargé de la promotion du film réclame des photos pour mettre l'eau à la bouche des journalistes, ils n'ont encore rien arrêté, rien cousu et Travis s'arrache les cheveux. Marlene, qui ne manque pas d'audace et peut faire preuve d'un certain humour, montre toute son habileté à s'inventer des costumes en se drapant dans un vieux coupon de lamé, en se jetant sur la tête et les épaules en guise de mantille un voile minable, en envoyant vite chercher un châle qu'elle a à la maison et qui est d'ordinaire posé négligemment sur le piano, et en se faisant tailler grossièrement des gants dans un autre bout de voile.

C'est un bel automne. On travaille à la préparation du film, mais l'on prend encore le temps de vivre, avant la pression du tournage. Rudi arrive d'Europe, avec Tami. Il va lui aussi travailler sur le film, comme un assistant un peu spécial de Jo. Marlene lui a demandé de venir la soutenir dans une épreuve dont elle a de bonnes raisons de craindre qu'elle ne soit dure. Jo, d'ailleurs, n'a pas hésité à faire appel au mari de sa maîtresse, son vieil ami, pour être un de ses assistants. Un assistant dont la tâche officielle n'est pas très claire et qui devra surtout veiller à ce que tout se passe bien entre sa femme et l'amant de celle-ci. On vit dans la maison de Bel Air. Rudi met de l'ordre dans la comptabilité de Marlene. Jo cherche des idées. L'actrice leur fait la cuisine. Tamara fait ce qu'on lui dit de faire, c'est-à-dire, selon les moments, la bonne, la dame de compagnie ou la gouvernante de Maria. Du moins quand elle n'est pas trop mal en point. Car la pauvre déprime. Il y a de quoi, quand on est considérée par son amant, par la femme de celui-ci et par leurs amis comme une domestique. Le dimanche, on va, tous ensemble, assister à des matches de polo. Et l'on écoute, très souvent, un excellent pianiste dont Marlene s'est entichée, qui est amoureux d'elle (évidemment) et dont elle encourage les sentiments comme elle sait le faire tant que cela ne lui pèse pas.

José Iturbi joue Chopin, mais, puisqu'il est espagnol, il est là comme un accessoire du film auquel on travaille. Marlene se prépare avec lui à incarner Concha en buvant du Jerez, un châle jeté sur les épaules. Du moins jusqu'au moment où elle a besoin de récupérer son demi-queue pour répéter les chansons du film, que d'ailleurs elle n'aime pas beaucoup. Elle ne se prive pas pour le dire, de même qu'elle fait savoir à Jo que la maison qu'il vient de faire construire dans une campagne quasiment désertique n'est vraiment pas à son goût. Pourtant, Sternberg n'est pas peu fier de l'imposante demeure qui se dresse maintenant dans la vallée de San Fernando, un endroit très retiré. Une grande maison de verre et de métal, entourée d'eau, dans laquelle Marlene assure qu'elle ne mettra pas les pieds. Ce qui n'est pas pour étonner le propriétaire des lieux : ce n'est pas pour elle qu'il a fait construire cette maison et sa façon de la faire visiter à Marlene et à sa famille est aussi une façon de lui montrer qu'il peut vivre sans elle.

Octobre 1934. Sternberg réalise la troisième adaptation du roman de Pierre Louÿs, qui a déjà été porté deux fois à l'écran, en 1920 et 1929, sans pour cela bouleverser l'histoire du cinéma. Ce doit être le couronnement de son aventure cinématographique avec Marlene. Un manifeste de sa conception du cinéma. Au titre du roman, il préférerait substituer *Capriccio espagnol*, mais Ernst Lubitsch, le réalisateur qui est devenu un ponte de la Paramount et qui dirige la production du film, en trouve un troisième : *The Devil is a Woman (Le Diable est une femme)*. Contrairement à la volonté de Sternberg, Lubitsch a fait appel au romancier John Dos Passos, dont le nom espagnol semblait bien adapté au sujet (mais l'écrivain, qu'une nécessité financière transforme en tâcheron de cinéma, est un Américain bon teint). Le scénariste, malade, est peu inspiré par cette tâche. De toute façon, Jo n'a pas l'habitude de tourner un scénario qu'il n'a pas lui-même mis au point et que, par conséquent, il ne peut que trouver mauvais. Et cela ne contribue pas à le mettre de bonne humeur. Ses relations avec Lubitsch sont faites autant de rivalité professionnelle que d'antipathie personnelle, tous deux défendant des conceptions du cinéma d'autant plus divergentes qu'ils ont des tempéraments opposés. Pour

LA VÉRITABLE MARLENE DIETRICH

Lubitsch, le cinéma et la vie n'ont de sens que dans la légèreté, ce qui n'est vraiment pas le cas de Sternberg. Celui-ci a pourtant plus d'humour qu'on ne le croit. En tout cas un goût certain pour les défis. La preuve en est que faire de Marlene Dietrich une nouvelle Carmen n'est pas une mince gageure. Voici au moins qui peut renouveler son image et mettre (si l'on peut dire) du piment dans la caméra... Jo a décidé qu'il serait lui-même le chef opérateur de ce film, qu'il ne laisserait à personne d'autre la responsabilité de cadrer sa vedette. Cela lui est possible, car il vient d'obtenir la carte professionnelle sans laquelle les syndicats ne le laisseraient pas manier la caméra. Les images qu'il va faire de Marlene, ce sera son cadeau de rupture. Dans une lumière mieux maîtrisée qu'il ne l'a encore fait, poussant à l'extrême contraste et clair-obscur, pulvérisant ici ou là sur les décors un peu de peinture blanche, ou même de la peinture métallisée. Ce film, ce sera un hymne à la beauté d'une femme, à la beauté de *la* femme. Et la contribution de Josef von Sternberg à l'idéalisation de la beauté féminine. Marlene, bien sûr, joue le jeu, retrouvant d'emblée avec Jo cette formidable complicité qu'ils ont quand il s'agit de définir ensemble l'esprit d'un film et de le porter jusqu'à son accomplissement.

L'atmosphère n'en est pas moins tendue sur le plateau. Ce dont Marlene s'est bien doutée, avant même le début du tournage. Le fin diplomate qu'est M. Sieber arrondit quelques angles, et en profite pour prendre du bon temps dans la loge de Mae West. Maria, qui connaît bien sa mère et ses caprices et qui est habituée à l'assister, est aussi sur le terrain, auprès d'une Marlene qui se trouve ainsi bien encadrée. La petite fille en profite pour délaisser la préceptrice que son père, catastrophé par le fait qu'elle ne va pas à l'école et ne reçoit guère d'instruction scolaire, vient d'engager. Les affrontements, les éclats de voix, les crises de larmes, les

132

brouilles et les réconciliations n'en font pas moins partie de l'ordinaire. Sur les plateaux comme dans la vie, déjà depuis quelque temps, le beau fixe n'est pas la règle entre Marlene et Jo et *L'Impératrice rouge* en a donné assez clairement l'exemple. Cela ne vient pas que de l'état de leurs relations. Ils sont comme ces vieux couples dans lesquels la polémique permanente est une manière d'être nécessaire l'un à l'autre. A ceci près que leur histoire se joue sur deux plans. Celui de la vie ordinaire (comme si la leur était ordinaire !) dans lequel Marlene tient les atouts, mène le jeu, impose sa loi. Celui du cinéma dans lequel Jo prend sa revanche. Il peut être un parfait dictateur au nom de l'art dont il est le maître et le serviteur. Dans la désillusion de sa vie affective, son caractère ne s'est pas amélioré. Et c'est lui le chef, parce que c'est lui le génie du cinéma. Pas diplomate le moins du monde. Sans indulgence. Ne cherchant pas à mettre de l'huile dans les rouages. Joel McCrea, engagé pour faire le beau gosse avec lequel Concha trompe Lionel Atwill, ne supporte pas ces façons de faire et s'en va. Cesar Romero, qui lui succède, encaisse difficilement. Marlene, elle, comme à l'ordinaire, se donne des airs d'actrice exemplaire, docile, qui ne demande qu'à obéir, pleine de révérence pour le réalisateur génial. Ce qui ne l'empêche pas de lui jouer quelques mauvais tours. Ou, par maladresse, de créer des problèmes inutiles, comme le jour où, décidée à avoir les yeux noirs d'une Espagnole, elle se met dans les yeux des gouttes ophtalmologiques qui lui élargissent la pupille mais la rendent, momentanément, presque aveugle.

Au fond, Marlene supporte mal la fin prochaine de leur collaboration. Jo se détache d'elle et elle ne l'accepte pas. C'est un courtisan qui la délaisse, un ami qu'elle n'aura plus à sa disposition, un cinéaste sans lequel elle craint d'être perdue, elle qui n'a depuis plusieurs années travaillé qu'avec lui, sauf en une occasion. Et *Le Cantique des cantiques* a bien montré que sans Sternberg elle n'est plus la sublime Marlene, elle n'est que Miss Dietrich. Le cinéaste est plus lucide que l'actrice. Il sent qu'il est allé au bout de l'expérience qu'il pouvait vivre avec elle. Il est parvenu, déjà il le sait, dans ce dernier film à donner d'elle une image d'une telle beauté qu'il ne pourra jamais faire mieux. L'artiste a supplanté l'amant : c'est la quête de la beauté plus que celle de l'amour qui a fait de Joseph von Sternberg, pendant plusieurs années, le serviteur de Marlene Dietrich. Un serviteur doué de magie, qui a su transformer l'actrice potelée de *L'Ange bleu* en icône sublime du cinéma. Son but atteint, il ne pourrait plus maintenant, avec elle, que se répéter. Ils ont fait sept films ensemble, c'est déjà beaucoup. Il lui faut tenter autre chose, se prouver que son génie ne tient pas qu'à la star qu'il a découverte à Berlin, alors qu'elle n'était pas encore sortie de sa chrysalide. Il sait ce qu'il perd en la quittant, mais il doit prendre le pari de vivre et de filmer sans elle. Il sait aussi ce que, elle, elle perd, mais il ne peut pas être pour toujours au service cinématographique d'une star qui est de plus en plus difficile à manier.

Marlene joue à merveille les femmes abandonnées. Jo a fait savoir publiquement sa décision et les commères de Hollywood font des gorges chaudes de cet événement. Elle prend l'air surpris, s'étonne d'une telle décision, dont elle est pourtant au courant depuis quelque temps, voudrait que tout un chacun la considère comme un terrible outrage à son encontre. Les nazis en profitent pour se réjouir de voir le plus beau fleuron de l'Allemagne secouer le joug juif de Sternberg et pour faire savoir à la star qu'une place d'honneur l'attend dans son pays. L'invitation provoque sa colère et elle réagit très vite, décidant de demander officiellement la nationalité américaine. C'est répondre aux nazis qu'ils ne doivent pas compter sur elle, mais c'est couper les ponts avec l'Allemagne, une patrie à laquelle elle est très attachée et dans laquelle vivent encore sa mère et sa sœur. Elle est, bien sûr, très affectée par cette double séparation, à un moment où Rudi et Tamara s'apprêtent à regagner l'Europe, mais n'en applique pas moins avec fermeté son principe : ne jamais se laisser entamer par ses états d'âme et assurer son activité professionnelle avec la même ardeur, que tout aille bien ou non.

Curieusement, la fin de ce tournage, qui pourtant a été mouvementé, n'en pâtit guère. Il semblerait même que, la situation ainsi éclaircie, l'atmosphère soit plus détendue, plus normale. Un long chapitre se termine et il n'est plus temps d'en faire toute une histoire. *La Femme et le pantin*, c'est définitif, sera le dernier film du plus étonnant couple réalisateur-actrice qu'Hollywood ait jamais connu, que le cinéma ait jamais connu, mais ils sont certains, l'un et l'autre, d'y avoir donné le meilleur d'eux-mêmes, d'en avoir fait un chef-d'œuvre, en tout cas une véritable œuvre d'art, selon leur ambition. Ce dont Marlene est convaincue quand Jo lui montre la copie dont il vient de terminer le montage. Elle peut, pendant toute la projection, une fois encore, lui serrer la main à lui en faire mal et lui jurer qu'il y a montré tout son génie. Du moins un génie de l'image, puisque l'histoire, pour l'un et l'autre, n'est jamais qu'un prétexte. Alors peu importe de savoir si, à la fin, Concha, délaissant le beau jeune homme, va ou non retrouver le vieil amant qu'elle fait tant souffrir. L'essentiel, dans ce film comme dans tous ceux qu'ils ont faits ensemble, n'est-ce pas le visage de Marlene dans la lumière de Jo ? Un visage dont les sourcils, dessinés d'un ferme coup de crayon, se sont étrangement relevés bien au-dessus de leur ligne naturelle. Un visage qu'ils ont élaboré ensemble comme une formidable icône, dans une beauté qui, hors mode et conjoncture, se veut de toute éternité, répondant ainsi à la laideur que prend le cours d'un monde où un sinistre metteur en scène qui a nom Hitler se pique de faire lui-même l'histoire. Jo peut alors partir se reposer à La Havane, tandis que Marlene décompresse à sa manière, en faisant la fête à Hollywood.

Elle se rend en short à une soirée organisée par Carole Lombard, une vedette blonde, potelée, libertine, pour laquelle elle n'a que peu de sympathie. Cela se passe dans un parc d'attractions et les convives se voient obligés de jouer comme des enfants. Marlene en revient les genoux en sang et la chemise déchirée pour avoir dévalé un toboggan et roulé dans un tonneau. Elle qui d'ordinaire sort peu dans les grandes soirées holly- woodiennes ne refuse pas les invitations qui lui chan- gent les idées. Non qu'elle y prenne goût, mais elle tient à montrer qu'elle n'est en rien affectée par la désaffec- tion du réalisateur avec lequel elle paraissait jusqu'alors indissolublement liée. On sait que Sternberg ne veille plus sur elle, et pas plus à la ville qu'à l'écran. Son mari non plus. Les amis, les curieux, les soupirants se font plus présents, occupent la ligne téléphonique, inondent la maison de tant de fleurs qu'elle s'en débarrasse au plus tôt afin que l'air ne soit pas irrespirable. Sereine, hautaine, elle affronte la concurrence, ne laisse aucune des autres stars occuper le terrain. Ni Jean Harlow, ni Ginger Rogers, ni Carole Lombard, ni Gloria Swanson. Elle passe, souveraine, parmi les groupes, un rien méprisante à l'égard de celles et ceux qu'elle trouve vul- gaires ou sots ; chaleureuse, au contraire, pour quelques privilégiés. Elle croise d'anciens partenaires qu'elle aime bien, tels Gary Cooper ou Clark Gable. Sourit à des amants comme Maurice Chevalier, qui est très occupé avec Jeannette MacDonald. Elle ne rencontre pas Greta Garbo. Parce que l'une et l'autre s'évitent. S'ignorent. Garbo, fière de son antériorité à Hollywood,

136

a toujours fait jusqu'ici comme si Marlene n'existait pas. « Qui ça ? » demande-t-elle quand elle entend prononcer le nom de sa rivale. Elles n'ont en commun que Mercedes de Acosta.

Pour une soirée costumée, Marlene a recours à Travis Benton, toujours disponible pour elle et ne comptant jamais ses heures de travail quand le jeu en vaut la chandelle. Le costumier se trouve investi d'une mission qui a tout pour stimuler son imagination et son talent : déguiser Marlene en Léda-et-le-cygne. Léda, c'est une jeune femme que Jupiter, subjugué par sa beauté, n'a pu séduire qu'en se transformant en cygne. Eh bien, Marlene sera les deux à la fois, Léda enlacée par le cygne, en une étonnante image d'auto-érotisme. Pour corser l'affaire, Marlene se fait accompagner par une jeune et jolie actrice, Elizabeth Allan, qu'elle a fait travestir, par Travis Benton bien sûr, en… Marlene Dietrich !

Marlene, elle, n'organise pas de grandes soirées. Elle préfère inviter chez elle quelques personnes rigoureusement sélectionnées. Les membres privilégiés de son clan. Des amis proches, des admirateurs, des gens qu'elle admire aussi. Des Européens, surtout, pour qui elle fait la cuisine, ne laissant à personne d'autre le soin de réaliser les recettes qui font sa réputation de maîtresse de maison : goulasch, écrevisses à la nage… Il lui arrive de sortir et de ne pas rentrer. Elle n'a pas pourtant, pendant quelque temps, d'amante ou d'amant attitré qui passe la soirée chez elle et y prenne les petits déjeuners. Encore moins qui y passe la nuit entière puisque telle est toujours la règle : il faut disparaître dans la nuit et revenir au matin – ce que Jo a su faire pendant si longtemps.

Marlene est très entourée. Elle a ses fidèles, Maurice Chevalier, Brian Aherne, Mercedes de Acosta… De nouveaux amis aussi apparaissent : le réalisateur Fritz Lang, les acteurs Richard Barthelmess et Ronald Colman, avec lesquels on lui prête des idylles plus ou moins sérieuses, plus ou moins éphémères. Jusqu'au jour où l'un d'entre eux prend une importance particulière. John Gilbert est une de ces vedettes du cinéma muet qui n'ont pas réussi leur reconversion dans la révolution du son. C'est un homme fragile qui a été amoureux fou de Greta Garbo, a été son partenaire dans *La Reine Christine*, a espéré en vain l'épouser, en a été très malheureux, et en plus s'est brouillé avec son employeur, le patron de la MGM. Marlene, qui sent de temps en temps s'éveiller en elle des instincts d'infirmière, s'attache à cet homme devenu gravement alcoolique. Elle décide de lui redonner le goût de vivre, l'envie de se battre. Elle veut le sauver de cette mort lente à laquelle il se condamne. Elle tente, en vain bien sûr, de remplacer le whisky par son fameux bouillon.

Elle se prend aussi d'affection pour sa petite fille qui a l'âge de Maria et la couvre de cadeaux pour Noël (mais elle n'en réunit pas pour autant les deux enfants, considérant encore que Maria, qui ne va toujours pas à l'école, n'a pas besoin d'amis de son âge). Elle arrive même à convaincre Lubitsch de lui donner un rôle dans le film qu'il prépare et dont elle doit être la vedette, moins hiératique que sous la férule de Sternberg. *Desire* (*Désir*), produit par Lubitsch, est réalisé par Frank Borzage. John Gilbert paraît alors relativement en pleine forme, content de jouer, et de jouer auprès de Marlene, qui incarne une très amusante voleuse de bijoux. L'infirmière a fait un miracle, mais il ne faut pas lui en demander trop. Surtout pas une liaison définitive. Pas plus avec lui qu'avec un autre elle ne se sent prête à se ranger dans un couple. Surtout au moment où elle retrouve son partenaire de *Morocco*, le beau Gary Cooper. Comme il lui plaît et qu'il s'est libéré de la Mexicaine possessive qui veillait autrefois sur lui, comme il accepte sans se faire prier l'aventure, le pauvre

LA VÉRITABLE MARLENE DIETRICH

Gilbert ne peut que recommencer à broyer du noir. Il n'a pas pu réellement se désintoxiquer, il boit de nouveau beaucoup trop, il est victime de plusieurs incidents cardiaques et il doit abandonner le tournage. Marlene, atterrée par cette rechute, se consacre de nouveau à lui après le film. Mais elle n'est pas toute-puissante (elle aimerait bien) et John Gilbert lui joue, bien malgré lui, le pire des tours. Alors qu'elle passe la nuit chez lui (ou une partie de la nuit, peu importe), il est emporté par une ultime crise cardiaque et Marlene se trouve au lit avec un homme qui agonise. Situation bouleversante, bien sûr. Situation embarrassante aussi quand on est une star de la Paramount et qu'il vaut mieux éviter scandales et faits divers. Mais elle a un sang-froid formidable. Elle se rhabille en vitesse, appelle le valet philippin, l'informe du drame et lui ordonne de ne parler à personne de sa présence dans la maison. Puis elle téléphone à un médecin de sa connaissance, lui demandant de venir d'urgence et de tenir sa langue. Enfin, elle demande à Nellie, sa coiffeuse et confidente, de venir la chercher pour l'aider à s'échapper discrètement. Tout se passe comme elle l'a prévu et personne ne fait allusion à une dame qui aurait partagé le lit du mort.

Marlene aimait profondément John Gilbert. Elle lui avait donné tout ce qu'elle avait pu lui donner. Peut-être plus qu'à qui que ce soit d'autre. Mais pas plus qu'elle ne pouvait. A l'enterrement, elle s'effondre, en rupture totale avec les principes d'une discipline qu'elle observe pourtant toujours avec rigueur. Ensuite, elle reste aux petits soins pour Leatrice, la petite fille qui vient de perdre son père et qui ne l'oubliera jamais. Car Marlene, contrairement à ce que certains croient, a un cœur. A ceci près qu'elle n'en fait pas un étendard. Et c'est au moment où elle vient de jouer un rôle bien moins dramatique que ceux par lesquels Sternberg l'a modelée que le drame entre dans sa vie. Plus tard, parlant du plaisir qu'elle a eu à tourner *Désir*, bien que le film ait manqué quelque peu d'ambition artistique, elle dira que, dans ce film, enfin un cinéaste lui demanda, au contraire de tous les principes de Sternberg, de montrer ses sentiments – et que cela, au fond, était agréable.

V

LA FIN D'UN MONDE

STERNBERG semble avoir figé Marlene dans le marbre d'une beauté idéale. Il a pourtant commencé par en révéler la beauté charnelle, dans *L'Ange bleu*. Ensuite, de film en film, il lui a construit un personnage légendaire, dont il s'est contenté de varier les facettes, celui d'une femme fatale, à la splendeur surhumaine. La stratégie était habile, invitant à confondre la femme et l'actrice. Elle-même se plaisant à ce jeu, contribuant à sa propre légende, mettant tout son orgueil à se montrer parfaite. Belle, elle l'est, assurément, mais pas autant qu'elle peut le paraître, quand avec la complicité de Jo elle se métamorphose en une fascinante Marlene de cinéma. Elle connaît ses défauts, son nez mal dessiné, ses mains pas assez fines, ses seins qui se relâchent, comme elle connaît ses qualités, sa silhouette, ses jambes, son visage, son regard. Mais elle s'acharne à les dissimuler ou les corriger, pour n'apparaître que sous son meilleur jour. Tel est son travail de star : faire toujours en sorte, dès qu'il y a des témoins, d'être à la hauteur de sa réputation. Tel est son travail d'actrice : sans cesse jouer le rôle de cette Marlene Dietrich qui se doit d'être sublime. Le goût de la perfection et la volonté de le servir lui sont naturels. C'est une question de caractère et c'est une question d'éducation. Josephine l'a dressée à être la meilleure, du moins à toujours donner le meilleur d'elle-même. Encore faut-il qu'on le lui demande, qu'il y ait quelqu'un pour le recevoir.

Sternberg, d'emblée, eut cette formidable intuition, exigeant d'elle plus qu'elle avait conscience de pouvoir donner. Leur aventure commune a été magnifique, mais dangereuse. Pour l'un comme pour l'autre. Sternberg a été plus lucide, parce qu'il était moins impliqué. Marlene, elle, a pu craindre que le marbre ne se fissure ; cette beauté sur laquelle elle a construit sa carrière, que sera-t-elle sans son génial serviteur ? Voici donc qu'il lui faut redescendre sur terre. Reprendre vie. Insuffler à son personnage une vie dont, par ailleurs, elle ne manque pas. La mort même de John Gilbert prouve qu'elle est bien vivante. Parce qu'elle n'a rien perdu de sa capacité d'aimer, de sa capacité de souffrir. Elle a su réagir pour protéger au mieux sa carrière, mais elle n'en a pas moins été bouleversée. Au moins son personnage de cinéma ne l'a pas complètement dévorée. Mais, maintenant, sans Jo, et Rudi au loin, elle doit ne compter que sur elle-même. Au cinéma comme ailleurs. Ernst Lubitsch, qui est très subtil, a compris depuis longtemps que la Marlene de Sternberg en cache une autre. Il sait que la jeune actrice qu'il a vu jouer à Berlin, encore toute jeune, n'est pas morte sous le masque de la diva et qu'il est temps de l'éveiller. Sa beauté est un atout qu'il faut rafraîchir, rendre plus naturel et il faut faire autrement appel à ses qualités de comédienne. En lui faisant jouer la… comédie. *Désir* est un film léger et ce n'est même pas Lubitsch qui l'a réalisé, puisqu'il en a confié la réalisation à Frank Borzage. Mais Lubitsch n'en a pas moins été le maître d'œuvre

144

et ce film mineur est un événement historique, parce qu'il est celui par lequel Marlene ressuscite. Et renoue (sans toutefois se hisser au sommet du box-office) avec le succès public qui boudait de plus en plus les films de Sternberg.

Marlene est vivante, et le prouve. Avec cette formidable conscience professionnelle qui n'est pas une de ses moindres qualités. Ce n'est pas parce qu'elle ne tient guère en estime un producteur ou un réalisateur qu'elle va prendre son travail à la légère. *Désir* n'est certes pas à la hauteur de ses ambitions, mais elle fait tout ce qu'elle croit en son pouvoir pour en relever le niveau et pour ne rien y perdre de sa grandeur. La légèreté n'est pas son fort, du moins quand il s'agit d'un métier qu'elle s'honore de bien faire. Ainsi joue-t-elle, hors du studio, une scène que Lubitsch aurait sans doute aimé imaginer et tourner. Il se trouve qu'elle doit se montrer devant les caméras au volant d'une voiture alors qu'elle ne sait pas conduire, ayant l'habitude de disposer d'un chauffeur. Les premières prises sont catastrophiques : elle ne tourne jamais le volant comme il faut et elle est ridicule. L'auto est immobile dans le studio, mais il lui faut au moins avoir l'air de piloter en fonction de la route sur laquelle elle est censée rouler. Afin de résoudre ce problème qui provoque le désespoir du metteur en scène, elle profite d'une pause pour prendre une leçon de conduite discrète avec un machiniste, dans les rues de Hollywood. Et revient capable de faire illusion.

Marlene, bien vivante, peut, en revanche, se montrer plus légère quand il s'agit de sa vie privée. La douleur qu'elle a pu éprouver à la mort de John Gilbert ne la paralyse pas et, comme elle est d'autant plus courtisée qu'on la sait libre, elle en profite. Une façon comme une autre de ne pas se laisser aller, d'être fidèle à l'enseignement prussien de Josephine, qui lui a appris à ne pas se laisser entamer par l'adversité. Son tempérament énergique le veut aussi : pour ne pas se morfondre, mieux vaut ne pas s'enfermer avec sa mélancolie.

Lubitsch continue sur sa lancée. Il met en chantier une autre comédie, une nouvelle mouture d'*Hôtel impérial,* dans laquelle Marlene, avec Charles Boyer pour partenaire, reprendra un rôle interprété par Pola Negri, une dizaine d'années plus tôt. Celui d'une femme de chambre à l'allure ingrate, qui se révèle peu à peu d'une beauté éblouissante et qui épouse le soldat de son cœur. Le réalisateur en sera Henry Hataway, un ancien assistant de Sternberg pour *Morocco.* Mais l'affaire tourne mal. Lubitsch, en désaccord avec la Paramount, abandonne ses fonctions de grand manitou de la production et Marlene mène la vie dure à Hataway. Elle veut lui imposer sa propre vision du scénario afin de ne pas se montrer trop longtemps dans le rôle de la souillon. Elle est tellement obsédée par sa propre beauté qu'elle accepte mal de s'enlaidir et qu'elle a hâte de se montrer dans toute sa splendeur. Elle finit par saboter le film en quittant le tournage, arguant du fait, indiscutable pour les avocats de la Paramount, qu'elle a été engagée pour un film qui devait être produit par Lubitsch et que, donc, désormais rien ne l'oblige à s'enferrer dans cette sottise. Le réalisateur, plutôt soulagé, la fait remplacer par Margaret Sullivan, mais il semble que Marlene lui a porté la poisse : sa remplaçante se casse le bras et le film est définitivement interrompu. Remplacer Marlene Dietrich ? Vous n'y pensez pas…

La Paramount commence à trouver encombrante cette star difficile, qui vient certes de connaître un succès relatif, mais qui lui coûte cher et lui pose plus de problèmes qu'elle ne lui rapporte d'argent. Aussi n'hésite-t-elle guère à lui donner un congé pour la laisser tourner avec un producteur indépendant, David O. Selznick. C'est un homme entreprenant, qui a l'œil sur Marlene depuis quelque temps et qui a déjà eu l'occasion de parler avec elle d'un projet de film exotique, *Le Jardin d'Allah*, auquel il travaille depuis déjà plusieurs mois, pour lequel il l'a déjà pressentie et qu'il voulait lui faire jouer aux côtés de John Gilbert. C'est aussi un *remake*, puisque cette histoire un peu ridicule d'un moine amoureux dans le Sahara a déjà été réalisée deux fois. Mais c'est un projet dont toute l'ambition tient au fait que le film sera tourné en technicolor, la nouvelle technique qui est en train de révolutionner le cinéma. Une grande histoire d'amour dans le désert et en couleurs ! Mais sans Sternberg, ni Gary Cooper, ni la magie de *Morocco*. Charles Boyer, acteur français devenu vedette à Hollywood grâce à *Mayerling*, sera son partenaire. Pour commencer, Marlene ne se prive pas de dire que le script est nul. Que le personnage qu'elle doit interpréter (une jeune femme à la dérive, qui vient chercher la paix dans un couvent du désert et rencontre un moine défroqué) lui va comme un smoking à un chameau. Et elle ne fait guère confiance à Richard Boleslawski, à qui incombera la réalisation. Ce n'est pas parce qu'il a dirigé une fois Garbo qu'il est capable de diriger Marlene ! Mais il faut qu'elle travaille. Elle a besoin d'argent. De beaucoup d'argent. Car, toujours aussi dépensière et généreuse, elle ne fait pas d'économies, ne place pas son argent.

Rudi arrive de Paris pour négocier le contrat de son épouse. Il est venu sans Tamara, qui est en cure dans quelque clinique de luxe, soit pour un énième avortement soit pour un de ces troubles psychiques qui l'assaillent de plus en plus fréquemment. Il en profite pour jouer, encore mieux qu'à l'ordinaire, son rôle de mari attentif auprès de Marlene et de ses amis hollywoodiens, qui sont, ou ont été, les amants de sa femme. Il s'entend maintenant aussi bien avec Gary Cooper que naguère avec Maurice Chevalier. Il interprète aussi avec une satisfaction évidente son rôle de père, qui s'affole en constatant l'incohérence des études que suit Maria. Celle-ci ne fréquente toujours pas d'école, parce que Marlene trouve cela inutile, dangereux (toujours la peur de l'enlèvement) et qu'elle accepte mal que quelqu'un d'autre qu'elle s'occupe de l'Enfant. Des préceptrices plus ou moins compétentes et motivées essayent de lui apporter quelques connaissances, mais c'est surtout au studio et aux côtés de sa mère qu'elle fait ses classes. D'ailleurs, une fois son père reparti, elle reprend ses fonctions d'assistante particulière de Miss Dietrich. D'autant plus que Marlene s'active particulièrement pour ne pas laisser le costumier de Selznick l'habiller. Ce n'est pas parce que le film dans lequel elle va tourner sera ridicule qu'elle doit l'être, elle aussi.

Elle arrive même à circonvenir Travis Benton, dans son atelier de la Paramount, afin qu'il lui confectionne des costumes qu'elle met au point avec lui et dont elle dira qu'ils font partie de sa garde-robe personnelle. Maria suit aussi sa mère dans le désert et pour cette fille de onze ans c'est une belle aventure. Selznick a installé un vaste campement dans une vallée de l'Arizona, près de Yuma. La chaleur, dans la journée, est torride. Des tempêtes de sable se lèvent soudain et déplacent les dunes, au grand dam du réalisateur qui ne trouve plus ses repères. Les palmiers-dattiers ont été apportés de Californie, ainsi que les chevaux plus habitués à jouer aux cow-boys et aux Indiens qu'à humer les parfums de l'Arabie. Ces montures de western ne font pas bon ménage avec les chameaux qui, eux non plus, ne sont pas originaires de l'endroit. Les scorpions, innombrables, sont chassés à la tombée de la nuit, quand la fraîcheur les paralyse. L'infirmerie fait tente comble, où l'on soigne principalement les insolations, déshydratations et troubles digestifs divers. Charles Boyer transpire sous sa perruque.

LA VÉRITABLE MARLENE DIETRICH

Pendant ce temps, les scribes de Selznick n'en finissent pas de mettre la dernière main au scénario et aux dialogues. Maria fait du cheval avec les figurants et un bref passage devant les caméras, en jeune pensionnaire du couvent. Elle a grandi depuis qu'elle a incarné la Grande Catherine enfant dans *L'Impératrice rouge*, mais elle a aussi peu l'occasion de faire preuve de quelque talent que ce soit. Si elle se fait remarquer, c'est par sa rondeur car elle est maintenant plus boulimique que gourmande. Marlene, vexée de la voir ainsi, veillera elle-même à faire disparaître du film cette enfant qui a le tort de ne pas être parfaite. Il ne lui vient pas à l'idée que sa façon d'élever Maria et les étranges rapports qu'elle cultive avec elle n'ont pas contribué à l'équilibrer.

Marlene résiste aussi bien à la chaleur qu'elle supporte d'ordinaire la fatigue. S'il lui arrive de s'évanouir en plein tournage, c'est pour se moquer des bruits que fait courir la production à des fins publicitaires et selon lesquels elle aurait ainsi plus d'une fois perdu connaissance. Comme si elle pouvait avoir quelque faiblesse ! C'est mal la connaître et c'est l'insulter. Alors, pour se venger, elle profite de son talent d'actrice pour tourner de l'œil à volonté. En pleine forme, elle fait preuve d'un dynamisme étonnant dans de telles conditions. Elle se mêle de tout, mélange critiques et conseils, sape l'autorité du réalisateur, dit tout le mal qu'elle pense du producteur, tente de faire régner sa loi en faisant à longueur de journée l'éloge de Sternberg, donne aux uns et aux autres des leçons de cinéma. Elle s'amuse même à faire son propre film, un petit reportage de tournage en 8 mm avec une caméra que lui a fait parvenir son ami Travis. Défiant le peu de véracité qui reste au scénario médiocre du film, elle ne concède rien de son obsession capillaire, se faisant coiffer sans arrêt par la fidèle Nellie, qu'elle est arrivée à emprunter à la Paramount pour l'emmener dans les dunes. A tel point que Selznick, quand il visionne les rushes, s'énerve devant un tel respect de la mise en plis : comme si le Sahara n'était qu'un vaste salon de coiffure !

Marlene a disposé près de son lit, sur une petite table, des photos de John Gilbert, devant lesquelles elle fait brûler des bougies. Cette dévotion à l'égard d'un amant mort ne l'empêche pas d'en prendre un bien vivant. Willis Goldbeck est l'envoyé spécial de Selznick sur le front du *Jardin d'Allah*. Il lui revient de veiller à ce que l'entreprise se passe aussi bien que possible, dans le cadre d'un planning et d'un budget stricts. Une tâche qui n'est pas facile, étant donné les mauvais rapports que la vedette du film entretient avec le réalisateur. Au moins celle-ci a-t-elle trouvé le moyen de se faire un allié de Goldbeck... Jusqu'au jour où, après deux mois de cette mission impossible, Boleslawski, n'en pouvant plus, tombe malade. Selznick, alors, rapatrie la production au studio, avec une bonne provision de sable de l'Arizona pour assurer des raccords que celui de Californie, d'une couleur différente, ne saurait assurer. Enfin, le film s'achève tant bien que mal et Marlene peut partir pour Londres. Avec Maria bien sûr, Nellie qui lui est toujours indispensable, sa Cadillac et une soixantaine de bagages marqués à ses initiales. Là-bas l'attendent le producteur Alexander Korda et un salaire qui dépasse toutes ses espérances. Elle a connu jadis à Berlin cet exilé hongrois, quand il y réalisait *Une du Barry moderne*, un film dans lequel elle-même avait un rôle. Quittant l'Allemagne nazie, il a préféré l'Angleterre à l'Amérique. Marlene est ravie de pouvoir quitter Hollywood, de revenir en Europe, de se rapprocher de Rudi et de retrouver le plus aimable et le plus tendre de ses amants, Brian Aherne. Sur le *Normandie*, qui lui fait traverser l'Atlantique, elle occupe la somptueuse suite *Deauville*, assiste à une projection de *Désir*, qu'elle n'a encore jamais vu et qu'elle critique à voix haute au milieu du plus chic des publics. Rudi, lui, prend le train pour Le Havre, où il accueille sa femme qui passe par Paris avant de rejoindre Londres.

Le cinéaste français Jacques Feyder a été choisi par Korda pour réaliser *Le Chevalier sans armure*. C'est donc un homme talentueux, aimable, à mille lieues des folies hollywoodiennes, qui a la charge de diriger Marlene en comtesse russe sauvée de la révolution bolchevique par des officiers fidèles au tsar. Feyder, qui lui aussi a eu l'occasion de filmer Greta Garbo, est assez habile pour ne pas se heurter à une actrice qui a la réputation d'être des plus difficiles. Il se montre attentif, prévenant, écoute ses suggestions et tente de servir au mieux sa beauté. Cela ne lui est pas trop difficile parce que Marlene, tout heureuse d'être en Europe, est d'excellente humeur. Elle adore Londres, son parfum aristocratique, sa noblesse, sa culture. Hors de Hollywood, elle se sent en vacances et ne s'investit que modérément dans ce film auquel elle n'accorde que peu d'importance. Elle s'entend aussi très bien avec la scénariste Frances Marion et avec son partenaire Robert Donat, dont la fragilité asthmatique l'émeut et qu'elle veut à tout prix soigner. Cela sans idylle entre eux, avec seulement une délicate amitié. Par ailleurs, Marlene est occupée avec Douglas Fairbanks Jr, qui passe de nombreuses nuits avec elle dans la suite qu'elle occupe au Claridge. Selon les bonnes traditions des amours dietrichiennes, il s'échappe à l'aube par l'escalier de secours. Marlene sort beaucoup, fréquente le duc et la duchesse de Kent, encourage le roi Edward VIII à préférer son trône à ses amours et se désole quand il abdique. Rudi, Tamara et Maria passent quelque temps avec elle dans le palace, avant de faire un court séjour près de Salzbourg.

Maria, à onze ans, va pour la première fois à l'école. Elle qui a toujours vécu près de sa mère et n'a jamais eu d'amis de son âge entre en pension, dans une institution suisse renommée plus pour la qualité de ses élèves que pour celle de son enseignement. Brilliantmont est un haut lieu du jeune gratin international et Maria y est plutôt contente de devenir une fille comme une autre. Sa mère l'étouffe et la séparation ne lui est pas douloureuse. En Angleterre, elle est un peu perdue, sans ses repères hollywoodiens, son aisance à vivre dans le monde des grands studios. A Paris, elle n'a pas sa place non plus, entre son père, qui joue les éducateurs rigoureux, et Tamara, dont la santé mentale se dégrade et que Rudi, assez cruellement, considère comme une enfant qu'il lui faut assumer. L'exil de Maria satisfait les trois parties : le père envoie enfin sa fille à l'école, la mère est libre de profiter de Londres et de ses nouvelles amours, l'Enfant voit s'ouvrir devant elle de nouveaux horizons.

Marlene a donc cédé. Elle accepte enfin de laisser Maria prendre le large, parce qu'elle-même y trouve son compte : sa fille, à dire vrai, l'encombre ; elle est trop grande, trop grosse, n'a pas une beauté digne de celle de sa mère et met trop en évidence son âge. Cependant, Maria lui manque. N'a-t-elle pas l'habitude de l'avoir toujours à sa disposition, comme assistante, comme confidente ? Alors elle lui téléphone, à n'importe quelle heure, exige qu'on la fasse sortir de classe afin qu'elle puisse lui dire combien elle l'aime, combien elle est malheureuse sans elle, et lui raconter quelques anecdotes du tournage ou de sa vie mondaine, des histoires de princes et de princesses britanniques. Marlene a besoin que Maria l'écoute. Marlene a toujours besoin qu'on l'écoute, qu'on l'admire. Elle est le centre du monde et il ne faut pas que Maria l'oublie. Marlene, qui n'avoue jamais son âge, veut être jeune et belle éternellement. A Londres, mieux qu'à Hollywood, elle jouit de sa gloire. Lorsqu'elle apparaît dans une soirée, somptueusement enveloppée dans une des nombreuses tenues que Travis Benton a créées pour elle, elle est Hollywood. Des foules se pressent autour d'elle, clamant son nom, réclamant des autographes, dès qu'elle se montre en public, à l'occasion de la première d'un film ou d'une pièce de théâtre, où l'accompagne Douglas Fairbanks Jr, qui est son chevalier servant officiel (elle s'est installée dans un appartement de l'immeuble où il habite, à Grosvenor Square).

Des prostituées l'assaillent, une nuit, dans une rue où elle est avec Rudi et Sternberg, au sortir du cinéma, non par méchanceté comme elle le croit d'abord, mais pour s'emparer de ses gants, ainsi transformés en reliques et peut-être ensuite révérés dans quelque bordel de Piccadilly... Même l'ambassadeur d'Allemagne lui fait les yeux doux, lui expliquant que le Führer serait ravi de la voir revenir au pays. A Paris aussi elle est reine. Elle y fait plusieurs séjours, descendant au George V, où Rudi la rejoint, Maria aussi à l'occasion de quelques vacances. On la guette à la sortie de son hôtel, on la fête chez les grands couturiers, on est à ses petits soins dans les grands restaurants. Colette, l'écrivain qui habite au Palais-Royal, l'invite à prendre le thé. Gertrude Stein, qui est une sorte d'ambassadrice de l'Amérique dans le Paris littéraire, fait de même. Peut-être n'est-ce pas un hasard si ces deux grandes dames de la littérature sont connues pour aimer les dames plus que les messieurs.

L'Europe, ce serait le paradis, si le cinéma ne continuait pas à jouer de mauvais tours à Marlene. *Le Chevalier sans armure* n'est pas le succès qu'espérait Korda et ce n'est pas ce film qui va redorer le blason de la star au box-office. Le fait qu'elle y prend un bain, nue (mais dissimulée par la mousse), ne suffit pas à en faire un événement commercial. Pas plus que *Le Jardin d'Allah*, qui vient de sortir à New York et n'a pas emballé la critique. Certes, Marlene a reçu des éloges pour sa prestation et sa beauté, mais le public ne se précipite pas dans les salles. A Hollywood, où pourtant la Paramount l'attend pour lui faire tourner un nouveau film en application du contrat qui les lie encore, nombreux sont ceux qui disent qu'elle est finie, qu'elle ne retrouvera jamais de grand succès, qu'elle appartient désormais à l'histoire du cinéma. Korda, lui, s'est quasiment ruiné avec *Le Chevalier sans armure* et s'il peut encore mettre en chantier un film, c'est grâce à Marlene : elle lui fait grâce d'une coquette somme qu'il lui doit encore, à condition toutefois qu'il confie *Moi, Claudius*, dont le scénario est tiré d'un roman célèbre de Robert Graves, à Sternberg. Car l'extravagante Marlene a sa générosité et ses fidélités et Jo n'est pas au mieux de sa forme, après avoir tourné sans elle deux films qui n'ont pas remporté un grand succès. Ce ne sera pas assez pour le tirer d'affaire : le tournage se passe si mal que Korda préfère l'interrompre en profitant d'un accident dont est victime son actrice, Merle Oberon, et des indemnités payées par l'assurance qui couvre le film.

Marlene rentre en Amérique, avec Maria et la Cadillac. Douglas Fairbanks Jr, lui aussi, traverse l'Atlantique pour devenir le nouveau *Prisonnier de Zenda*, dans un remake mis en œuvre par Selznick. Marlene d'ailleurs, maintenant, est américaine. Le 6 mars 1937, elle acquiert enfin la nationalité qu'elle a demandée, quoiqu'elle doive encore attendre avant de disposer d'un passeport américain. Les nazis sont furieux de ce qu'ils prennent comme une insulte à l'égard du Reich. Ils n'ont pas tort, car c'est bien de cela qu'il s'agit : Marlene, qui aide du mieux qu'elle peut les réfugiés qui arrivent d'Allemagne, considère Hitler comme un monstre menant l'Allemagne à l'horreur et mettant en danger le monde. C'est avec un autre opposant au nazisme, Ernst Lubitsch, qui a retrouvé grâce à un retournement de situation le pouvoir qu'il avait perdu à la Paramount, qu'elle tourne *Angel*, un film adapté d'une pièce à succès et dont le titre rappelle opportunément celui qui a fait sa gloire. L'ange de Lubitsch n'a pas le caractère sulfureux et émouvant de celui de Sternberg, mais il n'est pas plus moral. C'est une élégante lady (habillée par Travis Benton et coiffée par Nellie, comme il se doit), qui trompe son mari à Paris dans une maison de rendez-vous. Le scénario, filandreux, ne donne pas d'épaisseur aux personnages et la brillante légèreté dont Lubitsch a fait preuve dans ses meilleurs films ne fait pas ici de miracle, avec une Marlene qui n'est pas assez souple et deux acteurs sans envergure, Herbert Marshall et Melvyn Douglas.

Comble de malchance, le film est encore en plein tournage quand l'association des propriétaires de salles indépendants des grandes compagnies publie dans la presse une annonce publicitaire qui jette l'anathème, pour raisons commerciales, sur cinq des plus grandes actrices de l'époque, déclarées « poisons du box-office ». Marlene y est nommée en compagnie de Joan Crawford, Bette Davis, Greta Garbo et Katharine Hepburn. C'est assez pour refroidir les employeurs de ces dames. La Paramount décide de mettre Marlene en vacances, tout en lui versant une somme confortable pour la dédommager de la suppression du film qui jusqu'alors était prévu pour elle. Et pas un autre studio n'est prêt, bien sûr, à prendre des risques avec une actrice ainsi marquée du sceau de l'infamie cinématographique. Elle hausse les épaules : ce n'est pas elle qui est à condamner quand les films qu'on lui fait tourner sont exécrables. D'ailleurs, elle ne se prive jamais de le dire. Comme elle n'est plus amoureuse de Douglas Fairbanks Jr, qui lui aussi, comme tant d'autres, a eu l'impudence de se montrer jaloux, rien ne la retient en Amérique et elle repart pour sa chère Europe. Laissant derrière elle *Angel* aux prises avec les censeurs du « code de la pudeur » hollywoodien, choqués par plusieurs scènes et par l'immoralité générale d'une histoire dont l'héroïne, sans mauvaise conscience, se partage entre deux hommes.

En ce début de l'été 1937, Marlene retrouve à Paris son mari, le fidèle Rudi, toujours disponible pour s'occuper d'elle. Il l'installe au Lancaster, un hôtel de grand luxe, mais plus intime que le George V, le Plaza Athénée ou le Ritz, qui pourraient aussi accueillir une telle star. Mais ce n'est pas assez pour assurer la tranquillité d'un « poison du box-office » qui ne manque pas de fans en France. Sa présence rue de Berri est vite connue dans la capitale et plus d'une fois on risque l'émeute quand Rudi arrive au volant de la belle Packard qu'il vient de s'offrir pour conduire sa belle. Maria se souviendra longtemps de la fureur de son père quand les manants se précipitaient sur sa limousine au risque d'en rayer la peinture verte qu'il avait fait étudier spécialement pour elle. Chômeuse de luxe, Marlene se livre à une de ses occupations favorites : la visite des salons de haute couture, et particulièrement de celui d'Elsa Schiaparelli, une fameuse couturière dont elle s'est entichée.

Puis elle s'installe en Autriche, non loin de Salzbourg, où elle retrouve parfois son beau chanteur Hans Jaray. Dans la maison qu'elle a louée, elle s'invente un nouveau rôle, celui d'une fermière en costume folklorique. Elle oblige Rudi, Maria et Tamara à se déguiser comme elle. Même le garde du corps de Maria, qui fait partie de l'équipée européenne, est obligé de porter un chapeau tyrolien pour ne pas être licencié sur-le-champ. Elle ne va pas tout de même pas jusqu'à s'occuper elle-même de la vache qui, dans son étable, assure l'authenticité du spectacle. Il y a pour cela de vrais paysans, du moins jusqu'au moment où un petit veau s'annonce. Alors, l'occasion est trop belle et Marlene met un tablier, relève ses manches et prend l'affaire en main devant un fermier pétrifié. Comme le nouveau-né a des difficultés à sortir du ventre de sa mère, elle le lubrifie avec le contenu d'un flacon de lotion faciale signé Elizabeth Arden. Et c'est efficace !

L'Autriche, c'est aussi pour Marlene l'endroit le plus commode pour revoir Josephine et Liesel, sa mère et sa sœur, qui vivent encore en Allemagne, un pays où il n'est pas question qu'elle-même se rende. Marlene, une fois encore, essaye de convaincre les deux femmes de s'installer dans un autre pays, mais elles ne veulent rien entendre. Josephine, parce qu'elle ne trouve pas la situation si terrible que sa fille le dit ; Liesel, parce qu'elle est soumise à sa mère, n'ose pas la contredire, et parce que son mari et son fils sont des partisans de Hitler. Comme le cousin Otto, qui a des fonctions importantes dans le parti national-socialiste.

La vie à la ferme ne saurait durer trop longtemps et Marlene, la plupart du temps conduite par Rudi dans sa Packard, court l'Europe pendant que Maria, Tamara, Nellie, le garde du corps et un couple de domestiques vivent la vie bucolique de la campagne autrichienne. On la voit à Londres et à Paris, où elle va voir dans son atelier le grand sculpteur Alberto Giacometti. Elle laissera entendre qu'elle lui a accordé, en s'agenouillant à ses pieds, quelque faveur dont elle fut remerciée par le don d'une œuvre (mais peut-être est-ce là une des fabulations dont elle a gratifié Maria et ses autres futurs biographes). A Venise, elle descend avec Rudi dans un palace du Lido, où Sternberg les rejoint. Les deux hommes sont les témoins d'une rencontre des plus importantes, celle de Marlene et de l'écrivain Erich Maria Remarque. L'auteur du best-seller mondial *A l'ouest rien de nouveau* est allemand comme elle. Exilé lui aussi. Mais encore plus mal vu qu'elle par les nazis, qui n'ont pas tort de voir en lui un opposant déterminé à tout ce qu'ils incarnent. Il a de l'allure et du prestige, du charme et de l'intelligence. La Première Guerre mondiale l'a rendu pacifiste et a fait sa gloire, car il est de ceux qui ont su le mieux en dire l'horreur absurde. Ce n'est pourtant pas le danger qui fait peur à ce passionné de vitesse automobile, qui lui-même a plaisir à conduire des bolides. Amateur d'art aussi, il possède une belle collection de tableaux, parmi lesquels quelques Cézanne et bon nombre de chefs-d'œuvre de l'impressionnisme. Marlene s'intéresse moins à la peinture qu'à la musique et à la littérature, mais elle apprécie la culture, qui est le plus souvent signe de distinction européenne, bien contraire à la grossièreté ordinaire du personnel hollywoodien. Voici donc un homme auquel elle peut réciter, alors qu'ils marchent le long de la plage du Lido, des pages entières de Goethe et de Rilke – et ce n'est pas pour elle une mince complicité. Remarque est, bien sûr, impressionné par cette star lettrée, qui ne joue pas à la reine avec lui et fait preuve à son égard d'une estime qui n'aurait aucune raison de n'être pas sincère. Elle a lu son fameux livre. Elle lui en parle avec d'autant plus d'émotion qu'il lui rappelle les années de la guerre, la douleur de sa mère et l'atmosphère de deuil qui a marqué l'adolescente qu'elle était. Elle n'a pas vu le film qui a été tiré du livre et qui, lui aussi, a remporté un très grand succès. Peu importe. C'est le livre qui compte. Marlene, à Venise, est donc amoureuse. Elle l'est encore à Paris, où elle retrouve Remarque, après avoir clos l'épisode de la ferme autrichienne, alors que Jo tente, à Vienne, de mettre sur pied une adaptation du *Germinal* de Zola.

Le maître de la propagande nazie, le Dr Goebbels, ne se résigne pas encore à la voir refuser toutes ses offres. Il reprend contact avec elle, par l'intermédiaire de l'ambassade d'Allemagne à Paris, et lui propose une nouvelle fois gloire et fortune dans son pays natal. Elle serait la reine de Berlin, la déesse de la UFA, la figure féminine d'un régime dont Hitler est le pôle masculin. Le Führer lui-même, qui est un fan de *L'Ange bleu* (malgré l'anathème jeté par sa censure sur ce film « immoral »), serait prêt à lui offrir la place d'Eva Braun, sa blonde compagne. C'est mal connaître Marlene que de croire qu'on peut la faire fléchir quand elle a décidé du contraire ; et si elle n'est pas plus violente dans le refus qu'elle oppose aux émissaires du Reich, c'est parce que sa mère et sa sœur vivent encore à Berlin, où elles pourraient en pâtir. Mieux vaudrait pour elles qu'elles quittent leur pays tant que cela est possible et jusqu'à ce qu'il retrouve la raison. Mais Josephine, qui est devenue à la mort de l'oncle Willi la doyenne de la famille Felsing, ne veut pas abandonner ses responsabilités dans l'affaire familiale que ses aïeux ont si bien menée. Elle non plus ne veut pas fléchir. C'est qu'on a la tête dure dans la famille Dietrich. Quant à Liesel, qui se montre lucide sur le nouveau régime, elle est soumise à une mère dont elle ne peut que suivre l'exemple et elle n'imagine pas qu'elle pourrait quitter son mari et son fils qui, eux, n'auraient pas les mêmes raisons de partir.

Il faudrait d'autres sirènes que celles que manipule Goebbels pour enchanter Marlene. Elle a trop l'instinct de sa liberté. Et, plus qu'une conscience politique, une lucidité qui l'empêche de prendre les vessies de la propagande pour les lanternes du bonheur futur. Une morale aussi, un sens de la dignité humaine. Ce n'est pas par caprice ou astuce publicitaire qu'elle a demandé la nationalité américaine. Au moins les choses sont claires et c'est de l'ouest que Marlene attend quelque chose de nouveau, un passeport qui la libérera de ses liens avec l'Allemagne, à l'administration de laquelle elle doit toujours se référer. Un passeport qui fait encore plus rêver Maria, car l'Enfant a trouvé à Hollywood sa patrie : elle se sent déjà américaine, et fière de l'être.

LA VÉRITABLE MARLENE DIETRICH

Le cinéma américain a beau bouder Marlene, cela ne l'empêche pas de reprendre sa vie de star à Beverly Hills, où elle partage un bungalow avec Remarque. Si elle ne se montre pas dans les studios, elle est de toutes les grandes circonstances mondaines, entourée d'une cour brillante, accompagnée de chevaliers servants, ou de « chevalières »... Remarque n'a pas l'exclusivité. Douglas Fairbanks Jr reste un proche, après avoir accepté de perdre son rôle majeur. Henry Fonda, dont l'étoile monte dans le ciel du cinéma, est un nouveau membre du cercle dietrichien. Dolores del Rio est une amie fidèle. Cela n'empêche pas Marlene de mener parallèlement une vie plus discrète en se montrant particulièrement attentive aux difficultés des exilés allemands. Une préoccupation qu'elle partage avec Ernst Lubitsch. Celui-ci est encore plus qu'elle actif dans cette opération de solidarité anti-nazie. Sans doute n'ont-ils pas gardé un excellent souvenir d'une collaboration cinématographique qui n'a pas eu le succès qu'ils pouvaient en attendre, mais il y a entre eux, malgré les agacements, trop d'estime réciproque et de souvenirs berlinois pour que leur amitié ne soit pas réelle.

Une telle vie ne pourra pas durer longtemps, elle le sait. Il faut qu'elle travaille, afin de maintenir un train de vie qu'elle n'a aucune envie de diminuer. Mais c'est de Paris surtout que maintenant elle attend des nouvelles. Rudi s'y efforce de monter un projet dans lequel elle pourrait prendre un nouveau départ. Elle veut bien être américaine, mais l'Europe lui tient à cœur et si l'occasion de s'y installer lui était donnée, elle en serait heureuse. Heureuse pour elle et pour Maria, dont elle ne veut pas qu'elle devienne trop américaine et qui apprend l'Europe dans son école suisse. Remarque, lui, écrit un roman, *Arc de triomphe*, dont l'héroïne Joan Madou est, à l'évidence, inspirée de sa nouvelle compagne.

160

LA VÉRITABLE MARLENE DIETRICH

Le contrat qui lie Marlene à la Paramount expire en février 1938. Jusque-là elle doit être disponible pour la compagnie. On lui parle bien quelquefois d'un film qui pourrait se faire avec elle, mais rien de sérieux. Puisqu'elle a été déclarée « poison du box-office » il faut, quitte à la faire revenir sur les écrans, frapper un grand coup, afin de renverser la tendance. Mais quel scénario ? Quel réalisateur ? Quel partenaire ? Le temps passe et rien ne se fait. Frank Capra, un cinéaste qui, lui, est aimé du box-office, a le projet de tourner pour la Columbia un film sur Chopin, dans lequel Marlene serait George Sand. On lui rit au nez. Devant l'opposition des producteurs, il a beau déclarer que si ce n'est pas elle qui incarne l'écrivain, il ne fera pas le film, rien ne fléchit les financiers entêtés. Dommage, se dit-on aujourd'hui : Marlene, Capra, Chopin et George Sand...

Le temps passe et rien ne se fait. Marlene, toujours somptueuse et fêtée par le public chaque fois qu'elle apparaît, s'impatiente. Elle trouve que la Paramount se moque d'elle et cela l'agace. Alors, autant ne pas se morfondre en attendant qu'on veuille bien s'occuper d'elle. Autant profiter de la célébrité qui lui prouve que la star qu'elle est n'est pas encore bonne à être rangée au magasin des accessoires. Autant bien vivre, entourée de ceux et celles dont l'amour, l'amitié, l'affection, l'estime lui prouvent qu'elle est vivante. Mais l'inquiétude parfois prend le dessus. L'ennui aussi, la nostalgie de l'Europe, l'absence de Maria, qu'elle aime avoir à ses côtés, qui est depuis longtemps sa plus constante compagne. Elle l'écrit à Rudi.

La Paramount, enfin, prend une décision. Elle ne fera plus aucun film avec Marlene, qu'elle libère de tout engagement. Comme c'est la compagnie qui ne remplit pas le contrat qui les liait, elle paie très cher cette rupture. La star, qui au moins aura de l'argent devant elle,

161

peut maintenant prendre le bateau pour l'Europe, afin de retrouver à Paris Maria et Rudi. Mais la petite famille ne se reconstitue pas comme elle le faisait lors des précédents voyages. Marlene s'installe de nouveau au Lancaster, tandis que Maria, après avoir quitté sa pension suisse, est exilée à l'hôtel Windsor, où une gouvernante, engagée pour la circonstance, s'occupe d'elle, lui tient compagnie et lui fait faire quelques devoirs. En fin de matinée, l'adolescente retrouve sa mère et l'aide à s'habiller en tendant plus ou moins l'oreille à ce constant monologue qui, le plus souvent, tient lieu pour elle de conversation. Marlene cultive désormais à l'égard de sa fille une discrétion nouvelle. Elle la trouve maintenant trop grande pour en faire le témoin de sa vie amoureuse. Le fait qu'elles ne partagent pas le même hôtel lui laisse les coudées franches pour occuper ses soirées et ses nuits comme elle l'entend. Et pas toujours accompagnée de Rudi, qui a parfois quartier libre et en profite pour fréquenter de jolies jeunes femmes, souvent recrutées parmi les starlettes qui papillonnent du côté des studios de cinéma où il a ses entrées. Car Tamara fait des séjours de plus en plus fréquents dans des cliniques diverses. Ou bien, quand elle est là, elle est considérée par Marlene et Rudi comme une enfant un peu attardée, encombrante, mais dont il faut bien assumer la charge.

Selon Marlene, Maria, qui n'est plus une enfant, peut désormais se faire une idée plus précise des liaisons de sa mère, mais elle est encore trop jeune pour faire face à la réalité. Il faut la préserver de ce qui pourrait la choquer, lui donner de mauvaises idées, l'empêcher de devenir une jeune fille exemplaire. Cette attention est d'autant plus drôle que la gouvernante de Maria, qui se déguise fort bien en vieille fille dans la journée, se métamorphose, le soir, en une créature séduisante pour faire des passes dans une maison close, tandis que la jeune fille dont elle a la charge, consignée au bar, sirote des boissons alcoolisées. Maria n'en dit rien à ses parents, parce qu'elle a l'habitude d'entretenir, avec les personnes employées pour s'occuper d'elle, une complicité à laquelle chacun trouve son compte, l'un l'autre se protégeant ainsi mutuellement contre les foudres de Marlene et Rudi, qui sont toujours promptes à se déclencher.

Un jour, Maria est présentée à l'homme qui a les faveurs de sa mère. « Les faveurs », ce n'est peut-être pas le mot qui s'impose. Du moins, si l'on en croit Marlene (et Maria, qui s'en est fait l'interprète) : Erich Maria Remarque lui aurait avoué, dès leur première rencontre au Lido, qu'il est impuissant et cette information aurait été loin d'avoir un effet négatif sur une femme qui prétend toujours qu'elle n'aime guère faire l'amour avec un homme.

Eté 1938. L'Europe est malade, mais elle ne sait pas encore à quel point. Marlene, entourée de sa cour, descend dans le Midi. Elle s'installe au Cap d'Antibes, dans un des plus beaux palaces de la Côte d'Azur. La côte méditerranéenne, qui jouit d'une renommée encore assez fraîche, est le nouveau paradis des gens chics et riches. Là, le luxe a des délicatesses que ne connaît pas la Californie. Dans un paysage qui n'est pas encore abîmé par l'explosion immobilière, les palmiers s'épanouissent au soleil, la mer est accueillante, quoique moins bordée de grandes plages ; mais c'est l'Europe, cette Europe à laquelle Marlene est toujours consciente d'appartenir. Elle règne, mais ne se baigne guère, du moins dans la mer. Elle est peu nageuse, n'aime pas trop s'exhiber en public sans ses atours de star et craint pour sa coiffure, que Nellie n'est pas là pour entretenir à chaque instant. Au soleil, elle montre plus d'audace, car le bronzage devient à la mode en un temps où l'on découvre les joies de la nature, où les corps sont moins contraints par les vêtements. L'exposition, mesurée, à l'astre rayonnant a la réputation d'être aussi bonne pour la santé que pour l'esthétique et Marlene tente l'expérience. Pour cela, il lui faut résoudre un problème qui toujours la tracasse, celui de ses seins. Depuis la naissance et l'allaitement de Maria, ils ne se tiennent pas aussi bien qu'ils le devraient et les maillots de bain des dames de l'avant-guerre ne bénéficient pas encore d'équipements permettant de les soutenir. Mais Marlene a des idées et des relations : une couturière astucieuse réalise pour elle des maillots à soutien-gorge incorporé qui lui permettent d'apparaître en toute splendeur. A condition toutefois que Maria l'enduise d'une préparation destinée à protéger la peau des ardeurs du soleil et à en faciliter la coloration. L'iode et l'huile d'olive en sont les principaux composants. Encore Marlene, peu patiente par nature, n'abuse-t-elle pas d'une telle inactivité. Elle est plus à l'aise dans les salons et les jardins de l'hôtel, en tenue rose de Schiaparelli, avec quelques admirateurs et une bouteille de champagne à proximité.

Sternberg réfléchit à quelques projets qui relanceraient sa carrière. Ou bien, avec Rudi, l'un et l'autre toujours soucieux de l'avenir de leur idole, il étudie de vagues projets qui pourraient la remettre en selle. Rudi regarde attentivement quelques jolies personnes, mais ne les courtise que du bout des lèvres. Non à cause de Tamara, qui fait aussi partie de la bande en cultivant sa mélancolie résignée et passablement humiliée, mais en raison de la présence de son épouse. Marlene, en effet, ne lui autorise aucune incartade : il doit être encore, aux yeux de tous, Monsieur Dietrich. Remarque, lui, continue d'écrire *Arc de triomphe* en hommage à sa belle et terrible amie. Les nouvelles, qui viennent d'une Allemagne prise dans le tourbillon de la folie nazie, contribuent aussi à l'assombrir. Il boit de plus en plus et se précipite, la nuit, au volant de sa voiture de sport sur les routes sinueuses de la côte. Quand il disparaît trop longtemps, Marlene, qui s'inquiète en se souvenant de la chute alcoolique de John Gilbert, envoie Rudi à sa recherche avec quelque acolyte. Ils font le tour des bars plus ou moins louches de la région, jusqu'à ce qu'ils puissent ramener l'écrivain, qui n'est pas toujours capable de conduire son bolide, au Cap d'Antibes. Au cours des grands repas, qui réunissent cette fine équipe et quelques autres personnalités passant l'été dans la région, Rudy et Remarque rivalisent de raffinement gastronomique et œnologique.

L'ambassadeur des Etats-Unis en Grande-Bretagne passe lui aussi ses vacances dans ce coin de paradis méditerranéen, en famille. Une famille nombreuse, dont l'un des garçons, un beau gosse prénommé John, est aussi galant avec Marlene qu'aimable avec Maria. John Fitzgerald Kennedy sera, quelques décennies plus tard, le président du pays dont Marlene est maintenant citoyenne. Elle se laisse volontiers courtiser par l'ambassadeur, qui est bel homme et amateur de jolies dames. La liaison qu'il eut avec une autre star, Gloria Swanson, lui a donné du prestige dans le monde du cinéma. Celle qu'il entretient avec la mafia, en revanche, ne sera connue que plus tard. Marlene, engagée dans une de ces amitiés flirteuses dont elle a le secret, lui parle surtout de politique. Car Joseph Kennedy, à l'instar des dirigeants britanniques, fait partie de ceux qui ne comprennent pas qu'il ne faut rien céder à Hitler. Au contraire de Marlene, qui depuis longtemps est pessimiste, ainsi que son ami Remarque. Ils ont bien compris, l'un et l'autre, qui est Hitler et où il entraîne l'Allemagne et l'Europe. Les vacances sont terminées et chacun retourne à Paris ou à Londres. Voici que les accords de Munich donnent aux plus naïfs l'espoir que les menaces de guerre s'éloignent, alors que les plus lucides voient venir la catastrophe.

LA VÉRITABLE MARLENE DIETRICH

L'Europe glisse vers la guerre et Marlene ne s'en lave pas les mains. Elle est, certes, quasiment américaine et pourrait entraîner Rudi, Maria et Tamara aux Etats-Unis, mais plus personne ne lui propose d'y travailler. Toujours pas de film en vue, pas plus à Paris qu'à Hollywood, et le magot de la Paramount ne va pas durer longtemps, au rythme auquel il est dépensé. Ce n'est tout de même pas une raison pour faire des économies. D'ailleurs, n'aurait-elle pas l'air encore plus *has been* si elle restreignait son train de vie ? La voici donc de nouveau à Paris, à l'hôtel Lancaster, tandis que Maria retrouve le Windsor, mais avec une autre gouvernante, plus austère que la précédente. Puis la star revient à Beverly Hills, avec Remarque, pour se rappeler aux bons souvenirs des producteurs. Darryl Zanuck, le maître de la Twentieth Century Fox, qui semble prêt à rompre la malédiction du « poison du box-office », a peut-être un rôle pour elle, mais le projet tombe à l'eau parce qu'une autre actrice, Mirna Loy, lui est préférée. Remarque n'a pas de chance non plus, car le film qui aurait dû être tiré de son roman *Trois camarades* passe lui aussi à la trappe. Et comme il se sent encore plus exilé à Hollywood que partout ailleurs, il boit. De plus en plus, et le spectre de John Gilbert hante Marlene, qui met toute son énergie à faire, quoi qu'il en soit, bonne figure.

Maria, elle, vit quelque temps chez son père avant de retourner dans la pension suisse où elle ne restera que jusqu'aux vacances de Noël et ne retournera pas ensuite. Curieusement, c'est dans un autre hôtel avec une autre gouvernante qu'elle attend que sa mère débarque de nouveau au Havre. Sans doute Tamara est-elle trop mal en point et Rudi trop préoccupé pour garder sa fille avec lui. Mais Maria a appris à ne pas se poser de questions, encore moins à en poser à ses parents. Sa mère devrait revenir en février et elle l'attend, mais Marlene est bloquée aux Etats-Unis pour une sordide histoire d'arriérés d'impôts. Rudi vient à sa rescousse pour tenter de régler l'affaire, qui semble avoir trouvé une conclusion quand Marlene, enfin, prête son serment de citoyenne américaine. Ils se présentent alors tous les deux, avec les innombrables bagages de la star, à l'embarquement du *Normandie*, en juin 1939, prêts à passer de nouveau d'agréables vacances au Cap d'Antibes, où ils étudieront plusieurs projets de films pour lesquels Rudi a réussi à s'entremettre. Mais le fisc, moins attendri qu'on le croyait, dépêche deux de ses agents sur le quai, bloque les bagages, réclame environ cent cinquante mille dollars à Marlene et menace de retenir Rudi en otage. Elle monte sur ses grands chevaux, passe quelques coups de fil à des personnalités qu'elle connaît et dont elle pense qu'elles pourraient intervenir en sa faveur. En fin de compte, devant l'entêtement des fonctionnaires, elle leur tend en un geste royal, comme si elle leur faisait l'aumône, la parure d'émeraudes qui est son bijou préféré, ainsi que quelques autres babioles parées de diamants ou de pierres précieuses. Et le *Normandie*, dont les passagers et l'équipage ont été divertis par la scène qui s'est jouée devant eux, largue les amarres avec une heure de retard. Remarque, lui, prend un autre navire, pour regagner l'Europe où il préparera l'expédition de ses collections vers les Etats-Unis. Pour lui, la guerre ne fait plus aucun doute et tant pis s'il n'aime pas l'Amérique !

Marlene est toujours heureuse de retrouver Paris. Heureuse aussi de revoir Maria, dont elle dit toujours qu'elle lui manque beaucoup. D'autant plus heureuse, en ce dernier été dont personne n'ose prévoir qu'il est le dernier avant la guerre, que Paris semble prêt à lui offrir ce que Hollywood ne pense même plus à lui proposer : elle pourrait en effet, bientôt, interpréter le rôle principal de *Dédée d'Anvers*, qui sera réalisé par Pierre Chenal et dont la vedette masculine sera Jean Gabin, un acteur qui s'est récemment illustré dans *La Grande Illusion* de Jean Renoir et *Quai des brumes* de Marcel Carné. Jean-Alexis Moncorgé, qui a deux ans de moins qu'elle, a emprunté à son père, chanteur d'opérette, son nom de scène quand il a fait ses débuts au théâtre, comme figurant dans des vaudevilles, avant de se faire remarquer auprès de Mistinguett sur les planches du Moulin-Rouge. De l'opérette il est passé au cinéma où il s'est construit un personnage de parigot, d'homme du peuple et de Paris, bon gars mais forte tête. Julien Duvivier a fait de lui le héros de *La Bandera* et de *Pépé le Moko*, deux rôles qui l'ont imposé au public. Marlene éprouve tout de suite une grande sympathie pour ce Parisien d'origine populaire, qui lui rappelle Maurice Chevalier. Un beau garçon aux épaules et au caractère solides. Un accent de bas quartiers. Un mélange très équilibré de sensibilité et de bon sens. Quelqu'un qui inspire confiance. Loin, très loin de la sophistication Mittel Europa qu'ont en commun Rudi et Jo.

Gabin passe ses vacances dans le Midi. Heureux hasard puisque Marlene et sa cour retrouvent le Cap d'Antibes. Rudi est, bien sûr, fidèle au poste. Remarque arrive d'Italie en Lancia. Sternberg ne rate pas le rendez-vous annuel. Le réalisateur Pierre Chenal et sa femme, l'actrice Florence Marly, qu'aime bien Marlene, viennent discuter du script. Gabin arrive, flanqué de Raimu, le plus provençal des acteurs français. Les Kennedy sont aussi au rendez-vous. Tout paraît donc aller au mieux dans le meilleur des mondes. Même la lecture peu réconfortante des journaux n'altère pas la bonne humeur qui règne autour de la table des déjeuners, si ce n'est celle de Remarque que le Dom Pérignon n'arrache pas à la mélancolie et qui prend assez mal l'affection dont Marlene fait preuve à l'égard de Gabin. Rudi doit recommencer à le chercher dans la nuit des bars. Marlene, ainsi rassurée par l'envoi d'un sauveteur, roucoule auprès d'une fascinante milliardaire androgyne qui vient d'ancrer son bateau devant l'hôtel. Jo Carstairs doit sa fortune au whiskey canadien et ce n'est pas un simple yacht qui l'a amenée du large. C'est un trois-mâts qui excite l'imagination de Maria, la fait rêver de courses au large et de corsaires héroïques. Jo Carstairs est de ces êtres dont il est évident qu'ils n'appartiennent pas au commun des mortels mais à une classe de demi-dieux dont on fait les stars, les princes et les pirates et qui nourrissent les plus belles légendes. Marlene, qui depuis ses jeunes années berlinoises a toujours fait preuve d'un certain goût pour les travestis et qui a été une pionnière du port du pantalon, a d'abord été séduite par un svelte marin commandant la manœuvre de son bateau. Elle a eu aussitôt envie de le connaître, de lui demander de se joindre à sa bande et elle s'est amusée, réjouie, de le voir se transformer, au fur et à mesure qu'il s'approchait, en une séduisante jeune femme. Très vite, elle a pris l'habitude, à ce moment où les estivants normaux font la sieste, de passer de longs moments sur le bateau oscillant dans la crique.

Un autre événement bouleverse les douces heures du Cap d'Antibes. C'est un coup de téléphone venu de l'autre côté de l'Atlantique. Joe Pasternak, un producteur qui l'a brièvement rencontrée à Berlin, où il l'a vue dans ses premiers rôles sur scène et à l'écran, au temps où *L'Ange bleu* ne lui avait pas encore donné tout son éclat, tient à parler à Marlene. A Hollywood, cet homme, qui est connu pour son flair, est un des pontes de l'Universal. Dans le western qu'il prépare pour un acteur de la nouvelle génération, James Stewart, il a un rôle pour Marlene. Un personnage qui ne manque pas de caractère et qui lui donnerait une image moins figée que celle qui, depuis Sternberg, lui colle à la peau. Une fille de saloon qui ne se laisse pas mener par le bout du nez. Marlene, agacée de se voir toujours proposer des rôles de gourgandine, lui répond aussitôt que s'il veut faire affaire avec elle, il faudra qu'il revienne avec une proposition plus sérieuse. Et, avec son franc-parler habituel, elle en parle à sa cour. Curieusement, Jo n'abonde pas dans son sens. En tirant sur sa pipe, il fronce le sourcil et prend l'air de génie prophétique qu'il sait si bien se donner quand il condescend à faire profiter quelqu'un de sa science. Marlene ne s'est pas montrée devant une caméra depuis deux ans et rien n'est pire pour une star que de disparaître de l'écran. D'autant plus que la proposition de Pasternak ne lui paraît pas absurde. Mieux vaut voir Marlene en chanteuse de western à la jambe leste qu'en une de ces créatures fades dont Lubitsch a le secret. Rudi est du même avis. Joseph Kennedy aussi. S'il y a encore un avenir dans le monde, c'est certainement plus aux Etats-Unis qu'en Europe. L'ambassadeur lui-même commence à croire à une guerre prochaine. Maria, si fière d'être américaine, se réjouit de revenir enfin dans ce pays dont elle n'a jamais douté qu'il était le sien. Ainsi la situation est-elle vite retournée. Rudi rappelle Pasternak, donne un accord de principe, annonce l'arrivée prochaine de la star.

Marlene part la première. Rudi, Maria et Remarque la suivent de peu. La jeune fille quitte l'Europe avec un dernier beau souvenir : la traversée de la France dans la Lancia de Remarque, qui a pour elle des délicatesses d'oncle amical et qui, une fois arrivé à Paris, l'emmène pour un dernier dîner de fête à la terrasse du Fouquet's. La fille, le mari, l'amant et la maîtresse du mari sont en pleine mer sur le *Queen Mary*, en ce terrible mois de septembre, quand la France et l'Angleterre entrent en guerre contre l'Allemagne.

Marlene, elle, est déjà à la tâche dans les studios d'Universal. *Destry rides again* (*Femme ou démon*) est une nouvelle mouture d'un film qui a eu jadis beaucoup de succès. James Stewart reprend le rôle créé par

LA VÉRITABLE MARLENE DIETRICH

Tom Mix. L'acteur, qui s'est fait remarquer dans deux films de Frank Capra, a des airs calmes qui le rendent peu crédible en bagarreur impénitent. Felix Jackson, le scénariste attitré de Pasternak (qui lui aussi vient de Berlin), arrange le scénario pour redessiner le personnage en lui donnant plus de subtilité. Rien du cow-boy viril toujours prêt à cogner ou à dégainer, chez ce gentil garçon, fils d'un héros malheureux (le Destry du titre) : il faut vraiment qu'il soit poussé à bout pour entrer dans la bagarre. Ce qui n'est pas tout à fait le cas de Frenchie, la fille jouée par Marlene, qui n'a ni sa langue ni ses mains dans sa poche et qui fait régner l'ordre dans le saloon de la *Dernière Chance*. C'est un rôle américain pour une Marlene américaine, sans l'exotisme de la sophistication européenne, un rôle qui fait appel à une part de sa personnalité cachée par l'image dont elle s'est masquée dans sa collaboration avec Sternberg. Friedrich Höllander, le compositeur dont Marlene a déjà chanté plusieurs fois les chansons depuis qu'il a accompagné ses débuts dans *L'Ange bleu*, retrouve une grâce qu'il n'a pas toujours eue en lui écrivant *See what the boys in the back-room will have* (*Va voir ce que veulent les gars dans l'arrière-salle*). Et comble de l'atteinte au mythe dietrichien de la star hautaine, elle oublie ses obsessions de chevelure et de miroir pour se lancer dans une bagarre remarquablement spontanée avec l'actrice qui est sa rivale dans le film, Una Merkel. Le réalisateur, George Marshall, leur dit d'y aller de bon cœur, sans leur donner plus d'instructions et les deux femmes se prennent si bien au jeu qu'elles rendent inutiles les deux cascadeuses prévues pour les doubler. Ce qui leur vaut de se couvrir mutuellement de bleus. Heureusement que le scénario, pour les séparer, leur envoie James Stewart chargé d'un seau d'eau dont il se fait un plaisir de les arroser. Il semble que deux années sans cinéma ont fait le plus grand bien à Marlene, qui retrouve une spontanéité qu'elle semblait avoir perdue et qui s'offre une brève idylle avec le beau et jeune James.

Destry est revenu régler ses comptes dans la petite ville de l'Ouest. Marlene aussi. Un producteur intelligent, qui connaissait son talent et ses ressources, lui a fait confiance, a cassé son image et a rappelé aux gens de cinéma comme au public que Marlene, avant d'être une idole, est une actrice. Ce que Lubitsch, auparavant, a essayé de faire, mais sans y parvenir. Pasternak, lui, a bien joué. Et gagné. Le box-office rend son oracle : c'est un triomphe. Tandis que le monde est pris dans une tourmente qui épargne encore les Etats-Unis, mais qui clôt une époque, Marlene peut assumer de nouveau fièrement son destin de star.

VI

LA GUERRE

MARLENE a réussi son retour au cinéma. Tous maintenant la trouvent belle, sexy, intelligente, talentueuse. Alors qu'elle aura bientôt trente-huit ans, elle prouve qu'elle n'est pas finie, contrairement à ce qui se disait un peu vite. A la Paramount, à la MGM, où l'on n'a pas su la garder, on se mord les doigts. Pasternak, lui, se frotte les mains. Il n'a aucune difficulté à convaincre la star ressuscitée de signer avec Universal un nouveau contrat pour deux films. Marlene n'hésite pas, car elle lui est reconnaissante de l'avoir sortie de l'ombre dans laquelle elle s'enfonçait. D'autant plus qu'elle a eu beaucoup de plaisir à jouer dans *Destry rides again*, un film dont le tournage a été le plus agréable, le plus simple et le plus rapide qu'elle ait connu. Sans drame. Sans rivalités. Sans discussions interminables. Le réalisateur, plein de tact, ne l'a jamais brusquée. L'opérateur a su l'éclairer comme elle le voulait. L'acteur a été charmant. Seul Erich Maria Remarque est venu promener sur le plateau son humeur sombre, d'autant plus sombre que Marlene n'avait d'yeux que pour James Stewart. Il a

175

tenté de glisser dans le film son aura d'écrivain célèbre en proposant à tout moment des dialogues dont on n'avait que faire. Ce n'est pas parce que le script s'écrivait de jour en jour, précédant de peu les caméras, qu'on avait besoin de ses idées. Frenchie, la fille de l'Ouest, a « relooké » Marlene, comme on dit aujourd'hui, en Américaine. Une Américaine qu'on voit sur un terrain de base-ball, casquette idoine sur la tête, pour un gala de charité, auquel participe aussi Carole Lombard. Une Américaine réconciliée avec le fisc, qui lui rend ses émeraudes et passe l'éponge sur une amende qui n'aurait été due qu'à une de ces erreurs dont les administrations sont souvent coupables... Une Américaine qui, n'oubliant pas l'Europe d'où elle vient et qui s'enfonce dans une drôle de guerre, aide comme elle peut les réfugiés. Une Américaine qui a fait venir dans son nouveau pays son mari, employé lui aussi par Universal, sa fille et son amant principal. Rudi bientôt s'installe avec Tamara à New York. Remarque écrit dans un bungalow du Beverly Hills Hotel, dans l'attente des rares moments où Marlene, qui a son propre bungalow, lui exprime le désir de le voir. Maria, dans le même établissement, occupe un appartement qu'elle partage avec la très masculine Violla Rubber, la nouvelle secrétaire que la star a empruntée à Jo Carstairs et à qui elle confie le soin de s'occuper de sa fille.

Pasternak n'a pas de temps à perdre, puisqu'il tient la poule aux œufs d'or. Il n'y a donc plus qu'à tourner un autre film, une autre histoire dans laquelle Marlene aura un rôle semblable à celui qu'elle vient de jouer. Celui d'une fille simple au grand cœur, une chanteuse encore, qui ne veut que le bien de l'homme qu'elle aime. Mais le cow-boy, cette fois-ci, est un officier de marine. Elle choisit elle-même l'acteur qui a la chance de lui donner la réplique. A dire vrai, le réalisateur Tay Garnett l'a choisi avant elle, mais il a eu l'habileté de les mettre en présence l'un de l'autre, au restaurant du studio. Marlene, voyant ainsi John Wayne pour la première fois, aurait aussitôt fait savoir au cinéaste que ce beau jeune homme était à son goût. Un goût qu'elle partage avec beaucoup de monde, depuis qu'il a fait une apparition éblouissante dans *La Chevauchée fantastique* de John Ford. Friedrich Höllander est de nouveau à la musique, avec le même parolier que dans le film précédent et quand Marlene, allongée sur une couchette de bateau, chante *We've been in love before* (*Nous nous sommes déjà aimés*), elle donne à tous les marins du monde d'excellentes raisons d'être amoureux d'elle. John Wayne n'y coupe pas, à l'écran comme en coulisses. Et Remarque de s'arracher les cheveux en pensant qu'un homme sensible ne devrait jamais aimer une actrice… Comme si Marlene était n'importe quelle actrice ! Il est vrai qu'elle a une façon d'aimer et d'être fidèle que peu d'hommes supportent. Aimer, pour elle, est une chose ; être amoureux en est une autre. Trop heureuse de plaire encore autant, elle ne voit aucune raison de ne pas s'offrir tous ses caprices. Et John Wayne, comme le fut James Stewart, n'est pas le plus ridicule des caprices. Il est lui-même fasciné par cette femme magnifique, dont les yeux bleus brillent quand elle le regarde, qui lui sert du bouillon de bœuf dans sa loge, lui fait de somptueux cadeaux, l'accompagne à la pêche et lui donne des livres à lire. Pourtant, selon Maria, il ne se passe rien d'autre entre eux qu'une sorte de flirt amical. Malgré tous les efforts de séduction déployés par Marlene, John Wayne lui résiste. Bon camarade, mais pas amant. Elle en est vexée et lui en tient rigueur, faisant courir sur son compte quelques méchants bruits. A en croire Charles Higham, qui fut un enquêteur sourcilleux, ce n'était peut-être entre eux que de l'amitié, mais pas n'importe quelle amitié. Au moins une camaraderie amoureuse qui dura tout le temps qu'ils tournèrent ensemble – et ils tournèrent trois films. En tout cas, on les voyait assez ensemble pour que soit tout excitée la curiosité des échotiers de Hollywood, toujours en mal de potins.

Garnett n'est pas un débutant. Cet ancien marin a déjà dirigé Jean Harlow et Clark Gable. Il n'est pas plus prétentieux que George Marshall et sait, comme lui, créer l'atmosphère de franche camaraderie qui convient à Marlene. En Bijou Blanche, la chanteuse du cabaret des îles tropicales, les Sept Pêcheurs, elle ne sort guère de son répertoire de fille légère au grand cœur, mais est le parfait pilier d'un film qui n'a pour but que le divertissement du public. Ici aucune ambition de grand art. Nulle sophistication esthétique à la Sternberg. Nulle finesse psychologique, ni raffinement d'humour à la Lubitsch. Rien que du divertissement bien mené. Marlene, qui oublie son ancien piédestal, apparaît sympathique, enjouée, chaleureuse. Une bonne et belle fille, comme on les aime en Amérique. Le box-office, une fois encore, donne confirmation. Greta Garbo, elle, prend une retraite anticipée, après avoir, ô miracle ! ri dans *Ninotchka*... Remarque, lui, amer de n'être pas mieux aimé, s'éloigne du Beverly Hills Hotel, avec sa collection de tableaux, de tapis d'Orient et de porcelaines de Chine. De la maison qu'il loue, il écrit de longues lettres à Marlene qui, comme d'habitude, les fait passer à Rudi pour qu'il les classe. Maria, qui garde avec cet homme si attentif, si affectueux, des liens amicaux, vient le voir de temps à autre. Elle continue ses études sous l'autorité d'une préceptrice, qui se donne peu de mal pour parfaire une instruction dont les lacunes ont de quoi la désespérer...

Maria a un très joli visage, mais ni la ligne ni les jambes de sa mère. Un peu trop grosse, malheureusement. Mais elle sera actrice, comme Marlene. Pas une de ces actrices qui ne connaissent de l'art dramatique que le cinéma, pas une de ces starlettes hollywoodiennes qui n'ont pour talent que leur silhouette. Non, une vraie actrice, qui apprend son métier. Est-ce elle qui le veut, ou bien est-ce Marlene ? Maria elle-même ne saurait répondre à une question qu'elle n'est pas en mesure de se poser. Elle n'a pas fait vraiment d'études, ne sait pas trop quoi faire, connaît du vaste monde surtout les studios de cinéma. Alors, actrice, comme sa mère, la déesse qui a toujours décidé de ce qui était bon pour elle... Un professeur de circonstance, qui n'est guère qualifié pour cela mais qu'a choisi la mère, entreprend de lui donner ses premiers cours de diction. Cela ne suffit pas à la décourager. Elle a seize ans et de plus graves soucis. La laide Violla, à qui Marlene l'a confiée, est encore plus mal qualifiée pour s'occuper d'une jeune fille qui a du mal à trouver ses marques. Maria doit subir cette drôle de dame de compagnie jusque dans son lit. Elle en est malheureuse, très malheureuse, ne sait comment lui échapper, n'ose en parler à personne. Elle fait une tentative auprès de sa mère, qui ne peut, qui ne sait l'écouter. Elle ne peut que pleurer, seule. Plus tard, beaucoup plus tard, écrivant ses mémoires de fille de star, elle se débarrassera enfin de ce fardeau. Elle dira que, au long de son enfance, l'influence tyrannique de sa mère a annihilé en elle toute personnalité. Elle est inexistante, fautive par nature, bon gibier pour les gens mal intentionnés. Déjà glissant sur la pente de l'alcoolisme.

Max Reinhardt, exilé comme tant d'autres artistes allemands, vient de s'installer à Los Angeles, où il tente de survivre en faisant profiter une nouvelle génération de son sens du théâtre et de son talent pédagogique. Avec moins de prestige qu'il n'en eut dans les années vingt, à Berlin. Marlene est ravie : Maria sera l'élève du grand Max Reinhardt, qui lui a mis le pied à l'étrier, quand elle n'était encore qu'une musicienne en rupture de violon. Elle oublie qu'elle ne fut jamais son élève, mais c'est là une des légendes concernant son passé qu'elle aime entretenir. Maria ne sera guère plus que sa mère l'élève de Max Reinhardt. Le professeur est las, à la tête d'un cours peu prospère, et délègue ses pouvoirs pédagogiques à son épouse, Helen Thimig, une actrice de second rang, mais consciencieuse et généreuse. Maria, dont les essais cinématographiques déjà anciens n'ont guère été convaincants, prend très au sérieux ce qui lui semble être sa vocation et fait preuve d'une parfaite discipline dietrichienne, tandis que sa mère se réjouit de la voir marcher sur ses traces.

Marlene, elle, ne cesse de tourner. Avec le Français René Clair, maintenant, dans *La Belle Ensorceleuse,* que produit encore Pasternak, mais qui n'aura pas le succès des précédents. Un film au titre qui lui va comme une de ces robes moulantes qu'elle aime porter pour bien montrer la perfection de sa silhouette. Un film qui la transporte à La Nouvelle-Orléans, au XIXᵉ siècle et qui aurait peut-être été meilleur si le réalisateur en avait été Lubitsch. *L'Entraîneuse fatale* de Raoul Walsh n'est pas une réussite non plus. Pas plus que ne le sont *Les Ecumeurs* (Ray Enright), *Madame veut un bébé* (Mitchell Leisen), *La Fièvre de l'or noir* (Lewis Seiler). Après le renouveau vient la routine. Pas de grand film, pas de grand rôle et le box-office ne fait pas de miracles. Marlene est une affaire qui tourne, sans plus. Même quand elle se brise une cheville et qu'elle se débrouille pour jouer malgré ce handicap, quitte à ce que le réalisateur évite de la faire trop marcher (Carroll Righter, l'astrologue dont elle ne manque jamais de prendre l'avis, lui avait pourtant conseillé de rester chez elle, ce jour-là). Comment pourrait-elle se satisfaire de ce train-train ? Le cinéma, c'est son métier. Elle gagne sa vie et celle des siens, c'est très bien, mais pour quelqu'un qui a autant d'énergie qu'elle, autant d'ambition artistique, c'est insuffisant. Heureusement, le salut lui arrive de Paris. Il se nomme Jean Gabin. Cet acteur avec qui elle a failli tourner *Dédée d'Anvers* et pour qui elle avait eu une sympathie immédiate a pu quitter la France au début de 1941. Le gouvernement de Vichy, à l'égard duquel il n'a aucune complaisance, l'a autorisé à se rendre aux Etats-Unis pour y répondre à une proposition du producteur Darryl Zanuck. Marlene n'est peut-être pas pour rien dans l'intérêt que la Twentieth Century Fox montre à son égard. En tout cas, ils ont gardé le contact et quand il arrive à Hollywood, c'est tout naturellement qu'il s'installe au Beverly Hills Hotel. Son amie l'y accueille chaleureusement, met son chauffeur à sa disposition avec ordre de lui faire visiter le pays, l'entraîne dans de longues marches au bord de l'océan. Elle l'emmène aussi, bien qu'il tente de lui résister, à des soirées que n'apprécie guère cet homme qui a horreur des mondanités. Elle lui explique qu'elles sont nécessaires à un acteur peut-être célèbre en France, mais inconnu à Hollywood. Enfin, de nouveau elle est amoureuse, et de façon plus sérieuse qu'avec ses récents cowboys. Elle est heureuse d'avoir un homme à qui faire la cuisine, dans la maison qu'elle loue à Brentwood pour abriter ses amours. Après s'être beaucoup occupée des réfugiés en provenance d'Allemagne, elle est maintenant aux petits soins pour ceux qui arrivent de France. Le réalisateur Jean Renoir et l'acteur Marcel Dalio, qui ont été de la belle aventure de *La Grande Illusion*, viennent aussi s'asseoir à sa table. Souvent à l'improviste et à la bonne franquette. Ils évoquent la France et la guerre. Ils suivent de près les efforts déployés à Londres par Charles de Gaulle pour donner de la consistance et un visage officiel à la Résistance. Et mieux vaut ne pas critiquer le général devant Marlene !

Gabin, vedette dans la France de l'avant-guerre, ne réussit pas son ancrage à Hollywood. Les films que Zanuck lui fait tourner, *La Péniche d'amour* et *L'Imposteur*,

181

ne valent pas grand-chose et lui-même n'y est pas à l'aise. L'exil lui pèse. Son accordéon, sa bicyclette et les quelques tableaux apportés de France ne suffisent pas à dérider cet homme qui ne vit pas avec Marlene un amour de tout repos. Il aime passionnément celle qu'il appelle « Ma Grande ». Avec toute sa fougue d'exilé qui a besoin de jeter l'ancre. Marlene aussi l'aime. Plus qu'elle n'a aimé un autre homme, sans doute, mais avec ses excès, ses caprices, cette incroyable mainmise qu'elle peut avoir sur quelqu'un, tout en étant capable de prendre soudain ses distances. Leur histoire, c'est une romance. Une belle histoire de cinéma. Une belle histoire d'amour, qu'on voit mal aboutir au mariage. Trop romantique. Avec sans doute plus de sincérité du côté de Gabin que de celui de Marlene. On dirait, comme trop souvent, qu'elle joue un rôle, celui de la femme amoureuse. Elle est sincère, bien sûr, elle croit à cette passion, mais elle s'offre surtout une grande illusion. Elle voudrait tant vivre un grand amour qu'elle le vit, ou croit le vivre. Et en prend la pose. Autant pour se convaincre elle-même que pour en convaincre Gabin, que le doute souvent ronge. Marlene, depuis toujours lectrice de Goethe et de Rilke, a l'âme littéraire, même assez romantique, bien que chez elle l'exaltation des sentiments ne dure jamais très longtemps. A l'approche de la quarantaine, alors que le cinéma ne la comble pas, elle rêve d'une autre vie, elle fait encore confiance aux élans de la jeunesse. Elle a trouvé un homme à aimer. Un homme, un vrai, dit-elle à Remarque, non sans ironie, quand il le lui reproche. Un homme dont s'occuper. Un homme qui l'aime sans réserve. Elle l'écrit dans son journal, qu'elle laisse traîner afin que Gabin le lise, ait en main ces preuves de son immense amour, de son dévouement et auquel Maria emprunte quelques pages quand elle raconte la vie de sa mère. Elle laisse entendre que c'est lui qui ne l'aime pas assez, qui ne prend pas le risque de cet amour. Mais Gabin est lucide, prudent. Il a vite compris quelle part de simagrées il y a dans les actes et les déclarations de Marlene. Il sait qu'elle est de ces actrices qui s'identifient à leur rôle. Du moins tant qu'elles le jouent. Marlene est amoureuse et jouit de cet amour, qui lui offre un grand rôle, comme le cinéma ne lui en donne plus. Elle a quarante ans, Gabin est là, dans sa vie, mais elle le sent prêt à partir. Pas parce qu'il ne l'aime pas, mais parce qu'il l'aime. Parce qu'il doute de l'amour, pourtant très démonstratif, de la femme qu'il aime.

Le problème avec Gabin, c'est qu'il est jaloux. Mais qu'ont-ils tous à être jaloux ? Il faut leur appartenir jour et nuit. Ne jamais sourire à un autre homme. Ne pas continuer de voir ses anciens amis-amants. Or Marlene continue de rencontrer John Wayne en dehors du studio. Elle l'accompagne à des matches de football et des combats de boxe. Elle fait avec lui de grandes balades en voiture sur la côte du Pacifique. Heureusement que Rudi est à New York et que Remarque, comprenant qu'il n'a plus rien à faire à Hollywood, va le rejoindre ! En voici deux au moins qui ne sont plus sur les rangs... De même que Jo, qui a disparu dans les bras d'une jeune femme qu'il vient d'épouser. Mais, dans les parages, dans ce grand village qu'est Hollywood, il y a toujours un Douglas Fairbanks Jr, un Fritz Lang, quelque autre acteur ou réalisateur dont Gabin se demande s'il n'a pas été son amant. Il ne voit pas non plus d'un très bon œil passer Mercedes de Acosta. Marlene a beau lui expliquer qu'elle n'aime que lui, quoiqu'il ne doive pas l'empêcher de vivre sa vie, le beau Français aux yeux bleus, qui en plus ne se plaît pas à Hollywood, est de plus en plus souvent d'humeur maussade. Il se demande ce qu'il fait là, quand son pays est en guerre. Et le film qu'il tourne s'annonce mal. Il sent bien qu'il n'est pas très bon, qu'il n'arrive pas à parler correctement anglais. Sa carrière hollywoodienne est mal engagée et ses amours sont mal assurées. Alors, il pense qu'il pourrait, qu'il devrait, s'engager dans les Forces Françaises Libres. Ce qu'il fera quand il aura rempli son contrat avec Zanuck et la Twentieth Century Fox. Et plus Marlene sent qu'elle ne va pas parvenir à le retenir, plus elle tient à lui.

Un jour, elle croit qu'elle est enceinte. Cela lui est arrivé rarement. Elle a plutôt eu de la chance, vu la vie qu'elle a menée. Une fois, semble-t-il, au temps de James Stewart. Alors, elle a fait en sorte que l'enfant ne naisse pas. Maintenant elle hésite. Le garder ? Oui, elle a envie d'un enfant de Gabin. Ne pas le garder ? Elle ne veut pas qu'il se sente obligé de rester avec elle pour cette seule raison. Marlene, la star, la déesse, est une femme qui a des problèmes de femme. Elle se confie à Rudi. Peut-être même a-t-elle tout fait pour être enceinte de son cher Jean. Mais, en fin de compte, il n'y a pas de décision à prendre, pas de bébé en vue.

Maria, elle, qui désormais se nomme Maria Manton, fait son chemin au théâtre. Elle obtient ses premiers rôles, applaudie, lors des premières, par sa mère, qui vient accompagnée de quelques courtisans et fait grand bruit dans la salle, au grand dam de la jeune actrice, gênée par cette encombrante admiration. Maria raconte : un soir, elle est sur scène et Marlene dans la salle, quand retentissent des sirènes d'alarme. Sans doute un exercice d'alerte, mais pas de quoi troubler les spectateurs qui ne bougent pas de leurs fauteuils. Sauf Marlene, qui se précipite, trouve un homme avec une échelle, monte jusqu'au haut-parleur, l'étouffe avec son manteau de vison et redescend, royale, en proclamant que maintenant le spectacle peut reprendre. Maria joue et boit de plus en plus. Elle a dix-huit ans et elle est majeure. Elle se fiance, ce qui la débarrasse du monstre qu'elle nomme le Rhinocéros, cette femme qui l'a violée.

184

Mais le fiancé, effrayé par Marlene, s'engage dans l'armée. Alors elle se marie avec un autre, que sa mère n'aime pas non plus. Une erreur due au besoin de fuir. Un rapide échec. Maria sombre, retourne vivre chez sa mère, à qui elle sert de secrétaire, en broyant du noir.

L'aviation japonaise a bombardé la flotte américaine à Pearl Harbor. Les Etats-Unis sont entrés en guerre. Elle est maintenant vraiment mondiale. Il faut en finir avec Hitler. Il aurait fallu en finir avec lui bien plus tôt. Marlene, patriote américaine autant qu'Allemande révoltée, s'engage à fond dans cette nouvelle cause. Hollywood se mobilise. Des acteurs quittent les plateaux de cinéma pour faire la guerre, tels James Stewart, pilote de bombardier qui gagnera ses galons de colonel ; Clark Gable, instructeur de tir et observateur-mitrailleur et Tyrone Power, pilote dans l'aéronavale. D'autres partent donner des spectacles au fond des provinces afin de récolter des fonds pour l'effort de guerre, dans divers endroits où des manifestations de soutien à la guerre sont organisées, puis dans les casernes et les hôpitaux pour distraire et encourager les *boys*. Marlene, parmi ceux-là, ne ménage pas son énergie. A tel point que le Président Roosevelt, l'ayant invitée à la Maison-Blanche pour la remercier, lui demande de ne pas en faire trop : pas la peine, tout de même, lui dit-il, de jouer la girl dans des cabarets minables, par amour de l'Amérique. Elle est Monsieur Loyal au cirque de Los Angeles. Elle enregistre ses principaux succès en allemand, afin qu'ils soient diffusés par *La Voix de l'Amérique*. Elle renoue avec le cabaret, et ça lui plaît. La présence du public. Les réactions de la salle. Elle retrouve des sensations oubliées depuis que *L'Ange bleu* l'a arrachée à la scène berlinoise. Carole Lombard meurt dans un accident d'avion, au retour d'une tournée. Bette Davis et John Garfield organisent l'Hollywood Canteen, une cantine de solidarité pour les soldats, tout heureux d'être accueillis et servis par des vedettes de cinéma, par des stars soudain descendues de leur pinacle. Marlene participe à l'opération, et tant pis si Jean est jaloux parce qu'elle danse avec des soldats. C'est la guerre, non ?

Oui, c'est la guerre et Gabin va la faire. Il n'a que trop tergiversé. Zanuck, pas mécontent de se décharger d'un acteur dont il ne sait que faire, lui rend sa liberté. Gabin quitte Hollywood, au cours du printemps 1943, pour embarquer à New York. Marlene s'offre une deuxième cérémonie des adieux en le rejoignant en avion. Une grande preuve d'amour pour le serrer encore une fois dans ses bras, car elle n'a encore jamais pris l'avion, qui lui fait peur. Ils s'écriront, continueront de s'aimer à distance. Elle oublie qu'elle lui reprochait de dormir au concert, de ne pas aimer l'opéra, de ne pas lire les livres qu'elle voulait lui faire lire.

Une nouvelle amitié la console. Une amitié réelle, qui n'est que de l'amitié. Marlene rencontre Orson Welles dans l'agitation des acteurs qui soutiennent le moral des troupes. Il l'entraîne dans un spectacle qui fait le tour de l'Amérique, *Follow the Boys* (*Suivez les gars*), et dans lequel elle est sa partenaire pour un tour de magie. Le fakir coupe la belle en deux, sépare ses jambes du reste de son corps. Illusionnisme. Jeux de miroir. Le théâtre est illusion. Le cinéma est illusion. La star est illusion. Marlene s'amuse et sert le monde libre. Orson Welles lui apprend un autre tour, un exercice de transmission de pensée, qui n'est pas plus réaliste et qu'elle prend à son compte devant des assemblées de *boys* auxquels elle affirme qu'il ne lui est pas difficile de deviner à quoi pense un garçon quand il la regarde... Son énergie fait merveille dans cette période de crise. Elle est partout, active, disponible, souriante, bonne copine. Pour elle, pas de demi-mesure. Dans la guerre comme dans la paix. Gabin est en Afrique du Nord. On se bat sur plusieurs fronts. Il faut vaincre Hitler, sauver l'Allemagne,

186

sauver l'Europe, sauver le monde. Une tâche à laquelle Marlene Dietrich ne saurait rester étrangère. Son amour pour Gabin et son retour au cabaret lui ont donné une nouvelle jeunesse. Elle ne veut pas faire la guerre à l'arrière. Elle va entrer dans la bataille, au plus près des combats, avec le « théâtre aux armées », *Stars over America*. D'autres sont déjà partis, qui tentent de dérider les soldats stationnés aux quatre coins du monde. Al Jonson, le fameux chanteur de jazz du premier film parlant, a été un des premiers volontaires, avec Bob Hope et Bing Crosby. Mais Marlene doit attendre un ordre de mission, qu'on ne s'empresse pas de lui donner. Parce qu'elle est d'origine allemande, ou parce qu'elle a la réputation de ne pas être quelqu'un de facile ?

Attendre. Elle ne peut pas passer tout son temps à s'occuper des soldats. Il faut aussi penser à approvisionner un compte en banque qui a pris l'habitude de se vider à vive allure. Elle discute assez longtemps de la possibilité de monter sur scène dans une comédie musicale dont Kurt Weill, le compositeur de *L'Opéra de Quat'sous*, signe les chansons. Mais elle tergiverse, discute du livret, désapprouve les costumes et, en fin de compte, se retire du projet. La MGM lui propose un rôle stupide dans un film stupide, et elle l'accepte. C'est *Kismet*, que réalise Wilhelm Dieterle, un réalisateur qui l'a déjà dirigée, il y a vingt ans, à Berlin, dans *La Carrière*, le troisième film dans lequel elle a joué. Ronald Colman est son partenaire dans cette histoire qui lui fait retrouver l'exotisme du monde arabe, auquel elle a déjà sacrifié, dans un Bagdad de cinéma. Marlene, relevant le défi, apparaît en magnifique reine de harem. Elle ne jure plus que par Irène, sa nouvelle complice pour ce qui est des costumes, et Sydney Guilaroff, coiffeur et perruquier de grand talent. Avec la première, elle étudie des tenues qui lui permettront de se montrer aussi sublime que si elle avait vingt ans de moins, un fourreau très serré qui fait gaine. Avec le second, elle subit une étonnante torture consistant à tirer le cuir chevelu par des petites tresses qui réalisent une sorte de lifting. Et elle n'hésite pas à se couvrir les jambes d'une peinture dorée des plus nocives. En vertu de quoi, elle parvient à se montrer digne des *Mille et Une Nuits*, dans une danse lascive à faire damner tous les émirs du Moyen-Orient. C'est la preuve qu'elle est bien la sublime quadragénaire que les jeunes actrices de la nouvelle génération, les Lana Turner, Rita Hayworth, Gene Tierney, n'ont pas encore détrônée et qui, à chacune de ses apparitions, fait rêver les soldats. Les *boys*, elle va enfin les rejoindre sur les champs de bataille, une fois *Kismet* terminé. Peut-être aussi Gabin, dont elle sait qu'il est en Afrique du Nord. C'est là qu'on l'envoie, enfin engagée dans l'armée, portant un uniforme qu'elle a fait couper sur mesure et avec le grade de capitaine qu'on lui a donné afin que, si elle était faite prisonnière, elle puisse bénéficier des avantages en principe consentis aux officiers. Après avoir échangé dans une salle des ventes meubles, vaisselle, argenterie, bijoux et objets divers dont le prix lui permet de laisser à sa famille, c'est-à-dire à Maria, à Rudi et à Tamara, de quoi vivre en son absence.

Qui aurait imaginé quelques années auparavant la célèbre Marlene Dietrich, la star au visage d'icône exalté par Josef von Sternberg, l'actrice hiératique affichant sa supériorité sur le commun des mortels, arrivant en uniforme, avec sa vieille scie musicale, au bureau de l'agence chargée d'organiser les spectacles militaires ? Oubliant toute superbe, n'en appelant qu'à cette conscience professionnelle qui l'a toujours tenue et dont le cinéma n'a pas exploité toutes les possibilités, elle intègre une petite équipe menée par Danny Thomas, un as des night-clubs, un spécialiste des scènes populaires, un professionnel qui connaît toutes les ficelles du métier. Il les lui inculque, car à l'armée il ne suffit pas d'être Marlene, de se donner en spectacle, de faire preuve de son talent, il faut affronter des assemblées de soldats excités, privés de femmes, angoissés par la guerre qu'ils mènent. Il faut tenir la salle, quelles que soient les circonstances. Marlene est une excellente élève et Danny Thomas se félicite de leur collaboration. Il n'est nullement intimidé d'avoir à mener un spectacle dont elle est la vedette. Avec eux, une jeune comédienne, un chanteur de charme et un musicien polyvalent forment la petite troupe qui répète pendant quelque temps dans une arrière-salle de Broadway avant de donner son premier spectacle dans une caserne du Maryland, puis de s'envoler, au mois d'avril 1944, pour Alger.

Le rideau s'ouvre. Danny Thomas fait quelques plaisanteries, annonce que Marlene, que tous attendent, ne peut pas venir, parce qu'elle a été retenue par un général. Cette annonce déchaîne un formidable tohu-bohu. Quand il se calme, on entend une voix au fond de la salle : Marlene crie qu'elle arrive. Elle se taille difficilement un chemin jusqu'à la scène, tout en commençant à enlever l'uniforme qu'elle porte. Cris et sifflements. Quand elle a rejoint Danny Thomas, elle ouvre la petite valise qu'elle tenait à la main et en sort une longue robe de soirée couleur chair et scintillante. Et continue de se déshabiller. Son complice la pousse derrière un paravent, d'où elle revient dans toute sa splendeur de star. Elle chante en se demandant ce que veulent les gars dans l'arrière-salle, une chanson qui stimule bien les acclamations, quelques autres de ses succès et une autre chanson, qui ne vient pas d'un de ses films, qui n'est pas signée Friedrich Höllander, qui est née en Allemagne durant la Première Guerre mondiale, puis qui a été dotée d'une musique composée dans les années trente par un musicien passé au nazisme. *Lili Marlene* s'est installée en tête du hit-parade des forces armées allemandes avant que Goebbels l'interdise, après la bataille de Stalingrad, lui reprochant d'être trop mélancolique, pas assez guerrière, donc facteur de défaite. Enfin Marlene s'assied, écarte les jambes pour poser comme il se doit sa scie musicale et promène langoureusement un archet sur la lame de métal souple qui se met à geindre. Et Danny Thomas de faire quelques plaisanteries sur le paradis qui se cache là et que les *boys* s'efforcent de voir en se contorsionnant. Ainsi Lola Lola, jadis, donnait des frissons aux marins de Lübeck.

La tension monte en Afrique du Nord. Ici se prépare le débarquement sur la côte italienne. La petite troupe donne un dernier spectacle aux *boys* qui vont en découdre dans la péninsule, avec mission de la traverser, jusqu'aux Alpes. Puis, une fois qu'a été libéré le bas de la botte, ils prennent l'avion jusqu'à Naples et remontent avec la Cinquième Armée jusqu'à Rome. La Ville éternelle libérée par les troupes américaines, ce n'est pas une mince page d'histoire qui s'écrit sous les yeux de Marlene, formidablement heureuse. Elle se sent comme un petit soldat parmi les autres, elle, la fille du lieutenant Dietrich, la Prussienne à qui sa mère a enseigné les vertus militaires : courage et discipline, et qui désormais n'allume plus ses cigarettes qu'avec un Zippo. Mais sa résistance a des limites. Les microbes aussi font la guerre et un début de pneumonie lui fait perdre la voix et la bloque dans un hôpital de Sicile, au cours d'une de ces missions qui conduisent la troupe des comédiens d'une base à l'autre. Alexander Fleming vient tout juste de découvrir la pénicilline, dont commencent à être dotés les hôpitaux militaires. Ce remède la guérit, peut-être la sauve. Elle en aura une reconnaissance éternelle pour le savant. Elle retrouve sa voix et annonce à des milliers de soldats réunis pour la voir et l'entendre qu'un autre débarquement, autrement important, capital pour l'issue de la guerre, vient de réussir, sur la côte normande.

LA VÉRITABLE MARLENE DIETRICH

Les artistes rentrent à New York. Marlene, dans une longue interview accordée à *Vogue*, raconte son expérience de la guerre. Elle dit tout le bien qu'elle pense des *boys*, ces G.I.s qui sont les plus formidables des soldats parce qu'ils ne se battent pas pour libérer leur patrie, mais pour des principes et pour la patrie des autres. Elle évoque leur gentillesse, les fleurs dont ils décorent sa tente à chaque halte, leur surprise quand soudain ils l'aperçoivent passant dans une jeep d'où elle leur montre ses jambes pour qu'ils soient sûrs qu'elle n'est pas un mirage. Elle parle aussi des hôpitaux, du sang, de la douleur, des hommes qui souffrent et qui meurent, de ceux auxquels elle tient la main un instant – des Allemands aussi bien que des Alliés, auxquels elle chante *Lili Marlene*. L'équipe d'acteurs et de musiciens subit quelques changements et repart vers l'Europe. Au passage, elle donne son spectacle aux escales que fait l'avion dans les pays du nord, puis en Angleterre, avant d'arriver à Paris, qui vient d'être libérée.

Au Ritz, Marlene retrouve un ami, un écrivain pour qui elle a une très grande admiration, Ernest Hemingway, correspondant de guerre et grand buveur, dans un bar du palace, une petite pièce chaleureuse qui, plus tard, prendra son nom. Ils fraternisent comme deux vieux soldats. Elle l'appelle *Papa*. Il la surnomme *la Kraut (la Choucroute)*. Elle l'adore. Il la vénère. Il boit beaucoup, énormément et quand il a trop bu, il n'est pas très gentil avec Martha, une consœur, qui travaille pour *Time* et qui est sa maîtresse. Alors Marlene s'entremet. C'est même elle qui transmet à la journaliste la demande en mariage de Hemingway. Mais il ne s'agit pas de s'attarder à Paris. Les comédiens repartent en campagne, vers la Belgique et la Hollande, reviennent quelque temps à Paris, puis sont envoyés auprès de la Troisième Armée qui s'avance vers l'Allemagne. Là, c'est vraiment un front. L'affaire est dangereuse. Plus

191

d'une fois, on entend le bruit des obus alors qu'on donne le spectacle dans un baraquement. Un jour, on l'interrompt brusquement pour se mettre à l'abri. Et l'hiver est froid, glacial. Vraiment pas un temps à faire du camping. On se soutient le moral à grandes rasades de calvados. Quelquefois on a peur, mais on ne le montre pas. Pas Marlene, en tout cas. Elle songe tout de même à la mort, mais elle pense surtout avec appréhension qu'elle pourrait être faite prisonnière, maltraitée, peut-être torturée, obligée de dire à la radio des choses qu'elle ne penserait pas. Elle se sent bien, vraiment bien, dans l'armée. Ici, pas de chichis, pas de rôle à jouer. Rien que la réalité, qui est la vérité. La terrible réalité de la guerre, certes, mais une réalité sans faux-semblant, sans artifice.

Marlene joue la comédie, en chansons, dans une tragédie et cela lui convient. Une apparente légèreté dans le drame. Une certaine désinvolture dans la tourmente de l'histoire. Pour quelqu'un qui, jadis, voulait jouer Shakespeare, ce n'est pas absurde. Marlene, parfaitement à l'aise dans l'armée, est naturelle, vraie, réelle, sans artifices de star. Marlene Dietrich, épouse Sieber. Age : quarante-trois ans. Profession : actrice. Carrière : de premier ordre, quoique avec des hauts et des bas. Famille : dispersée. Amants (passés, présents et à venir) : innombrables. Hobby : la cuisine. Qualité principale : un caractère de fer. Défaut le plus grave : un orgueil immense, qui se double, malgré des accès de grande générosité, d'un égoïsme monstrueux. Jusqu'ici elle interprétait des rôles. Maintenant elle remplit une mission. Elle en est heureuse. Mais elle donne son âme à l'armée plus qu'à l'Amérique. Elle pense moins, maintenant, à sauver le monde qu'à être un bon soldat. Et elle l'est, à en croire ces spécialistes que sont les généraux Patton, Bradley, Gavin. Elle emporte l'estime de ces guerriers, quelque peu éberlués par un exemplaire si peu commun de « personnel féminin des armées ». Une

192

star descendue du ciel, qui parle avec eux d'égale à égal, fait preuve d'un courage étonnant, ne ménage pas ses forces. Et qui leur offre parfois le repos éphémère qu'ils ont bien mérité. Marlene donne son corps à l'armée. Sans distinction de grade. Dans son bagage militaire, les diaphragmes ont remplacé l'antique poire à lavement dont elle se servait jusqu'alors. Elle fait des heureux, offre un dernier cadeau à des hommes qui vont mourir, ou bien qui, s'ils ne meurent pas, garderont de la guerre un beau souvenir. Cela pour elle est sans importance. Un acte qui n'engage rien. Une formalité. Avec tout de même quelques désagréments, tels ces insectes importuns qui se transmettent de poil en poil... C'est du moins ce qu'elle raconte à Maria, qui prend ses confidences pour argent comptant, bien qu'on ait quelque raison de se demander s'il n'y a pas là plus de provocation que de réalité : cela sans doute aurait fait pas mal jaser, alors qu'aucun témoignage ne soutient cette thèse d'une Madelon de la nuit.

Patton, le grand chef, lui donne un petit revolver de nacre, qui pourrait lui servir à se donner la mort, si elle était prise par l'ennemi. L'homme l'impressionne par son franc-parler, sa détermination. Son but, c'est de battre les Allemands, au mieux et au plus vite. Pas d'attendre les Soviétiques, comme on lui en a donné l'ordre. Alors, il lance ses troupes à l'intérieur du Reich. Direction Berlin. Tant pis si Eisenhower, un général d'état-major, pas un soldat, n'est pas d'accord.

Bradley ordonne d'abord à Marlene de rester en arrière quand il sent qu'il y a trop de danger, mais elle a des arguments pour le convaincre. La raison n'est peut-être pas seule en cause. C'est ainsi qu'elle est au sein des premières troupes qui entrent en Allemagne. Drôle de retour dans ce pays qu'elle n'a pas revu depuis plus de dix ans et qu'elle retrouve abasourdi. Comme si la plupart des Allemands, ses compatriotes (car elle se sent toujours allemande, surtout maintenant), ne comprenaient pas ce qui s'est passé depuis la prise du pouvoir par Hitler, ni ce qui se passe au moment où le Reich s'effondre. Quelques-uns ne se privent pas de lui montrer qu'ils la considèrent comme une traîtresse. Mais ils sont rares. D'autres lui témoignent l'heureuse surprise qu'elle leur fait en arrivant ainsi, vêtue de l'uniforme américain. Pas très nombreux non plus. La plupart se montrent indifférents ou réservés. Assommés par les années qu'ils viennent de vivre. Inquiets d'un avenir qui ne leur appartient pas. Que vont-ils devenir ? Que va devenir leur pays ? Marlene se fait quelques autres ennemis en déclarant publiquement que l'Allemagne n'a que ce qu'elle mérite et qu'elle aurait dû plus tôt se soucier de son avenir en ne se laissant pas dominer par les nazis.

Gavin la délivre, alors que la troupe qu'elle accompagne est encerclée par les Allemands qui mènent une dangereuse contre-offensive. Parachutiste, il descend du ciel avec ses hommes et taille une brèche dans l'ennemi pour libérer la star. Ce général est un gentleman amoureux d'elle, et qui parle vite de divorcer. Marlene assurera toujours, sans doute par égard pour l'homme et sa famille (elle n'a pas plus envie de l'épouser qu'un autre), que leurs relations sont restées platoniques quoique Maria ait eu de bonnes raisons d'en douter. Gavin, en tout cas, devient le héros militaire de Marlene, comme Hemingway est son héros littéraire. Mais celui qu'elle aime le plus, c'est encore Gabin. Si elle ne l'a pas revu depuis qu'il a quitté l'Amérique, elle a reçu de ses nouvelles par quelques lettres. Elle apprend que la division de chars à laquelle il appartient est dans un secteur proche de celui où elle se trouve. Les officiers, même supérieurs, sont sensibles aux histoires d'amour et la voici, en jeep, avec un chauffeur affecté spécialement à cette mission, à la recherche de Jean. Elle le trouve. Les

194

LES GRANDS MYTHES DU XXᵉ SIÈCLE

BERTRAND MEYER-STABLEY
LA VÉRITABLE
JACKIE

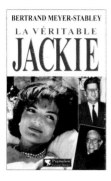

BERTRAND MEYER-STABLEY
LA VÉRITABLE
GRACE
DE MONACO

EMMANUEL BONINI
LA VÉRITABLE
ROMY
SCHNEIDER

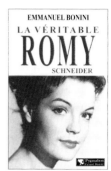

BERTRAND MEYER-STABLEY
LA VÉRITABLE
AUDREY
HEPBURN

BERTRAND MEYER-STABLEY
LA VÉRITABLE
MELINA
MERCOURI

GILLES PLAZY
LA VÉRITABLE
MARLENE
DIETRICH

A paraître en fév. 2002
BERTRAND MEYER-STABLEY
LA VÉRITABLE
DUCHESSE DE
WINDSOR

BERTRAND MEYER-STABLEY
LA VÉRITABLE
MARGARET
D'ANGLETERRE

A paraître en janv. 2002
LA VÉRITABLE
ELIZABETH II
REINE D'ANGLETERRE

VINCENT MEYLAN
LA VÉRITABLE
FARAH
IMPÉRATRICE D'IRAN

EMMANUEL BONINI
LA VÉRITABLE
JOSÉPHINE
BAKER

Des biographies intimes en quête de la véritable personnalité, souvent méconnue, de femmes aussi secrètes qu'adulées.

BON DE COMMANDE

Je, soussigné, vous prie de :

❏ tenir à ma disposition en votre librairie

❏ m'adresser, dès parution (participation aux frais d'expédition en sus :
10 % de votre commande **mini 36 F / 5,49** € ou 50 F / 7,16 € par tranche de 5 ex.
- Option recommandé : 14 F / 2,13 €)

_____ ex. **La véritable Jackie** par Bertrand Meyer-Stabley
99 F (15,09 €) - 15,4 x 24 cm - 288 pages - 17 photos (ISBN 2.85704.589.1 - FD 0420)

_____ ex. **La véritable Grace de Monaco** par Bertrand Meyer-Stabley
99 F (15,09 €) - 15,4 x 24 cm - 320 pages - 25 photos (ISBN 2.85704.606.5 - FD 0450)

_____ ex. **La véritable Romy Schneider** par Emmanuel Bonini
119 F (18,14 €) - 15,4 x 24 cm - 320 pages - 21 photos (ISBN 2.85704.718.5 - FD 0553)

_____ ex. **La véritable Audrey Hepburn** par Bertrand Meyer-Stabley
119 F (18,14 €) - 15,4 x 24 cm - 336 pages - 38 photos (ISBN 2.85704.631.6 - FD 0469)

_____ ex. **La véritable Mélina Mercouri** par Bertrand Meyer-Stabley
119 F (18,14 €) - 15,4 x 24 cm - 336 pages - 33 photos (ISBN 2.85704.695.2 - FD 0530)

_____ ex. **La véritable Marlene Dietrich** par Gilles Plazy
119 F (18,14 €) - 15,4 x 24 cm - 300 pages env. - photos (ISBN 2.85704.739.8 - FD)

_____ ex. **La véritable duchesse de Windsor** par Bertrand Meyer-Stabley
119 F (18,14 €) - 15,4 x 24 cm - 320 pages env. - photos (ISBN 2.85704.735.5 - FD)

_____ ex. **La véritable Margaret d'Angleterre** par Bertrand Meyer-Stabley
119 F (18,14 €) - 15,4 x 24 cm - 256 pages - 18 photos (ISBN 2.85704.656.1 - FD 0489)

_____ ex. **La véritable Elizabeth II** par Vincent Meylan
119 F (18,14 €) - 15,4 x 24 cm - 350 pages env. - photos (ISBN 2.85704.727.4 - FD)

_____ ex. **La véritable Farah, impératrice d'Iran** par Vincent Meylan
119 F (18,14 €) - 15,4 x 24 cm - 352 pages - 15 photos (ISBN 2.85704.646.4 - FD 0484)

_____ ex. **La véritable Joséphine Baker** par Emmanuel Bonini
119 F (18,14 €) - 15,4 x 24 cm - 368 pages - 42 photos (ISBN 2.85704.616.2 - FD 0451)

soit : _____ exemplaires x 99 F (15,09 €) = _____

_____ exemplaires x 119 F (18,14 €) = _____

total : _____ + frais d'expédition _____ = _____

Ci-joint mon règlement de _____ par :
❏ chèque bancaire ❏ chèque postal ❏ mandat international pour l'étranger

Nom _____ Prénom _____

N° _____ Rue _____

Code postal _____Ville _____

Date _____

Signature :

Cachet du libraire :

septembre 2001

Tous les prix sont TTC. Ils sont donnés à titre indicatif et peuvent être réajustés. Nous dégageons notre responsabilité pour les envois non recommandés.

EDITIONS PYGMALION, 70 avenue de Breteuil 75007 Paris

chars sont là, en ordre, prêts à partir. Elle court, l'appelle. Il sort de la tourelle, stupéfait. Ils s'étreignent. Long baiser devant les soldats épatés. Mais déjà il est temps de se séparer. La guerre n'attend pas. Quand se reverront-ils ? Se reverront-ils ? Ils n'ont pas su vivre ensemble, mais ils s'aiment. La séparation forcée efface ce qui les a déjà séparés.

Marlene chante *Lili Marlene* dans les ruines de l'Allemagne que les Alliés libèrent du nazisme. Pas très loin de la frontière. Mais en Allemagne. Elle n'ira pas jusqu'à Berlin. Elle ne libérera pas Berlin. Pieds et mains gelés, grippe aussi, elle est renvoyée à Paris. Au mois de mars 1945, sur les Champs-Elysées, elle est la vedette d'un spectacle auquel participe aussi Maurice Chevalier qui, lui, comme beaucoup de Français, a supporté l'Occupation sans trop broncher. Son uniforme est sa tenue de scène. Elle se demande là encore ce que veulent les gars dans l'arrière-salle et la franchise ordinaire des soldats le lui fait savoir. Miss Dietrich est toujours la plus belle.

Pendant que Marlene, militaire dans l'âme, conquiert les honneurs militaires, Maria, livrée à elle-même, dérive encore. De plus en plus. L'alcool. Des amants auxquels elle n'attache aucune importance. Le théâtre qui lui échappe, parce qu'elle n'a plus la constance nécessaire à l'exercice d'un métier aussi exigeant. Elle apprend la liberté, cherche son identité, risque de se perdre dans une quête à laquelle elle n'est pas préparée. Mais des amitiés, un solide tempérament, qui lui vient de sa mère, de sa grand-mère, la sauvent. L'instinct de la survie. Il lui est donné de pouvoir se réveiller. Au bord du gouffre, mais juste à temps. Elle remonte la pente peu à peu, se conquiert, apprend à être elle-même. Elle a vingt ans. Elle est la fille d'une star immense, mais qui était en perdition quand la guerre lui a permis de retrouver la gloire. Une autre gloire. Une gloire neuve. Une gloire, déjà, pour l'après-guerre, pour une autre vie. Marlene Dietrich appartenait à l'histoire du cinéma ; maintenant, elle appartient à l'histoire. D'autres eurent les armes à la main. Gabin, par exemple. Ou Jean-Pierre Aumont, un acteur qu'elle a connu à Paris, qu'elle retrouve par hasard dans un no man's land, avec qui elle traverse un champ de mines (gentilhomme, il passe le premier ; heureusement, aucune mine n'explose). Elle, elle s'est battue avec ses propres armes : sa beauté, son talent, son courage. Et elle a triomphé. Elle a vaincu l'Allemagne nazie en bonne Américaine. Elle a aussi vaincu les producteurs, les distributeurs, les journalistes de Hollywood, qui la disaient finie. Elle n'a jamais été aussi vivante. Ni aussi amoureuse. La guerre enfin terminée, elle reste un moment à Paris. Avec Gabin. Ils filent de nouveau le parfait amour. C'est un amour de rescapés, de gens qui connaissent le prix de la vie, oublient l'ancien temps d'avant la guerre et le monde d'artifices dans lequel ils se sont connus, aimés une première fois.

Maria remonte la pente, quitte un amant au moins aussi désaxé qu'elle. Celui-ci lui a donné à lire un livre qui lui a ouvert les yeux, dans lequel elle a vu comme son portrait, l'annonce de sa chute. Elle s'installe quelque temps chez son père, a assez d'énergie pour s'occuper de Tamara qui, elle, se tient difficilement au bord des asiles psychiatriques, malmenée par Rudi, qui n'y comprend rien, accepte mal qu'elle ne soit pas aussi solide que Marlene, sans se rendre compte que celle-ci et lui-même ne sont pas pour rien dans le désarroi d'une femme qu'ils ont écrasée. Maria retrouve le théâtre, apprend à se défendre, et à gagner. Mais souffre de ne pas pouvoir être seulement Maria Manton. Toujours un petit malin signale qu'elle est la fille de... Elle sait maintenant qui est sa mère, comment Marlene a failli la détruire, elle aussi.

196

LA VÉRITABLE MARLENE DIETRICH

Toujours dur de retourner au pays pour les anciens combattants. Les civils ont appris à vivre sans eux. Oublient vite qu'ils devraient leur être reconnaissants. Marlene rentre à New York sans un sou en poche, se fait conduire à l'hôtel Saint Regis, emprunte un peu d'argent, fait la fête avec ses derniers compagnons de voyage (des militaires comme elle, de retour au pays). Douche froide : elle apprend de son agent, l'honnête et amical Charles Feldman, qui s'est occupé de ses affaires en son absence, que son compte bancaire est vide. Désillusion pour une femme pour qui l'argent a toujours été une chose abstraite et qui se vante de n'avoir jamais signé un chèque, toujours laissant à d'autres, à Rudi, à la Paramount, à Feldman, le soin de régler les dépenses, de faire les comptes. Amertume. Elle en voudra toujours aux civils. Il faut qu'elle tourne. Mais le cinéma l'a oubliée. Au profit de plus malignes, qui ont continué de gérer leur carrière au lieu de se soucier de l'avenir du monde. Au profit aussi de visages et silhouettes nouveaux.

Juillet 1945. La guerre n'est pas tout à fait finie. L'armistice du 8 mai n'était pas la victoire totale. Le Japon n'a pas encore baissé les armes. Et l'occupation de l'Allemagne, la reconstruction de l'Europe requièrent encore les armées. Maria, à son tour, revêt l'uniforme. Elle part pour l'Europe où tant de soldats restent stationnés, qui ont besoin de distractions. Elle remonte l'Italie en actrice de scènes militaires, tandis que deux bombes atomiques font plier le Japon. Marlene aussi repart. Elle a demandé à être envoyée à Berlin. Pour revoir sa mère. Et retrouver Gavin. Elle reprend son spectacle pour soldats, passe par Paris, où elle a le temps de roucouler avec Gabin, arrive enfin dans la capitale d'une Allemagne qui a perdu sa superbe... Dès qu'elle le peut, elle arrive dans les ruines de Berlin, douze ans après avoir quitté la ville de son enfance et de ses débuts d'actrice. Elle cherche sa mère. Elle la trouve, toujours digne. Josephine von Losch a tenu bon. Pendant les années du nazisme, elle est restée aux commandes de la maison Felsing, a continué de donner l'heure à Berlin. Elle, ce sont les Russes qui l'ont libérée, et ils ont pillé la boutique. Marlene retrouve aussi de vieux amis, qui ont souffert du nazisme, ont traversé comme ils ont pu ces années terribles. Elle est très émue de revoir Claire Waldhof, fatiguée, amaigrie, mais toujours rayonnante. Elle essaye aussi, grâce à ses appuis militaires, de retrouver les parents de Rudi, qui ont disparu dans la tourmente. Il lui faut pour cela prendre contact avec les Soviétiques, chercher le couple en vain entre la Tchécoslovaquie et Berlin où, enfin, il arrive à pied. Ce sont des réfugiés dont le sort sera quelque peu amélioré grâce à une intervention de Gavin en leur faveur.

Elle retrouve aussi sa sœur, Elisabeth. A Bergen-Belsen. Ni parmi les morts ni parmi les morts vivants du camp de concentration, mais installée dans un appartement confortable. Son mari travaillait pour les nazis du camp, pourvoyant au divertissement de ces messieurs, après avoir dû fermer les cinémas qu'il possédait à Berlin, jusqu'à ce que Goebbels ordonne, à l'automne 1944, la fermeture de toutes les salles de spectacles. Marlene n'en dira rien, mais elle en voudra toujours à sa sœur, quoique sachant à quel point celle-ci a toujours été faible, soumise, à leur mère d'abord, à son mari ensuite. Marlene racontera d'autres histoires, laissant croire que Liesel, qui est malade quand elle la retrouve, qui doit être hospitalisée, a été une victime des nazis. L'officier britannique témoin de la scène des retrouvailles fait preuve lui aussi d'indulgence. Mais Marlene a des yeux qui voient l'horreur d'un camp de concentration dont on vient juste d'ouvrir les portes.

Elle n'oubliera pas. Mais les survivants ont encore à vivre, à faire front à cette autre réalité qu'est la vie civile, à reconstruire leur vie. Elle ne sait pas encore comment elle va s'y prendre. Pas sûr qu'à Hollywood elle ait encore sa place. A Paris, peut-être, où, avant-guerre, des projets semblaient se mettre en place et où Gabin, lui aussi, est de retour. Elle est encore militaire, logée dans un hôtel de second rang, où elle fait, ainsi qu'elle l'écrit à Rudi, la lessive et la couture. Elle s'ennuie. La vie avec Gabin n'est pas amusante. Trop de sportifs autour de lui. Pas assez de gens avec qui avoir une vraie conversation. Pas assez de « vie spiri-tuelle », pour reprendre ses propres termes. Le roman-tisme de Marlene, c'est Gavin qui l'assure. Il lui écrit des lettres passionnées. Elle l'appelle Abélard. C'est dire comment elle apprécie l'intensité de son amour. Mais Dietrich en Héloïse, on croit rêver ! Il n'hésite pas à prendre un avion militaire pour venir la voir. Gabin est jaloux. Une fois de plus, Marlene, prise entre deux feux amoureux, a du mal à ménager l'un et l'autre. La mort soudaine de Josephine la ramène à Berlin et à Gavin. Elle retrouve aussi Maria – mère et fille en uniforme, que la mort de Josephine ne réunit pas vraiment, tant Maria sait maintenant à quel point elle est loin de sa mère. Elle s'est libérée de l'emprise de cette femme for-midable et monstrueuse, qui l'a si longtemps étouffée. Elles se séparent comme on le fait quand on constate la fin d'un amour. Du moins pour ce qui est de Maria, car Marlene a toujours du mal à imaginer qu'on puisse ne pas l'admirer, l'adorer.

N'exagérons pas. La guerre de Miss Dietrich n'a pas été tout à fait la guerre. Et n'a pas duré longtemps. Mais ce qu'elle a fait, peu nombreux parmi ses pairs l'ont fait. Elle aurait pu s'en dispenser, mais c'était pour elle un devoir et elle l'a accompli avec la conscience professionnelle qui la caractérisait. Elle quitta le confort doré de Beverly Hills pour la vie des soldats en cam-pagne. Et, tout de même, prit des risques qui auraient pu lui coûter la vie. Elle dira plus tard que c'était la chose la plus importante qu'elle fit dans sa vie. A ce devoir tant qu'il dura, elle se donna entièrement. Ensuite, elle ne manqua pas d'enjoliver quelques scènes, d'en inventer d'autres, toujours soucieuse de sa légende et bonne scénariste.

Elle est loin, la Marlene glacée de Sternberg (même si le feu couvait sous la glace). La fille des cabarets, elle, a retrouvé la passion amoureuse avec le public. Et quel public ! Ce ne sont pas les petits ou grands bourgeois blasés des boîtes de nuit auxquels elle vendait des bons de la défense, mais des hommes ardents, avec qui elle a un échange direct, violent. Le cinéma, à côté, n'est qu'un truc d'artifices. Les acteurs y sont préservés du public, qu'ils n'affrontent pas. Seule leur image est mise en cause par le box-office. Pas leur peau. Allez donc vous donner en spectacle à une troupe de soldats en pleine guerre et vous verrez comment devant eux vous risquez votre peau. Autrement qu'avec l'ennemi, mais peut-être plus profondément. C'est un autre danger. L'ennemi peut vous torturer, vous tuer. Mais, s'acharnant contre vous, il reconnaît votre existence, votre réalité, votre identité. Le public sans merci des soldats, devant lequel il faut tenir et pour lequel il ne saurait y avoir de tricherie, joue avec vous à tout ou rien, ne peut pas vous détruire comme l'ennemi, mais il peut vous annihiler. Car c'est une autre façon de mourir que celle de tomber au champ du spectacle.

Marlene, qui a déjà ressuscité deux fois, une avec Lubitsch, l'autre avec Pasternak, renaît encore, avec bien plus d'éclat, dans une bien plus étonnante métamorphose. Elle n'en tire pourtant pas toutes les conséquences. Il est trop tôt pour qu'elle y voie clair et c'est encore du cinéma, puisque c'est là qu'a été sa réussite professionnelle avant la guerre, qu'elle attend la possibilité de reprendre une place normale dans la vie civile.

LA VÉRITABLE MARLENE DIETRICH

Pas celle qu'elle avait à Hollywood, et qu'elle n'a jamais vraiment aimée. Tant qu'elle était chérie par les producteurs, cela avait un sens, peut-être, pour l'exilée qu'elle était, ne pouvant revenir dans son pays. Mais maintenant... La guerre l'a coupée de ce monde qui n'était pas le sien mais auquel elle s'était adaptée. Elle n'a plus l'âge de jouer les sex-symbols, plus d'enfant à élever, plus aucune envie de se prêter aux mondanités hollywoodiennes.

Elle se sent plus chez elle en Europe qu'en Amérique, plus européenne qu'américaine, quoi qu'en dise son passeport et bien que l'Europe ait perdu le sourire qu'elle avait avant la guerre. L'Allemagne n'est plus son pays. Il y a trop longtemps qu'elle n'y a pas vécu et elle n'a aucune raison d'y revenir. Pas de nostalgie. Aucune envie de faire l'enfant prodigue. L'Allemagne, en se faisant nazie, s'est condamnée d'elle-même et Marlene ne peut lui pardonner. Et trop d'Allemands lui en veulent encore de s'être si fortement engagée contre son propre pays. L'Autriche, qu'elle a bien connue, qu'elle a aimée, où elle a passé de bons moments, n'est pas non plus très respectable. Et elle n'y a aucune famille, aucune raison d'y jeter l'ancre. Restent l'Angleterre et la France, les deux autres pays d'Europe qu'elle connaît bien, où elle s'est toujours sentie comme chez elle. L'Angleterre ne lui fait aucun signe. La France, qu'elle connaît beaucoup mieux, quoique n'y ayant jamais travaillé, au contraire semble prête à l'accueillir. Gavin est rentré en Amérique et c'est auprès de Gabin qu'elle choisit de rester. S'accrochant à lui, comme lui à elle. Elle se sent perdue, incapable de prendre en main son avenir, d'organiser sa vie. Rudi, à New York, trop pris par ses propres problèmes, ses soucis économiques, sa vie avec Tamara, n'est plus le conseiller amical qu'il a toujours été. Maria, qui vole de ses propres ailes, n'est plus à la disposition de sa mère pour écouter ses confidences, absorber son monologue, donner elle aussi son avis sur toute chose. Et Gabin, malgré son bon sens terrien, n'est pas homme à pouvoir décider pour elle. De toute façon, elle n'est pas femme à s'en remettre entièrement à un homme qu'elle aime. Jusqu'alors elle a toujours eu deux êtres à sa disposition, Rudi et Maria, et ces deux-là la lâchent au moment où elle aurait le plus besoin d'eux. Quant à Jo, il mène désormais loin d'elle une autre vie, sans pouvoir retrouver au cinéma son prestige perdu. Tout a changé avec la guerre. Marlene a cessé d'être celle qu'elle a été, si brillamment, au cinéma. Mais elle ne sait pas encore quelle Marlene elle est devenue. Pour l'instant, il lui faut surtout gagner sa vie, c'est-à-dire trouver un film à jouer. Si possible avec Gabin, qui lui aussi souffre du blues des demi-soldes, quand d'autres acteurs n'ont pas interrompu leur carrière pendant la guerre. Jean Cocteau, un nouvel ami, lui ferait bien jouer la Mort dans *Orphée*, mais elle n'a pas envie d'un rôle si sombre et il n'y a pas de place pour Gabin dans ce projet. Marcel Carné et Jacques Prévert, l'heureux duo des *Enfants du Paradis* et de *Quai des brumes*, ont une autre idée, l'adaptation d'un ballet de Roland Petit, auquel Prévert part travailler dans le Midi, où Gabin et Marlene vont plusieurs fois, pour discuter du scénario. Prévert écrit même une chanson pour Marlene, une jolie chanson, mélancolique, faite pour sa voix qui est celle d'une diseuse plus que d'une chanteuse.

Cela s'appelle *Les Feuilles mortes*. Mais le film ne se fera pas. Marlene, qui donne son avis sur tout (son contrat lui en donne le droit), exaspère Prévert et Carné et ne parvient pas à obtenir un scénario qui lui convienne. Edith Piaf et Yves Montand seront les vedettes des *Portes de la nuit*, un film pas très réussi. Gabin et Marlene, eux, tournent un film d'après un scénario dont Gabin a depuis longtemps les droits. Le réalisateur de *Martin Roumagnac* sera le peu prestigieux Georges Lacombe et Margo Lion, la partenaire de Berlin retrouvée à Paris au moment de la Libération, y trouvera aussi un rôle. Mais ce mélo ne sera pas un bon film. C'est l'histoire d'une Australienne qui vend des oiseaux dans une petite ville de province, et son corps dans la chambre du dessus. Elle n'en vit pas moins un amour passionné avec un entrepreneur qui découvre tardivement son activité secrète, en est fou de jalousie, la fait mourir dans un incendie, est acquitté à la suite d'un procès plein d'hypocrisie et, enfin, tué par un vengeur sorti de l'ombre... Comme quoi le scénario n'est pas tout et si Marlene fit plutôt ce film que l'autre, ce n'est certes pas uniquement pour une question de scénario. Plutôt pour une question d'incompatibilité de caractères.

La même raison trouble les relations des deux amants. Ce n'est pas une surprise : ils l'avaient déjà expérimentée. Gabin est jaloux, terriblement jaloux, même violent. Dès qu'elle montre de l'intérêt pour quelqu'un, il pense qu'elle le trompe. Elle s'entiche de Gérard Philipe et il est furieux. Elle noue avec Edith Piaf une amitié dont il peut penser (il n'a peut-être pas tort) qu'elle est particulière et sa colère redouble. Et pour peu que le général Gavin paraisse dans les parages, son sang ne fait qu'un tour. Gabin veut épouser Marlene, mais il veut qu'elle lui soit fidèle. Gavin aussi veut l'épouser. Ces deux propositions l'embarrassent. Elle aime l'un et l'autre, mais elle n'a pas envie d'être la femme de quelqu'un. Et, comme l'idée d'avoir un enfant n'est plus de saison, elle n'a plus la raison qu'elle pouvait avoir au premier temps de son idylle avec Gabin. Elle n'épousera ni l'un ni l'autre. Elle n'épousera personne. Elle restera mariée avec Rudi, puisque Rudi est toujours son mari.

Marlene a aimé Gabin plus qu'elle n'a aimé un autre homme, et plus longtemps. Elle l'aime encore. Mais elle sait qu'elle ne peut pas vivre avec lui. L'épouser, elle pourrait, mais à condition de rester libre, d'avoir son propre appartement, sa propre salle de bains et de n'avoir à rendre compte à personne de son emploi du temps. Des conditions que ne saurait accepter Gabin. Curieusement, c'est la Paramount qui les aide à prendre la décision qui s'impose. Charles Feldman, qui n'est pas resté inactif, a monté un projet avec Mitchell Leisen, avec qui elle a déjà tourné *Madame veut un bébé*. Dans ce film d'espionnage, elle sera une bohémienne qui aide, non sans péripéties mouvementées, son amant à dérober aux nazis la recette d'un gaz qui pourrait leur permettre de gagner la guerre. Une femme qui, en quelque sorte, gagne la guerre. Un film au titre, lui aussi, de circonstance : *Les Anneaux d'or...* Mais non, ce ne sont pas des alliances, seulement ces anneaux que les bohémiennes aiment porter en boucles d'oreilles. Cette fois-ci la guerre est bien finie pour Miss Dietrich. Et son histoire d'amour avec Gabin aussi.

VII

UN NOUVEAU DÉFI

Une femme de quarante-cinq ans, qui depuis vingt ans est un sex-symbol, revient de guerre et joue les gitanes héroïques dans un film hollywoodien dont l'ambition n'est certes pas de révolutionner l'art cinématographique. Peu lui importe. Mitchell Leisen, le réalisateur, est quelqu'un qu'elle aime bien, qui ne se prend pas pour un génie du cinéma et avec qui il lui est agréable de travailler. Car c'est de cela qu'il s'agit : travailler. Gagner de l'argent, en attendant de mieux savoir où elle en est, ce qu'elle peut faire pour retrouver la ferveur du spectacle qu'elle a connue dans des circonstances exceptionnelles. S'installer de nouveau en Californie ne l'enchante pas, mais depuis quelques années déjà elle n'a plus le sentiment d'avoir un endroit à elle, passant d'une maison louée à une autre, d'un hôtel à un autre, d'un pays à l'autre. Son côté bohémienne, en quelque sorte. D'ailleurs, elle affirme au réalisateur qu'elle a étudié les mœurs des gitans dans la banlieue parisienne avant de quitter la France et qu'elle s'est fait parmi eux des amis. Sa grande conscience

207

professionnelle y aurait trouvé de quoi s'exercer, mais on imagine mal Miss Dietrich débarquant dans un camp de romanichels et fraternisant avec les femmes qu'elle voudrait prendre comme modèles. Son sens de l'exagération a sans doute transformé une observation superficielle en étude approfondie. Professionnelle, oui, mais enquiquineuse, la Dietrich, et la voici de nouveau en train d'expliquer à l'équipe d'un film comment elle doit le tourner. Heureusement, elle peut de nouveau confier ses cheveux à sa chère Nellie, toujours employée de la Paramount, et se faire assister de Maria, comme jadis. Sa fille, dont elle paie les frais de divorce, se sent obligée d'accepter de reprendre cette fonction fatigante, mais elle est désormais capable de ne pas se laisser entamer par leur étrange relation. Dans un pavillon de Beverly Hills, elles partagent le lit unique, du moins tant que Marlene n'a pas trouvé quelqu'un d'autre à y mettre. L'heureux élu est bientôt un acteur qui a acquis une gloire de cow-boy, pour qui Marlene retrouve le plaisir de faire la cuisine, qu'elle couvre de cadeaux et qui ne s'attarde pas. Malheureusement, Maria ne nous livre pas le nom de cet homme qui a profité de Marlene sans tomber sous sa coupe. Un homme indélicat, peut-être, mais sans doute un homme de caractère.

Marlene tient à jouer pieds nus comme une vraie Gitane. Ce qui pose quelques problèmes de raccords. Le film, en effet, est déjà bien engagé quand elle arrive, une doublure l'ayant précédée dans des scènes d'action mouvementées auxquelles il n'y a plus qu'à insérer quelques images dans lesquelles on reconnaîtra la star. Une star relative, d'ailleurs, moins payée que son partenaire masculin, Ray Milland, et qui n'a été engagée par la Paramount que grâce à la persuasion de son agent Charles Feldman. Mais une femme qui est encore assez *glamour* pour séduire les spectateurs de salles de cinéma comme elle a séduit les G.I.'s. Le seul qu'elle ne séduit pas, et qu'elle ne tient pas à séduire, c'est Milland. Rarement deux acteurs se sont aussi mal entendus dans un film. A tel point que Leisen, plus tard, a pu dire qu'entre eux ce ne fut pas moins que de la haine. Milland, qui, de ses origines britanniques, garde des airs de gentleman, est particulièrement révulsé par une scène à laquelle Marlene donne une intensité très particulière, autant parce qu'elle est prise par le jeu de son personnage que par le désir de choquer son partenaire. Prenant une tête de poisson dans la soupe peu appétissante qu'elle vient de concocter, elle en arrache un œil avec les dents et crache le reste comme s'il n'y avait pas de mets plus savoureux que ce petit globe blanchâtre. Et, aussitôt la prise terminée, l'actrice, d'ordinaire si lisse, de se mettre un doigt dans la bouche pour se faire vomir. Milland en a lui aussi des haut-le-cœur.

Marlene, loin des studios de Hollywood, ne s'est pas assagie. Pour elle, il ne saurait jamais être question de traverser un film comme tant d'autres acteurs ayant des soucis financiers, c'est-à-dire sans s'impliquer complètement. Il lui arrive même de se brûler la main en la plongeant dans le chaudron aux poissons qui était bouillant et de refuser que Leisen mette l'équipe en congé jusqu'au lendemain, quitte à garder sa main blessée dans l'eau froide entre les prises, pendant tout un après-midi. Le tournage n'est pas de tout repos, d'autant plus qu'une très longue grève sévit dans les studios et que, pour ne pas risquer de se voir interdire l'entrée sur son lieu de travail, l'équipe du film reste consignée sur place, s'organisant un camp de fortune (sans toutefois se nourrir de têtes de poissons !). Le réalisateur, qui connaît bien Marlene, a dès le départ accepté de la contredire le moins possible, la laissant décider de son costume et de son maquillage autant que régir les éclairages. Le plus étonnant est que ce film assez ridicule, s'il fait ricaner la critique, remporte un succès public

qui réjouit la Paramount et redore le blason hollywoodien de Marlene. Sur un scénario absurde, dans un rôle
à priori impossible, elle a su jouer autant de son humour
que de son charme et s'est magistralement imposée.

Pas question de s'attarder en Amérique, une fois le
film terminé. Marlene repart pour l'Europe. Elle doit
être présente à Paris pour la première de *Martin Roumagnac*, le film qui a scellé sa désunion avec Gabin,
dont elle vient d'apprendre le prochain mariage. Il le lui
a lui-même annoncé par téléphone. Le soir même, au
terme d'une de ces grandes soirées hollywoodiennes dont
elle avait perdu l'habitude et où elle s'est rendue avec
Maria, dans une robe de mousseline bleue créée pour
elle à cette occasion par Travis Benton, qui a désormais
sa propre maison de couture, elle s'est saoulée. Méchamm-
ment saoulée. A s'écrouler, avant d'être ramassée par
Maria qui l'a ramenée chez elle et l'a couchée. Pour
se consoler, elle emmène Rudi avec elle en Europe.
Mr Dietrich y a des perspectives d'emploi qu'il ne trouve
plus aux Etats-Unis. Il pourrait y produire un film dont
Marlene serait la vedette. Ils ont laissé Tamara à New
York, où Maria s'occupe d'elle, devant la conduire régulièrement à des séances d'électrochocs que Marlene a
payées d'avance et qui les démoralisent autant l'une que
l'autre. Tamara n'est plus que l'ombre d'elle-même.
Maria, elle, retrouve le théâtre. Elle joue, elle met en
scène, elle rencontre l'homme de sa vie, William Riva, et
l'épouse. C'est maintenant une jolie jeune femme, qui a
perdu les kilos en trop acquis au cours d'une jeunesse
boulimique, qui a trouvé son équilibre et qui peut faire
face à la vie.

Le *Queen Elizabeth* arrive au Havre en janvier 1947.
Marlene espère maintenant tourner un autre film en
France, que Rudi ou non en soit le producteur. Dans ce
pays, le cinéma peut être encore un art, ce qu'il ne saurait être aux Etats-Unis, où les spectateurs sont, pour

les trois quarts, des enfants. Elle l'affirme aux journalistes qui l'attendent quand elle débarque d'un paquebot qu'elle n'a pas aimé (mais où est-il le temps des beaux et luxueux transatlantiques qui prenaient le temps de traverser l'océan ?). Très loin de l'esprit du divertissement américain, Marlene s'entiche de ce qui apparaît alors en Europe comme l'avant-garde du cinéma. Un réalisateur italien, Roberto Rossellini, invente un nouveau réalisme, un cinéma proche du documentaire, soucieux de réalité sociale. Il a filmé la capitale italienne (*Rome, ville ouverte*). Il voudrait maintenant filmer ce qui n'est plus la capitale de l'Allemagne divisée, Berlin. Max Colpet (ainsi a-t-il francisé son nom, *Kolpe)*, un vieil ami de Marlene, un exilé comme elle, désormais installé en France et qu'elle n'a jamais perdu de vue, entretenant une relation parfaitement amicale, travaille au scénario. Marlene s'engage à ses côtés, devant une machine à écrire, tape le script, non sans y mettre, bien sûr, son grain de sel. Et trouvant le temps de fréquenter les grands couturiers qui redonnent alors son élan à la mode parisienne, Dior et Balmain. La voici, de Paris, remise sur la route de Berlin, où, grâce à Colpet, elle peut faire signe à Billy Wilder, un émigré des premiers temps du nazisme, qui a réussi à Hollywood avant de revenir en Allemagne comme officier des forces d'occupation. C'est lui qui dirige Marlene, aux côtés de la jeune Jean Arthur, en faisant d'elle la chanteuse nazie de *La Scandaleuse de Berlin*, une comédie qui se situe dans les ruines de la cité vaincue. L'idée de Wilder est audacieuse, mais Marlene d'abord se voit mal en profiteuse du Troisième Reich. Aussi prend-elle d'abord la proposition pour une plaisanterie, mais le cinéaste parvient à la convaincre qu'on peut faire de l'humour avec l'Allemagne et que, d'ailleurs, Ernst Lubitsch ne les a pas attendus, lui qui a tourné en 1942 *To be or not to be*. Elle seule, dit-il, peut interpréter ce rôle et chanter les chansons que Friedrich Höllander compose pour elle. Après tout, il n'est pas absurde d'imaginer que Lola Lola aurait pu devenir la maîtresse d'un dignitaire du régime nazi avant d'entraîner dans la débauche une députée de l'Iowa en tournée d'inspection.

Ce Berlin de cinéma la ramène à Hollywood, où le tournage commence. Juste après qu'elle a reçu la Médaille de la Liberté, une décoration prestigieuse qu'elle est la première femme à pouvoir épingler sur sa veste. Elle ne s'en prive pas, tellement elle en est fière, jusqu'à énerver ses amis. Ceux qui sont restés à l'écart de la guerre voient d'un mauvais œil cette Allemande naturalisée afficher une preuve si brillante de sa citoyenneté. Ceux qui se sont autrement engagés trouvent un peu ridicule son manque de discrétion. Mais la discrétion fut-elle jamais son fort ? Et cette médaille n'est-elle pas l'Oscar qui récompense son meilleur rôle ? Le seul Oscar, d'ailleurs, qu'elle aura jamais. Ainsi médaillée, Marlene peut faire le film : personne ne pourra dire qu'il n'est pas politiquement correct. Et elle lui donne, dans un rôle assez complexe, beaucoup d'humanité, bien dans le ton de Wilder, dont la psychologie n'est jamais superficielle, dont l'ironie a plus de profondeur qu'on peut le croire. Les militaires, pourtant, n'aiment pas cette histoire, malgré la présence de leur héroïne. Ils la trouvent trop cynique, pas assez morale, ni assez respectueuse de ce qu'a été leur mission. *La Scandaleuse de Berlin* fait assez scandale pour être interdite dans l'Allemagne occupée. Mais, s'il y a un scandale dans ce film, c'est l'extraordinaire beauté dont Marlene rayonne encore. A quarante-sept ans. *Life* met une photo d'elle, magnifique, en *Une* et donne ainsi de l'espoir à toutes les jeunes femmes : la beauté ne serait pas qu'un privilège de la jeunesse, ou bien l'âge serait une notion relative. Décidément, bien des choses changent dans cet après-guerre, puisqu'une grand-mère peut être sexy.

LA VÉRITABLE MARLENE DIETRICH

John Michael Riva vient de naître. Marlene décide d'être une grand-mère exemplaire dans une production signée Dietrich. Elle s'installe à New York, près de la famille Riva, et découvre les charmes du baby-sitting. Elle se déguise en nurse et va promener bébé à Central Park tandis que ses parents travaillent. Avec tout de même quelques incursions à la radio, où les émissions dramatiques ne manquent pas, et où elle peut gagner, rapidement et sans trop d'efforts, un peu d'argent. Elle est ainsi la plus étonnante madame Bovary dont Gustave Flaubert ait jamais rêvé. Toujours aussi peu économe, elle vit au Plaza, tient à se montrer généreuse à l'égard des Riva (qui n'en demandent pas tant), entretient Rudi et Tamara, alors que son éternel mari, plus vite qu'elle revenu d'une Europe où il n'a pas trouvé de travail, a repris sa vie new-yorkaise et déprimante avec une compagne dont l'état ne s'améliore pas. La belle grand-mère n'en oublie pas pour autant d'être amoureuse. Et de rendre amoureux d'elle quelques hommes. L'éditeur de *Vogue* est prêt à l'épouser, mais elle est à jamais guérie de toute idée de mariage. Le mariage, ce ne pouvait être qu'avec Gabin, ce ne sera avec personne d'autre. Joe di Maggio, un joueur de base-ball qui sera plus tard le premier mari de Marilyn Monroe, contribue lui aussi à la distraire pendant quelque temps, mais elle se lasse d'essayer en vain de lui faire lire les romans de Hemingway

Marlene a beau prendre un certain plaisir à jouer les grands-mères ordinaires, à passer inaperçue à Central Park, il suffit qu'une caméra se propose de la filmer pour qu'elle retrouve sa superbe. Alfred Hitchcock lui en donne l'occasion, alors qu'elle n'a pas tourné depuis près de deux ans. Il la fait venir en Angleterre pour qu'elle tue son mari dans *Le Grand Alibi*. En ce printemps 1949, elle séjourne un peu à Paris, afin de faire quelques emplettes chez Dior, puisque son contrat lui laisse la maîtrise de ses costumes. Elle en profite pour revoir Erich Maria Remarque, qui reste le plus fidèle des amis, quelques autres aussi, dont Edith Piaf, qui lui confie bien volontiers une de ses plus belles chansons, *La Vie en rose*.

Le Grand Alibi n'est pas un des meilleurs films de l'as du suspense, mais la star s'y taille une place de choix. Habillée par le grand couturier parisien, chantant *La Vie en rose* et une chanson de Cole Porter, elle souffle une fois encore la vedette à l'actrice qui est censée avoir le premier rôle, la trop pâle Jane Wyman. Elle s'empare aussi du beau Michael Wilding. C'est une excellente façon de ne pas se laisser troubler par l'approche de la cinquantaine. L'actrice et la femme paraissent alors aussi épanouies l'une que l'autre et Marlene triomphe sur les deux tableaux. Le film, lui, n'emporte pas l'enthousiasme du box-office et ce n'est pas avec lui que Marlene risque d'obtenir un Oscar. Toutefois, puisque l'Académie qui décerne les trophées l'invite à remettre celui du meilleur film étranger, elle trouve le moyen de montrer à ces professionnels du cinéma qui, pour la plupart, ont toujours fait la fine bouche devant ses prestations, que la star suprême, c'est elle. Elle arrive en stricte robe noire quand l'heure est aux falbalas multicolores, mais bien ajustée sur sa silhouette à laquelle une gaine complice assure une forme idéale et qu'une longue fente ouvre sur la jambe. Et toute la salle, debout, l'acclame.

Une deuxième fois grand-mère, elle revient à New York, où les Riva désormais habitent dans une maison qui, curieusement, leur a été offerte par Joseph von Sternberg. En effet, celui-ci avait jadis souscrit au nom de Marlene une assurance-vie dont Maria devait être la bénéficiaire. L'assurance étant arrivée à terme, c'est un magot qui est tombé à point pour la petite famille. Et ce n'est pas tout à fait un cadeau de Marlene, quoi qu'elle en dise. Mais elle a encore du mal (elle en aura toujours) à admettre que Maria peut vivre sans elle. Ce que pourtant celle-ci fait très bien, actrice, épouse et mère de famille heureuse, qui a juste avec sa mère la patience qu'il faut pour apprécier ses qualités et se protéger de ses défauts. Heureusement, Marlene repart pour l'Europe, laissant derrière elle quelques amants avec lesquels elle entretient encore, plus ou moins, des relations : un général, un éditeur de revues, une actrice d'origine allemande, Hildegarde Kneff, avec qui elle a beaucoup sympathisé, et un bel acteur-chanteur-réalisateur du nom de Yul Brynner. Il deviendra bientôt célèbre après s'être fait raser le crâne et ce sera avec lui plus qu'une passade. Une histoire qui durera plusieurs années, passionnée mais secrète parce que Yul est marié et que sa femme est gravement malade.

Un autre film attend Marlene en Angleterre, *Le Voyage fantastique* de Henry Koster, qui n'ajoute rien à sa gloire, mais lui permet de saluer ses amis parisiens, de faire quelques acquisitions chez Dior et chez Balmain et de retrouver Michael Wilding à Londres. James Stewart aussi, puisqu'il est l'acteur vedette de ce film au générique duquel on peut aussi lire le nom d'Elizabeth Allen, celle qui se déguisa en Marlene à la soirée de Hollywood où Marlene était à la fois Léda et le cygne. Une jeune actrice, Jeannette Scott, qui a onze ans et dont ce n'est pas le premier film, est aussi de la partie. Marlene, qui se prend d'amitié pour elle, lui explique quelques trucs qu'elle ne sait pas encore et qu'une bonne actrice de cinéma doit savoir. Elle lui dit comment bouger en fonction des lumières et de la caméra, lui apprend à se préoccuper de l'angle de l'objectif qui la filme afin de ne pas ignorer dans quel cadre elle doit inscrire ses mouvements. Elle l'emmène même dans une salle de montage et Jeannette est fascinée par cette star si attentive, si confraternelle.

LA VÉRITABLE MARLENE DIETRICH

Marlene reste étrangement belle. Et toujours star. D'autant plus star que le temps semble n'avoir aucune prise sur elle. Le cinéma a renoué avec elle et les films s'enchaînent. Pas des chefs-d'œuvre, mais des films qui lui permettent de se montrer dans son éternelle splendeur. Car l'important, c'est elle, pas le cinéma, qui peut bien aller à vau-l'eau, lui, à condition de ne pas l'entraîner, elle. Mais elle se sent assez forte désormais pour y maîtriser n'importe quelle situation, pour y apparaître dans n'importe quel film. Dans *L'Ange des maudits*, par exemple, que dirige Fritz Lang, un western au scénario sans grand relief et au budget trop faible, mais que Lang a conçu pour elle, lui confiant auprès de Mel Ferrer un rôle de chanteuse de bastringue plus toute jeune. Lang et Dietrich ont été amants, il y a une vingtaine d'années, à Hollywood et en ont gardé de l'amitié, une complicité d'émigrés allemands contents de se retrouver pour parler leur langue. Mais, au cours du tournage, leur relation se dégrade vite. Marlene, qui a un rôle difficile à tenir pour une femme qui n'avoue pas son âge, se rajeunit systématiquement. Elle fait ce que lui dit de faire le réalisateur, comme d'habitude, avec son apparente discipline de bonne professionnelle, mais elle le fait d'une façon qui rend le film impossible. Parce qu'elle y paraît trop jeune, pas assez marquée par la vie. Lang est agacé, voit le film lui échapper. Marlene, qui ne supporte pas sa manière tyrannique de diriger l'équipe, le compare à Hitler, ce qui n'est pas pour plaire à un homme qui n'a jamais eu la moindre complaisance à l'égard du nazisme. Mais il est vrai que celui qui fut le grand Fritz Lang des années vingt, à Berlin, au temps de *Metropolis* et de *Docteur Mabuse*, n'a pas retrouvé dans le cinéma américain la même envergure. Toujours est-il que ces deux êtres, aussi rigides l'un que l'autre, ne trouvent plus le moyen de s'entendre, jusqu'à ne plus s'adresser la parole après la fin du tournage.

216

LA VÉRITABLE MARLENE DIETRICH

Lang n'en est pas moins admiratif quand il découvre qu'en pleine nuit son actrice est au studio en train de répéter devant un miroir une scène qu'ils doivent jouer le lendemain. Il sait bien que ce n'est pas pour lui qu'elle se donne tant de mal, que c'est simplement pour s'assurer de la perfection de son image, mais il se dit que la Dietrich est tout de même une sacrée bonne femme. Après avoir vu des rushes, elle demande à l'opérateur, qui déjà dirigeait les caméras de *Et tournent les chevaux de bois*, pourquoi il ne la filme pas aussi bien que dans ce film-là. Avec un beau sens de la repartie, il lui répond la vérité, mais avec beaucoup de tact, affirmant simplement qu'il avait, à l'époque, onze ans de moins. A dire vrai, personne ne devinerait qu'elle en a maintenant onze de plus. Et vingt-deux de plus qu'à l'époque de *L'Ange bleu*.

Qui aurait pu penser que l'alliance de deux personnes aussi extraordinaires que Lang et Dietrich pouvait donner un film aussi peu réussi ? Sans doute tire-t-elle assez bien son épingle du jeu sur le moment et la presse continue de dire qu'elle est une femme, une grand-mère, une star extraordinaire. C'est rassurant, mais ce n'est pas suffisant, car le box-office, une fois de plus, boude le film, donc la boude. Et Hollywood n'a guère envie de lui donner une nouvelle chance. *Life* peut bien titrer sur son « mythe magique » et l'ami Hemingway peut bien clamer son admiration dans le même journal, il y a tout de même quelque chose que peu de gens osent voir ou dire, à ce moment-là, c'est qu'il y a une fissure dans la statue de Marlene. *L'Ange des maudits* est un signal, celui du début du déclin. Jusqu'ici elle s'est maintenue de film en film, a prouvé la force extraordinaire de son rayonnement. Mais elle n'attire plus de bon projet. Aucun producteur, aucun réalisateur n'est plus capable, semble-t-il, de construire sur elle autre chose qu'un divertissement plus ou moins réussi. Marlene est toujours une star, mais elle n'est plus, du moins au cinéma, qu'une star. C'est-à-dire qu'elle n'est plus qu'une image qui flotte au-dessus de films médiocres. Une image avec laquelle elle joue, quand elle doit participer avec Mel Ferrer à une soirée de promotion, à Chicago. D'abord, pour chanter une première chanson, elle apparaît, plutôt ridicule, dans une large robe de tulle, qui la déguise en une caricature de starlette. Puis, exécutant rapidement en coulisses un changement de tenue, elle revient habillée en Altar Keane, l'entraîneuse fatale de *L'Ange des maudits*. Le public, d'abord sidéré, qui s'est demandé ce qui a pu arriver à l'idole, est ravi de cette bonne blague et se déchaîne d'autant plus en applaudissements.

L'âge la tracasse. Elle a beau le dénier, elle le sait, elle le sent et c'est pourquoi elle s'acharne tant à séduire encore, à ne pas compter amantes et amants. Aussi, quand Michael Wilding lui préfère la jeune Elizabeth Taylor, qui n'a pas encore vingt ans, elle est furieuse. Elle se console d'autant plus ardemment avec Yul Brynner, qui conquiert Broadway dans *Le Roi et moi*. Maria publiera des pages du journal de Marlene dans lequel elle inscrit toutes leurs rencontres, exprime sa passion et comptabilise les prouesses de son amant avec un réalisme bien éloigné des styles respectifs de Goethe et de Rilke, ses deux maîtres en littérature. Les parties de ce qu'elle nomme *steeple-chase* sont fréquentes et Yul accourt dès qu'il le peut pour la retrouver, lui téléphone en cours de représentation, dès qu'il sort de scène un instant. Plus elle vieillit, plus elle aime les hommes superbement virils et qui savent le lui témoigner. Longtemps elle a laissé entendre (Maria en témoigne) que l'acte sexuel ne l'intéressait guère, mais il semble, avec l'âge, qu'elle y trouve de plus en plus d'intérêt, que la virilité de l'homme qui la désire lui donne la preuve de sa propre jeunesse.

Marlene ne se laisse pas atteindre par les cahots de sa vie professionnelle. Quand le cinéma la boude, elle investit la radio. Elle a un visage, une silhouette, des jambes qui sont célèbres, dont elle a fait son fonds de commerce, son image de marque, les signes de sa gloire, mais à la radio, ce ne sont pas des atouts. Il se trouve qu'elle a aussi une voix rauque, enjôleuse, qui donne le frisson quand elle en joue, et elle sait diablement en jouer. A la voir on oublierait qu'on l'entend aussi. A l'entendre seulement, sur les ondes, on croit la voir comme on l'a déjà vue, et si on ne l'a jamais vue, on l'imagine. Pour la professionnelle qui a fait ses classes au cabaret et qui a connu les scènes de fortune du temps de guerre, il n'y a pas de lieu mineur pour se donner en spectacle. Certes, ce n'est pas la seule actrice de renom qui consente à jouer la comédie à la radio. Celle-ci, à cette époque, est une distraction partagée par un très large public, qui n'a pas toujours le loisir d'aller au cinéma, alors que la télévision n'en est encore qu'à ses débuts. Par ailleurs, la radio a un avantage sur le cinéma : elle se pratique à New York plutôt qu'à Hollywood. Or Marlene aime bien cette ville, où elle joue les grands-mères attentionnées et les amantes passionnées. Tout est donc (ou presque) pour le mieux dans la meilleure des Amériques possibles, où se fait entendre sa voix dans d'innombrables foyers. Non seulement elle interprète ses textes en comédienne, mais elle utilise sa machine à écrire pour reprendre les scripts de deux interminables feuilletons. C'est aussi à New York qu'elle enregistre l'essentiel de son répertoire de chanteuse. Dans bon nombre des films qu'elle a tournés, depuis *L'Ange bleu*, elle a eu à interpréter des chansons, dont plusieurs sont devenues de grands succès, surtout depuis qu'elle les a entonnées pendant la guerre. L'industrie du disque et les techniques d'enregistrement ont changé depuis quelque temps. Sa voix aussi, d'ailleurs, qui s'est approfondie. Alors, elle se laisse convaincre par le musicien Mitch Miller de l'intérêt qu'il y aurait à donner de nouvelles versions de ces chansons. Ce qu'elle fait quasiment comme sur scène, ne rendant nécessaire qu'un minimum de montage. Et le disque se vend bien, même très bien.

Le cinéma ne l'oublie pas entièrement. L'agent Charles Feldman se donne assez de mal pour que quelques projets soient à l'étude. Billy Wilder, Elia Kazan, Orson Welles sont sur les rangs. Mais un projet n'est pas un film et quand son engagement à la radio prend fin, Marlene Dietrich est au chômage. A un moment où son mari, le cher Rudi, subit plus durement qu'elle l'effet de l'âge. Cet homme qui ne travaille plus depuis longtemps, qui est entretenu par elle, avec sa maîtresse malade, a le corps qui lâche. Il faut l'opérer d'abord d'un ulcère, ensuite des intestins. Serait-ce quelque chose qu'il n'a pas pu digérer ? Une couleuvre qu'il aurait avalée, il y a longtemps, et qu'il n'aurait jamais digérée ? On ne fait pas de diagnostic rétrospectif, mais on peut gloser sur toutes les raisons que cet homme avait de souffrir d'une maladie psychosomatique. Marlene paie l'hôpital et demande à tous ses amis d'envoyer un télégramme de réconfort à Rudi. Elle est l'épouse parfaite, forcément. Mais le mari n'en peut plus. Maria l'aide à y voir clair, à se libérer de cette femme par qui il s'est laissé détruire.

Une fois rétabli, il prend son courage à deux mains. Sans parler de son projet à Marlene, il emprunte une forte somme à un ami, qui a assez de considération à son égard et de lucidité sur sa situation pour lui venir en aide. Alors, rompant avec ses anciens rêves de cinéma, sa vie brillante d'autrefois, sa belle mondanité de gentilhomme européen, il achète une maison dans la vallée de San Fernando, où il élèvera des poulets en compagnie de Tamara. Celle-ci, délivrée des médecins appointés par Marlene, ne s'en portera pas plus mal. Ce n'est pas une mince révolution dans la vie des Sieber et Marlene en est furieuse. Rudi lui échappe, prouve qu'il peut prendre une décision sans tenir compte de son avis, ni de son argent, et mener une vie qu'il a lui-même choisie. A Berlin déjà, quand Maria n'était qu'une petite enfant, il avait une vraie passion pour les pigeons, qu'il élevait sur le toit de leur immeuble. Une passion qu'il ne partageait pas avec Marlene. Quelque chose comme sa propre liberté. Les poulets, une trentaine d'années plus tard, ne sont pas des oiseaux très romantiques et son installation rurale n'a rien d'un ranch. Mais ils sont la preuve du sursaut d'un homme qui tente de sauver ce qui lui reste de peau, de rompre le cercle vicieux de violence feutrée auquel il est resté si longtemps soumis.

Déjà Maria a prouvé qu'elle peut voler de ses propres ailes. Maintenant, c'est Rudi qui l'abandonne. Les deux êtres qui sont sous sa coupe depuis trente ans rompent le lien de son pouvoir absolu. C'est bien la peine d'avoir été une mère et une épouse aimante, d'avoir donné son amour à ces deux êtres aujourd'hui ingrats. Elle se vexe, mais ne se détourne pas pour autant. Elle s'impose, avec Rudi comme avec Maria. Elle arrive quand cela lui chante, dans une voiture pleine de cadeaux, de plats qu'elle a elle-même préparés, de victuailles acquises chez les meilleurs fournisseurs de Los Angeles. Elle met de l'ordre dans la maison, distribue ses conseils, toujours régnante, ici comme ailleurs. Rudi est son mari, donc chez Rudi c'est chez elle. Et tant pis pour Tamara, une fois de plus abasourdie, humiliée. Ce n'est tout de même pas la faute de Marlene si cette pauvre femme est malade... N'a-t-elle pas tout fait pour la faire soigner ? N'a-t-elle pas tout fait pour elle, comme pour Rudi, comme pour Maria ? N'a-t-elle pas elle-même offert la liberté à sa fille et à son mari en leur achetant, dit-elle, une maison avec le produit de son dur labeur ? N'est-elle pas la générosité, la grandeur d'âme, le désintéressement mêmes ? La générosité, sans doute ; le désintéressement, c'est une autre histoire. Ce qu'elle aime, c'est mener la revue, conduire le spectacle. Et, à défaut d'en être le scénariste, d'en être le Monsieur Loyal.

Yul Brynner l'a sensibilisée à une cause qui lui est chère, celle de la paralysie cérébrale. Maria, qui est toujours une amie de Yul, s'est aussi investie dans une opération de recherche de fonds qui requiert la participation d'un grand nombre de vedettes. Elles seront toutes sur la piste du Ringling Brothers, Barnum & Bailey Circus, à Madison Square, pour donner un grand spectacle. Marlene ne saurait se contenter d'être un clown parmi d'autres ou de faire le tour de la piste sur le dos d'un éléphant. La grande dame du show-business ne peut être que Monsieur Loyal. Et elle l'est, splendidement. En short ultra-court de soie noire, collants noirs, bottines noires à talons, chapeau haut de forme, queue-de-pie écarlate, cravate blanche et fouet à la main ! Plus star que jamais. Reine de la soirée. Une Marlene en chair et en os, qui a plus de réalité que celle dont le cinéma ne saurait jamais donner qu'une image. Huit ans après la fin de la guerre, Marlene donne une nouvelle preuve, éclatante, de son sens du spectacle *live*. Le directeur du Sahara Hotel de Las Vegas le comprend si bien qu'il lui propose un tour de chant dans son établissement. Au même moment, un magazine lui demande d'écrire un article (fort bien payé, fait-elle remarquer à Erich Maria Remarque dont les talents d'écrivain n'ont jamais reçu un tel salaire) sur ce sujet dont on pense qu'elle est une experte : *Comment se faire aimer* ; et un éditeur lui commande un livre dans lequel elle donnerait aux femmes des conseils de beauté.

Plus d'un ami déconseille à Marlene de faire l'expérience du tour de chant. Cela leur paraît être un spectacle indigne d'une si grande star : une façon dangereuse aussi de se jeter dans la gueule du loup. Car il s'agit moins de faire son show dans une salle de spectacle que de se faire écouter d'un public impatient d'aller dépenser son argent au casino. Mais c'est mal connaître Marlene. Il suffit de l'inciter à la prudence pour lui donner envie d'aller de l'avant, de lui laisser entendre qu'elle pourrait ne pas réussir pour qu'elle s'engage à montrer qu'on a eu tort de ne pas lui faire confiance. Alors qu'elle vient de retrouver, sur la scène d'un cinéma et sur la piste d'un cirque, le frisson du public, en un moment où le cinéma ne lui fait pas les yeux doux, elle sent que s'offre à elle l'occasion de relancer sa carrière sur une autre voie, celle de ses débuts, avant que ne l'en détourne sa destinée de star du cinéma, celle qui lui a donné ses plus grands plaisirs. Le Sahara Hotel de Las Vegas, ce n'est pas Broadway, mais c'est assez proche du cabaret et ça, c'est quelque chose qui lui plaît. Si peu de distance entre elle et le public… Elle va sur place, inspecte les lieux, fait le tour des salles où passent des artistes, va voir sa vieille amie Tallulah Bankhead qui anime elle-même un night-club et qui lui montre qu'il n'y a là rien de particulièrement effrayant. D'ailleurs, si Tallulah, qui commence à être pas mal entamée par l'alcool, y arrive, il n'y a pas de raison qu'elle, Marlene, ne fasse pas mieux. Elle signe donc le contrat par lequel elle s'engage à revenir chanter six mois plus tard pour une vingtaine de jours. Vingt minutes de spectacle, qu'elle a le temps de bien préparer. Les chansons, ce n'est pas le plus difficile. Quelques répétitions et tout ira bien. Le trac, elle l'aura sans doute, mais ce n'est pas ça qui l'arrêtera. Elle ne veut pas d'un simple tour de chant. Le Sahara Hotel et ses clients pourraient s'en satisfaire, mais où serait le défi pour elle ? Et là où il n'y a pas de défi, il n'y a pas d'artiste. Elle a bien l'intention de leur en donner pour leur argent et de prouver à tout un chacun, en commençant par elle-même, qu'elle est la meilleure.

Elle pourrait faire avec le public le numéro de transmission de pensée qu'elle fit avec Orson Welles avant la guerre et qu'elle reprit avec Danny Thomas parmi les G.I.'s, mais elle abandonne vite cette idée, convaincue par l'argument que lui opposent Yul Brynner et Maria : une star ne doit pas se commettre avec le public, toute sa force lui vient de ce qu'elle est inaccessible. Il y a, à Las Vegas, une certaine vulgarité dont elle doit se défendre, afin d'être, quoi qu'il en soit, la grande Marlene. Pas question donc de faire du music-hall comme pourrait en faire n'importe quel bon artiste. Elle a beau être têtue, elle comprend vite où est son intérêt. Il lui faut être Marlene, une star qui ne se dérange pas pour leur offrir quelque léger divertissement, mais qui descend, royale, parmi eux pour leur en mettre plein la vue. Donc le costume. La petite robe noire de Piaf, dans laquelle son amie de Paris, avec si peu de gestes, peut tenir une scène et bouleverser une salle, ce n'est pas son genre. Elle, elle doit se montrer autant que se faire entendre. Et se montrer dans une tenue époustouflante.

C'est Jean-Louis, le couturier de la Columbia, qui est mis à contribution pour réaliser son idée. Elle reprend le modèle de la robe ajustée et pailletée qui a fait sa gloire militaire et en élabore une version sophistiquée, très ajustée, en un tulle d'une extrême légèreté posé sur un fond couleur chair qui la moule parfaitement, et constellé de perles scintillantes, cousues. Elle fait décliner cette robe qui lui donne l'air d'être à peine vêtue, ou prête à être dévêtue d'un coup de vent, en trois couleurs. L'une noire, la seconde blanche, la troisième dorée. Ainsi se renouvellera-t-elle, selon son humeur, de séance en séance, quoique gardant sur ce vêtement aérien un large manteau de fourrure qu'elle rejette en arrière des épaules, d'un mouvement sec, comme si elle allait s'en débarrasser en le laissant tomber – et ce geste restera tout au long de sa carrière de scène comme une signature. Pour la deuxième partie du spectacle, elle retrouve la tenue du cirque, frac rouge et haut-de-forme noir, mais elle remplace le short par un pantalon. Deux tenues pour montrer ses deux facettes : la sublime Marlene toute de *glamour* féminin, qui apparaît en pleine lumière comme une Vénus sortie de l'obscurité des coulisses, et la Marlene travestie, aguicheuse, pleine d'humour. Deux tenues pour assumer une ambiguïté sexuelle dont elle a toujours su jouer en public et que sa voix, qui depuis quelques années s'est assourdie, souligne. Dès lors, elle prend l'habitude de diviser son spectacle en deux parties. Pendant la première, elle chante des chansons de femme ; pendant la seconde, des chansons d'homme. Une minute lui suffit pour réaliser la transformation nécessaire. Bien sûr, elle ne laisse à personne le soin de définir son maquillage ou de régler les éclairages. Marlene, enfin, est son propre metteur en scène, portant à l'extrême l'image de la star sublime qu'elle a élaborée au fil d'une trentaine d'années d'activité cinématographique et qui doit beaucoup à sa collaboration avec Joseph von Sternberg. N'est-ce pas avec lui qu'elle a créé ce personnage, qu'elle a appris à le mettre en lumière ?

Au mois de décembre 1954, la partie est gagnée. Marlene triomphe à Las Vegas, fascine un public qui a l'impression d'avoir sous les yeux un être de légende, une reine juste sortie de son palais pour se faire révérer par son peuple. Elle a affaire à d'autres critiques que ceux auxquels le cinéma l'a habituée. Les journalistes spécialisés dans les spectacles de variétés sont déroutés par sa façon de chanter. Ce n'est pas là vraiment une chanteuse, plutôt une actrice qui dit des textes en musique. Mais ils admirent comment elle s'impose en élevant à peine la voix, avec très peu d'expressions et des gestes réduits au minimum ; comment elle joue ses textes, en fait de voluptueux sketches. Marlene, qui a déjà été un personnage important de l'histoire et de la légende du cinéma, entre en un instant dans la légende du music-hall. Elle a bien fait de ne pas accepter la proposition de la Columbia qui lui offrait un rôle dans l'adaptation cinématographique d'une comédie musicale portée avec succès par Gene Kelly sur une scène de Broadway. Elle voulait Frank Sinatra comme partenaire, on lui a proposé Jack Lemmon et elle n'en a pas voulu, laissant ainsi à Rita Hayworth un film sans intérêt. Elle, elle part pour Londres, pour le Café de Paris, un haut lieu de la vie nocturne. Son propriétaire, le major Donald Neville-Willing, a d'abord fait une offre à Greta Garbo : beaucoup d'argent pour faire ce qu'elle veut, même rien, du moment qu'elle se montre. Mais Garbo, justement, ne veut plus se montrer. Le major a évité de dire à Marlene qui il est allé voir avant elle, mais il n'a pas été mécontent du refus de la première star. Car la seconde le séduit par son énergie, sa façon rapide de lui renvoyer la balle, d'imaginer un spectacle plus important, plus élaboré que celui de Las Vegas. C'est donc Londres, et ensuite ce seront Paris et Amsterdam, en une petite tournée que le major organise. La promotion du spectacle a été bien orchestrée et la foule se presse à Piccadilly, où des cordons de police doivent la contenir. Noel Coward, une vedette de la scène britannique, présente Marlene en disant un petit poème de circonstance dans lequel il la compare à Hélène de Troie, la belle dont la beauté trop convoitée embrasa la Grèce. A minuit, elle apparaît devant un parterre dans lequel on reconnaît quelques représentants de la famille royale, pour un spectacle qui dure une heure et demie, divisé en deux parties comme le précédent. Elle l'ouvre avec *La Vie en rose* et le termine par *Falling in love again*, un souvenir de Lola Lola. Et pas question, malgré l'ovation, de chanter quelques couplets supplémentaires. Ceux qui en voudraient plus pourront toujours acquérir le disque enregistré au cours de ce récital historique.

226

LA VÉRITABLE MARLENE DIETRICH

Marlene est heureuse de son succès sur scène, de ce nouveau départ, de l'accueil de Londres, de cette nouvelle carrière. Car elle ne doute pas un instant que c'est de cela qu'il s'agit. Il y a déjà longtemps qu'elle sait que sa relation avec le cinéma, ce n'est pas, ce n'est plus le grand amour. Il y a longtemps aussi, depuis la guerre, qu'elle veut retrouver le public, le vrai, en chair et en os, celui qu'il faut affronter, émouvoir, convaincre, séduire, sans artifice, en prenant un risque immédiat. Rien à voir avec cette abstraction qu'est le box-office, cet instrument de mesure des bénéfices encaissés par les grandes compagnies. Marlene est heureuse, donc généreuse comme elle sait l'être. Charles Higham raconte trois anecdotes édifiantes. Marlene, d'abord, allant visiter des enfants aveugles qui, pour la *voir*, lui caressent le visage et qu'elle accompagne à la gare quand ils partent en vacances. Marlene, ensuite, venant en aide à un serveur du Café de Paris dont la femme vient d'être assassinée, afin qu'il puisse envoyer ses enfants à la campagne (ce n'est pas sa mère qui risque de les garder, vu qu'elle est l'assassin !). Un cœur de grand-mère bat sous la robe de mousseline... Marlene, enfin, se rendant dans un hôpital, au chevet d'un inconnu, qui devait venir voir son spectacle mais qui a dû être hospitalisé en raison d'un cancer. Un cœur d'amante aussi continue de battre en elle, très entourée à Londres, retrouvant d'anciens partenaires tel Harold Arlen, fréquentant de nouveaux courtisans tel le critique Kenneth Tynan, qui fait la pluie et le beau temps sur les scènes britanniques et dont l'intelligence la séduit, envoyant des lettres enflammées à Yul Brynner qui joue encore *Le Roi et moi* aux Etats-Unis, recevant la visite de quelque autre amant américain ; se liant aussi, selon les informations inscrites dans son journal, avec une blonde Suédoise.

Marlene est épanouie. Heureuse. Elle prouve qu'elle n'a pas fini d'être une star. Elle montre qu'elle n'est pas près de céder sa place. Ce n'est pas parce qu'on ne la verrait plus sur les écrans qu'elle serait finie, elle, la sublime qui a plus d'un tour dans son sac. Sa bonne forme de quinquagénaire ne tient pas qu'à la confiance en elle que lui donne cette bonne conjoncture. Un usage inconsidéré de la chimie n'y est pas pour rien. Depuis quelque temps déjà, pour faire reculer les symptômes de la vieillesse et ignorer la fatigue, elle se dope avec tous les produits que des médecins complices veulent bien lui prescrire. Cortisone pour stimuler les cordes vocales, cocktails de vitamines pour la santé générale, amphétamines pour le punch éternel, excitants et tranquillisants divers, comprimés et piqûres et, pour faire passer le tout, champagne à toute heure du jour. Une vieille habitude, déjà, le champagne, mais en plus du plaisir qu'il lui donne, elle lui trouve une vertu médicale : quand il lui arrive de souffrir des jambes en raison de troubles de la circulation, cette boisson miraculeuse la soulage. Bien sûr, une tabagie intensive s'ajoute à cette consommation qu'une personne ordinaire ne supporterait sans doute pas avec la même résistance.

L'Europe apprend à aimer cette nouvelle Marlene, qu'elle a connue en uniforme et chantant *Lili Marlene*. Une chanson bien inscrite à son répertoire, mais interprétée désormais dans une autre tenue. A Paris, où elle en profite pour aller chez Dior, revoir Maurice Chevalier et célébrer le 14 Juillet sur les Champs-Elysées, en tête de l'American Legion, arborant la Médaille de la Liberté et la Légion d'Honneur. A Monte-Carlo, où elle participe à un gala de charité au bénéfice des malades atteints de poliomyélite, une maladie grave pour laquelle on ne dispose pas encore de vaccin, et où Jean Marais la présente en lisant un texte de Jean Cocteau, qui n'a pas hésité à lui témoigner son amitié et qui la compare à un oiseau-lyre. A Amsterdam, elle tient à aller voir la maison d'Anne Frank où, selon le major Neville-Willing qui l'accompagne, elle est très émue.

L'enfance malheureuse touche toujours vivement cette mère qui a cru faire le bonheur de sa fille, bien qu'elle s'y soit prise assez maladroitement, cette grand-mère qui ne manque jamais d'affirmer combien elle aime ses petits-enfants, bien que son mode de vie ne l'aide guère à pratiquer l'art d'être grand-mère et qu'elle soit de moins en moins disponible pour eux au fur et à mesure qu'ils grandissent. C'est surtout en travaillant, en gagnant de l'argent, qu'elle remplit au mieux, selon elle, ce double rôle et c'est tout juste si elle ne reproche pas à Maria et à son mari de perdre leur temps à des travaux sans intérêt qui leur rapportent bien peu en comparaison de ce qu'elle gagne en un tour de chant. Rudi et Tamara, eux, ont plus besoin de son aide financière et il est vrai qu'elle n'en est pas avare, quitte à le leur faire payer en leur montrant que chez eux elle est chez elle et que la façon qu'ils ont d'élever des poulets est ridicule. Rudi, lui, toujours proclamant son amour à l'égard de son épouse et lui témoignant une reconnaissance bien normale, se montre plutôt content de sa nouvelle vie, ne se sent pas du tout déchoir, apprécie d'avoir beaucoup de travail (la volaille, nombreuse, et le commerce des œufs ne sont pas de tout repos).

Marlene, revenue à Los Angeles, ne manque pas d'aller les voir, de faire le ménage qui, à ses yeux, en a besoin, de remplir le frigidaire et de porter à Tamara des vêtements qu'elle-même ne porte plus. Pour son deuxième passage à Las Vegas, elle a décidé de changer de tenue. Elle se remet au travail avec Jean-Louis. Cette fois-ci, elle montrera moins ses seins et plus ses jambes, en noir ou en blanc selon les jours, tandis qu'une soufflerie fera voler la mousseline, avant de retrouver frac et chapeau haut de forme. Après Las Vegas, elle retournera à Londres et au Café de Paris, confirmant ainsi sa transformation de vedette de cinéma en artiste de variétés. Elle n'en abandonne pas pour autant le cinéma. Ou bien est-ce le cinéma qui ne l'abandonne pas ? Toujours est-il que Mike Todd, un producteur mégalomane qui a réussi quelques belles opérations de show-business et dont elle s'est fait un ami (peut-être plus qu'un ami), insiste pour qu'elle intervienne dans la superproduction qu'il monte au cinéma, *Le Tour du monde en quatre-vingts jours*. Il vient de subir un échec cuisant avec une comédie musicale tirée du roman de Jules Verne dans laquelle s'étaient pourtant engagés Orson Welles et Cole Porter, mais il pense tenir là un sujet tellement bon qu'il serait sot de ne pas tenter d'en tirer autrement profit. Pour cela, il utilise un procédé nouveau qui permet une projection sur grand écran. Il en a acquis les droits et lui a modestement donné son nom, du moins le nom sous lequel il s'est fait connaître. Mike Todd se nomme, en effet, Avrom Goldenbogen et c'est en Todd-Ao que *Le Tour du monde en quatre-vingts jours* sera projeté. Marlene y retrouve la figure légendaire de fille de saloon qu'elle a déjà incarnée dans plusieurs films. Elle s'y montre assez splendide pour qu'on s'étonne de ce que Phileas Fogg, interprété par David Niven, ne s'arrête pas plus longtemps auprès d'elle, quitte à en perdre son pari. La distribution de ce film est étonnante et Todd a réussi à entraîner dans cette aventure une brochette internationale de vedettes parmi lesquelles Buster Keaton, Fernandel et Peter Lorre ne sont pas des moindres. Il suffit que chacun fasse une brève apparition pour que son nom soit sur l'affiche.

Le succès est énorme et Marlene y gagne un autre film, *Monte-Carlo*, une production italienne dans laquelle on la voit se livrer à une de ses activités culinaires favorites, la confection des œufs brouillés. La vedette masculine de cette histoire de joueurs et de casino peu passionnante est l'Italien Vittorio De Sica, acteur et réalisateur chevronné, que Marlene apprécie modérément. Aussi peu comme homme que comme acteur. Réalisé par Samuel Taylor, le film n'a pas beaucoup plus d'intérêt qu'une page de publicité consacrée au rocher que les Américains considèrent un peu comme leur propriété depuis qu'une actrice de cinéma en est devenue princesse. Grace Kelly a, en effet, abandonné la gloire du septième art pour les ors de la principauté monégasque. L'ambiance sur le film est assez détendue pour que Marlene prenne son séjour à Monaco comme des vacances. Elle passe du bon temps avec une jolie Française qui s'est laissé cueillir sans difficulté et qu'elle a soufflée à son partenaire, lui aussi intéressé par la belle. Elle est aussi fascinée par un travesti alors célèbre, du nom de Coccinelle, et amoureuse du beau cinéaste italien Luchino Visconti. Elle le couvre de roses, mais il reste de marbre.

Un autre film la requiert plus vivement. Dès qu'elle a entendu parler de cette adaptation d'un roman d'Agatha Christie, elle a décidé qu'elle devait emporter le rôle féminin principal de *Témoin à charge* (1957). Avec l'entêtement et la force de persuasion dont elle est capable, elle y parvient, avec la complicité de Billy Wilder, le réalisateur du film, qui l'aide à convaincre des producteurs hésitants. Le cinéaste est en pleine forme. Sans exagérer dans l'exercice du culte dietrichien, il donne l'occasion à la femme et à l'actrice de faire une belle et étonnante apparition, bien loin de celles qui la font triompher sur scène. Tailleur, coiffure et maquillage stricts, Marlene, à cinquante-sept ans, est encore splendide et parfaitement crédible dans un rôle de femme prête à se sacrifier pour un homme qu'elle aime, dans une histoire policière assez tordue, telle que les concocte la romancière anglaise. On a d'autant plus de mal à croire qu'elle

231

puisse se transformer soudain en femme laide et vulgaire, à la fin du film, malgré le mal qu'elle s'est donné pour mettre au point son déguisement et parler anglais avec l'accent des faubourgs de Londres. Dans le film, elle séduit sans difficulté l'avocat interprété par Charles Laughton, mais c'est en vain qu'elle teste son pouvoir de séduction sur Tyrone Power, lequel se montre aussi insensible à ses charmes que Luchino Visconti. L'âge, peut-être, commence à faire son effet et, quand elle accepte de ne pas le dissimuler pour être tenancière de bordel dans le très beau film de son ami Orson Welles, *La Soif du mal*, elle est d'un naturel remarquablement convaincant. Comme si elle venait de perdre à la fois son masque et ses attelles. Son rôle est secondaire mais éclatant et la complicité de ces deux monstres sacrés donne au film une belle envergure.

Yul Brynner reste à cette époque le plus constant et le préféré de ses amants, bien qu'il n'ait toujours pas quitté sa femme. Ils se retrouvent en Californie dès que leurs engagements respectifs le leur permettent. Après l'immense succès qu'il vient de remporter sur scène, il tourne une superproduction qui va faire de lui une vedette internationale, rien moins que l'histoire biblique des *Dix Commandements*. D'autres rencontres, d'autres hommes la rassurent sur sa beauté et sa jeunesse. Le politicien Adlaï Stevenson, l'écrivain William Saroyan, l'acteur Raf Vallone et Frank Sinatra, un vieux camarade qui prend de plus en plus de place dans sa vie et ses sentiments, jusqu'à faire de l'ombre à Yul Brynner et provoquer sa jalousie. Marlene trouve que le crooner est le plus tendre et le plus aimable des hommes et la façon qu'il a de s'entourer de mauvais garçons l'amuse. Michael Wilding, qui s'est séparé d'Elizabeth Taylor, est aussi dans les parages. Rudi, lui, pour qui les affaires ne marchent pas vraiment bien, malgré l'augmentation du nombre de ses poulets, qui sont maintenant quatre mille, a encore de graves ennuis de santé. Un infarctus l'envoie à l'hôpital, où Marlene est aux yeux de tous une épouse éplorée qui ne lâche pas la blouse des médecins auxquels elle explique tout ce qu'ils devraient faire pour soigner son mari. Pour remonter le moral de celui-ci, elle lui apporte du caviar et du Martini-gin, tandis que Tamara, que personne ne tient au courant, erre dans les couloirs. Bientôt, elle s'ouvrira les veines et sera internée dans un asile psychiatrique. Maria arrive d'urgence du Delaware, où elle était en tournée, et la plus singulière des familles du show-business, aux liens à la fois distendus et indénouables, se réunit un moment dans la chambre du malade.

Yul Brynner prend ses distances. Il reste trop longtemps sans donner de nouvelles à Marlene, passe avec elle une nuit torride, puis disparaît de nouveau. Elle est malheureuse. Elle l'écrit dans son journal. Elle l'écrit à Noel Coward, son confident amical et elle envoie un double de la lettre à Maria, qui garde une partie des archives. Sa fille, une fois encore, étonne Marlene quand elle décide d'abandonner sa carrière d'actrice et de ne plus s'occuper que de son mari et de ses enfants. Elle donne naissance à un troisième fils, handicapé, et la grand-mère comprend mal comment d'elle, si parfaite, peut naître, deux générations plus tard, un être qui, lui, ne l'est pas. Ce n'est donc pas son aïeule qui aidera le petit garçon à surmonter l'adversité et Maria ne peut dès lors que prendre, elle aussi, un peu plus ses distances.

Le Musée d'art moderne de New York lui rend hommage en organisant une rétrospective de ses principaux films. La Suédoise May Britt reprend le rôle de Lola Lola dans un remake de *L'Ange bleu* et Brigitte Bardot celui de Concha Perez dans *La Femme et le pantin*, mais le cinéma ne lui propose plus rien. Heureusement, le music-hall la réclame encore. Las Vegas lui est fidèle et l'Amérique du Sud l'appelle. A Rio de Janeiro, à Buenos Aires, son arrivée tourne à l'émeute. Le numéro, parfaitement rodé, ne manque jamais d'être un succès et le monde entier s'étonne de l'admirable prestance de cette femme, qui rayonne depuis près d'un demi-siècle. Quand elle chante son célèbre *Falling in love again*, bien des hommes et des femmes tombent amoureux d'elle. Le musicien Burt Bacharach, qui est maintenant son accompagnateur attitré et qui a repris l'arrangement de ses chansons, l'a aidée à parfaire son style, à transformer la star, venue faire son numéro dans un night-club, en artiste de music-hall chevronnée. Il n'a qu'une trentaine d'années, mais déjà une bonne expérience du show-business, et il est pour elle autant un ami que le directeur musical en qui elle a toute confiance. Avec lui maternelle plus qu'amante, Marlene ne se soucie pas de le voir lui préférer les jeunes femmes qu'il cueille sans difficulté au hasard des spectacles. Au mois de novembre 1959, ils sont à Paris, au Théâtre de l'Etoile. Maurice Chevalier accueille sur scène cette femme qu'il a aimée à Hollywood et prend le public à témoin des sentiments et de l'admiration qu'il n'a jamais cessé de lui porter et qu'il ne tient aucunement à cacher. Piaf, malade, ne peut pas assister au récital et Marlene refuse de chanter *La Vie en rose* tant que son amie ne sera pas de nouveau sur pied. Quelques-uns de ses meilleurs amis sont dans la salle : Orson Welles, Noel Coward, Margo Lion, Jean-Pierre Aumont, Jean Cocteau... Paris est fou de Marlene. Jean Gabin, lui, s'est abstenu.

L'Allemagne et l'Autriche sont plus difficiles à conquérir pour celle que beaucoup d'Allemands considèrent encore comme une traîtresse. La presse publie d'étonnantes lettres de lecteurs qui expriment sans retenue leur animosité, tandis que d'autres répondent qu'elle est de ceux qui ont sauvé l'honneur d'une Allemagne tombée aux mains des nazis. Elle affronte la tempête, craint de recevoir des œufs et des tomates, voit un certain nombre de spectacles annulés au dernier moment et des salles qui se remplissent difficilement. Le chancelier Willy Brandt l'accueille à l'aéroport de Berlin. Elle retrouve quelques compatriotes qui, eux, ont quitté Hollywood pour revenir à Berlin : Curtis Bernhardt, Wilhelm Dieterle et Hildegarde Kneff. Elle chante en allemand, bien sûr, les chansons de *L'Ange bleu* et *Lili Marlene*. Elle fait une exception à ses habitudes en répondant favorablement au public qui la bisse. Et la situation se retourne en sa faveur. Munich et Düsseldorf font salle comble tandis que des fans se massent dans la rue pour l'apercevoir. Une seule agression la choque : une jeune fille qui parvient à s'approcher d'elle pour lui cracher au visage. La douleur est morale, tandis qu'à Wiesbaden c'est un accident plus physique qui risque d'interrompre sa tournée et requiert tout son courage. En tombant de scène, elle se casse la clavicule. L'alcool n'est pas pour rien dans cette mauvaise appréciation de l'espace scénique, car le champagne est toujours un de ses stimulants préférés. Mais, quelles que soient les réserves de ses compatriotes à son égard, quel que soit le douloureux avertissement qu'elle vient de recevoir, le spectacle continue.

VIII

LA SOLITUDE

MARLENE est tombée, et s'est relevée. Elle n'a pas pris au sérieux cette alerte, cette première preuve de faiblesse en public. La prudence n'a jamais été son fort, non plus que l'épargne. Peu apte à penser aux lendemains, peu encline à s'imaginer vieillissant, elle n'est pas plus économe d'elle-même que de l'argent qu'elle gagne. Pour le moment, elle a encore l'énergie et le succès, et elle en profite pour recueillir toute la gloire qui semble venir à elle tout naturellement. Certes, sur scène elle fait encore merveilleusement illusion, grâce à la gaine enveloppant un corps qui n'a tout de même plus la même sveltesse, grâce aux artifices du maquillage et au contrôle de la lumière. Dans des situations plus banales, l'illusion est moins réussie, les signes de l'âge sont moins discrets. Mais sa beauté n'en est peut-être que plus grande, puisque plus humaine, plus naturelle. Sa santé aussi s'altère. Son principal problème, c'est le sang. Une mauvaise circulation, empirant dans les jambes, et des douleurs que champagne (whisky aussi maintenant) et drogues ont du mal à vaincre. Pas question de

239

diminuer le nombre des pilules de toutes sortes qu'elle avale chaque jour : puisque ce sont des médicaments, elles ne peuvent être nocives ! L'alcool, c'est presque pareil, elle en ressent aussitôt les bienfaits. Il y a bien quelques moments difficiles, mais d'ordinaire elle ne perd rien de son étonnante maîtrise. Elle, qui depuis si longtemps est une grande fumeuse, veut bien faire une concession aux prescriptions de la raison médicale : elle fait le pari de supprimer de sa vie les cigarettes et y parvient, mais elle paye cet acte de volonté d'un surcroît d'insomnie, tel qu'il lui faut augmenter les doses de somnifère.

L'épaule encore en écharpe, elle se produit au Danemark, avant de se rendre en Israël où elle opère une petite révolution dans l'histoire du spectacle. Normalement on ne chante jamais en allemand sur une scène de l'Etat hébreu. Trop de mauvais souvenirs sont attachés à cette langue, pourtant parlée par une grande partie de la population. Marlene qui, bien sûr, en a été prévenue, décide de passer outre. Sûre d'elle, elle demande au public s'il est contre le fait qu'elle chante *Lili Marlene* dans la langue originale et, plébiscitée, elle peut, de sa voix rauque, entonner la plus célèbre de ses chansons, son chant de guerre. Son engagement contre l'Allemagne nazie est un argument suffisant.

L'histoire la rattrape d'une autre manière, par l'intermédiaire du cinéma. Stanley Kramer l'invite à être l'épouse d'un général allemand dans *Jugement à Nuremberg*, dont une première version a été tournée quelques années auparavant pour la télévision. Marlene en personnalité du IIIe Reich, cela peut surprendre, mais quelle autre actrice pourrait être crédible dans ce rôle sans qu'on puisse le lui reprocher ? Elle a été frappée par ce que son voyage en Allemagne lui a révélé : son pays ne s'est pas encore entièrement guéri du nazisme, qui a été l'aventure collective du peuple allemand. Le procès de Nuremberg, par lequel s'est conclu la Seconde Guerre mondiale, en condamnant les dignitaires du régime, n'a pas moins mis en évidence le peu de résistance que le pays leur a opposé. Ainsi l'actrice qui a, le plus souvent, eu à mettre en avant son physique dans des rôles de femmes légères, à la limite de la morale et de la légalité, est-elle dans ce film une aristocrate allemande imprégnée d'une éthique militaire qui s'est retournée contre les valeurs qu'elle prétendait défendre. Le personnage fait irrésistiblement penser à Josephine von Losch, ex-Dietrich, qui incarnait une dignité prussienne traditionnelle, qui ne fut jamais adepte de l'idéologie hitlérienne, mais qui aurait bien pu avoir un mari général de la Wehrmacht sous le IIIe Reich. Cette femme hautaine et de grande allure, Marlene aurait pu l'être, à l'instar de sa mère, si, au lieu de devenir une star américaine, elle était restée dans son pays pour y mener la vie que son hérédité et son éducation lui promettaient. Le rôle est taillé parfaitement à sa mesure et elle ne peut y être que convaincante, face à un Spencer Tracy qui, de l'autre côté de l'histoire et du procès, fait preuve d'une même classe et d'une même force, alors que leurs deux partenaires, Judy Garland et Montgomery Clift, donnent à leurs personnages la fragilité que l'un et l'autre ont alors dans leur propre vie. C'est tout naturellement dans la foulée de ce film, dont les intentions morales et politiques sont supérieures aux qualités artistiques, qu'elle accepte, pour un salaire relativement faible, de dire le commentaire d'un documentaire sur Hitler, *Le Renard noir*, réalisé par un cinéaste inconnu, Louis Clyde Stoumen, qui n'a qu'à se réjouir de la manière dont elle s'implique dans le film, faisant plus d'une remarque judicieuse sur le script.

Marlene, au cinéma, condescend à ne plus jouer les jeunes femmes. Mais elle s'y crée un nouveau personnage, celui de la femme mûre encore séduisante,

241

épanouie, désirable. Tout de même encore loin de l'âge que lui donne un état civil qu'elle corrige d'ordinaire de quelques années. Sur scène, où le regard du public n'a pas la même précision, elle peut mieux continuer de jouer la vamp dotée d'une beauté inaltérable, à condition toutefois de ne pas se jeter dans la fosse d'orchestre. Elle endure l'artériosclérose, qui la fait tant souffrir des jambes, sans prendre au sérieux les avertissements des médecins qui lui parlent d'un risque de gangrène et d'amputation. Mais comment, elle, Marlene Dietrich, pourrait-elle être atteinte d'une maladie de vieux ? Elle n'aime pas les médecins qui lui rappellent son âge, préférant alors faire confiance à quelques guérisseurs plus ou moins diplômés et plus ou moins troubles. Elle contient ses jambes enflées dans des bas à varices, qu'elle dissimule en revenant à un port intensif du pantalon. Elle met à ses pieds des chaussures plus grandes et plus larges que sa pointure normale. Elle continue d'avaler toutes sortes de pilules, de se glisser d'innombrables suppositoires et d'aller en Suisse dans un château-clinique des plus huppés. Là officie un magicien de la lutte contre le vieillissement, qui envoie dans quelques-unes des plus célèbres et des plus riches fesses du monde des giclées d'un liquide à base de cellules fraîches prélevées sur des fœtus d'agneau. La cure est facilitée par le fait que Maria vient de s'installer près de Genève et que Noel Coward a une maison dans les parages. Ainsi Marlene, grande voyageuse qui continue de courir le monde avec son orchestre et ses chansons, prend-elle quelque repos dans le pays le plus calme d'Europe, où elle peut faire la nurse pour son quatrième petit-fils et l'amante pour une jolie actrice blonde du nom de Marti Stevens.

Les amis, eux aussi, vieillissent. Certains meurent, d'âge ou de maladie. Cocteau et Piaf se retirent presque en même temps, bien malgré eux. Hemingway, lui, se tire une balle dans la tête. La mort rôde autour d'une femme de soixante ans, qui la craint moins qu'elle ne craint la vieillesse. Car la vieillesse est une négation de la beauté, donc de Marlene – ce que n'est pas forcément la mort. A Londres, au Théâtre du Prince de Galles, pour un gala de charité présidé par la reine mère et dont elle est la vedette, elle rencontre quatre jeunes gens très dynamiques dont l'énergie la stupéfie. Les Beatles sont au début de leur carrière. Elle, elle ne se sent pas encore près de lever le pied. Elle chante encore à Las Vegas, à San Francisco, Washington (où elle est reçue, à la Maison-Blanche, par son jeune ami du Cap d'Antibes, John Kennedy), Toronto, Paris, Varsovie, Moscou. Toujours aussi « glamour », moulée dans sa longue robe scintillante, mais maintenant les épaules couvertes d'un gigantesque manteau en plumes de cygne, et accompagnée par le brillant Burt Bacharach. Belle toujours, mais d'une beauté désormais plus fragile, qu'on sent vulnérable, bien qu'elle fasse encore tout pour le cacher. Sur l'écran toujours impeccable de son masque se fait tout de même sentir la vibration d'une inquiétude nouvelle, celle que l'âge et une santé moins fiable ne manquent pas de provoquer. C'est cette faiblesse, à peine décelable encore, qui donne à sa voix, son interprétation, une qualité d'émotion dont le professionnalisme des premières années ne suffisait pas à l'enrichir. Et la chanson de Pete Seeger's, dont elle est devenue la meilleure interprète, *Where Have All the Flowers Gone* (*Où sont parties toutes les fleurs ?*), résonne désormais d'une étrange nostalgie. De même que le célèbre *Blowin'in the Wind* de Bob Dylan. C'est la Marlene tendre et romantique qui chante, la lectrice de Goethe et de Rilke, tandis que la Lola Lola de *L'Ange bleu*, qu'évoquait encore récemment l'insolente Marlene en frac et haut de forme, n'est plus qu'un souvenir.

Burt Bacharach la quitte, abandonne les tournées et l'accompagnement pour se consacrer à la composition et à la femme qui va partager sa vie, une belle actrice dont les jambes n'ont rien à envier à celles de Marlene : Angie Dickinson. Marlene est furieuse d'être ainsi délaissée par un ami proche et un collaborateur qui est un point d'appui important pour ses spectacles. Elle peut remplacer le musicien sans trop de difficulté, mais elle perd l'ami de ses tours du monde. Il lui annonce leur séparation, alors qu'ils sont au Festival d'Edimbourg. Elle est encore sous le choc de cette nouvelle quand il lui faut vite aller dans la vallée de San Fernando pour soutenir le moral de Rudi, alors que Tamara vient de mourir, tuée par un autre pensionnaire de l'asile psychiatrique d'où elle ne sortait plus. Marlene a gardé pour son mari toute son affection, même un amour profond pour ce vieux compagnon qui n'est plus que l'ombre de celui qu'il a été.

Rien ne vaut un coup de foudre pour se remonter le moral. A Sydney, où elle bat tous ses records d'applaudissements (presque une heure !), elle est amoureuse d'un jeune et fringant journaliste, Hugh Curnow, qui, bien que marié et père de trois enfants, est un libertin invétéré. Il a une trentaine d'années et pas mal de bagout. C'est un costaud, qui a des airs de Gabin, un ambitieux aussi, qui a réussi à obtenir d'elle une interview en lui écrivant que, si elle refusait, il perdrait son emploi et ne pourrait pas nourrir ses enfants. L'argument a fait mouche et la star a été séduite par l'homme. Il n'est pas vraiment amoureux d'elle, un peu profiteur sans doute, s'amusant d'une aventure plutôt exceptionnelle, qui lui permet de publier quelques articles auxquels elle s'est livrée bien volontiers. Il l'accompagne à Hollywood, puis à Paris, où il est censé l'aider à écrire ses Mémoires. Il ne manque pas de faire des confidences pour le moins indélicates à un de ses amis, Charles Higham, le premier biographe de Marlene. Les Mémoires ne s'écrivent pas, la liaison ne dure pas. Le jeune homme se lasse. La vieille femme aussi. Le journaliste rentre à Sydney. Quelque temps plus tard, Marlene revient en Australie, au festival d'Adélaïde, où, juste avant d'entrer en scène, elle apprend que Curnow vient d'être décapité par une pale d'hélicoptère. Malgré le choc, elle assure sa voix et chante. Car telle est la loi des gens du spectacle : quoi qu'il arrive le spectacle doit continuer. *The show must go on.*

Le spectacle continue dans le monde entier. Marlene n'en finit pas de monter et de descendre d'avion, d'entrer et de sortir de scène, d'avaler des pilules et des verres de champagne ou de whisky, de saluer au passage quelques vieux amis. Elle travaille. Parce qu'il lui faut gagner sa vie, déclare-t-elle à un journaliste, et avec l'énergie d'un chef d'entreprise. Elle produit elle-même ses spectacles, en paye les frais, verse les salaires de son équipe. Maria, depuis des années, n'a plus besoin de son aide, Bill gagnant fort bien sa vie comme designer. Rudi, lui, en a un plus grand besoin ; il vieillit tristement avec ses poulets et elle va le voir après qu'il a eu un nouvel infarctus. Le spectacle continue surtout parce qu'il doit continuer, parce que Marlene en a besoin pour être encore Marlene, une Marlene qui a besoin de se montrer, de se donner à une salle, qui vit de ce constant échange avec le public. Sa vie désormais est sur la scène.

Il n'y a encore qu'un endroit prestigieux où elle n'a pas chanté : Broadway. Le centre mondial des variétés, où se font les succès les plus sûrs, où les échecs sont sans merci. Broadway, c'est le grand jury, qui accorde la récompense suprême du music-hall. Elle y apparaît, le 9 octobre 1967, sur la scène du théâtre de Lunt-Fontanne, dans une robe dessinée par Jean-Louis, ornée de perles fixées sur une résille d'or. Burt Bacharach est revenu exceptionnellement au piano. Elle y reste six semaines, devant des salles combles et avec les éloges d'une presse quasiment unanime pour confirmer ses lauriers de star. Rudi a pu venir et on les voit ensemble, pendant quelques jours, comme un charmant vieux couple. Après son départ, elle n'est plus qu'une vieille dame qui cherche, le soir, quelqu'un avec qui dîner. Sternberg, lui, ne vient pas, vieux cinéaste qui écrit ses Mémoires en province. Des Mémoires dans lesquels il fait son propre portrait en génie et ne donne de Marlene qu'un éloge un peu froid. Il y a sans doute de la pudeur dans sa discrétion à l'égard de ce qui a tout de même été autre chose que la banale relation d'une actrice et d'un réalisateur ; mais aussi beaucoup d'amertume pour n'avoir pas su, pas pu, garder à sa propre carrière son éclat. Marlene, elle, évitera toujours de s'exprimer à ce sujet, ne dira jamais de lui que du bien, sans se vanter de la façon dont elle l'a aidé financièrement quand il essayait vainement de faire un film de la vie de l'empereur Claude. Quand il mourra, en décembre 1969, c'est en amie bouleversée qu'elle ira voir Meri, sa veuve, avec laquelle elle a toujours gardé de bonnes relations. Erich Maria Remarque le suivra de peu.

Broadway, une deuxième fois. Cela lui vaut un Tony Award, l'Oscar des variétés, une distinction qu'elle reçoit devant les caméras de télévision, en trébuchant sur le plateau et en bafouillant ses remerciements parce qu'elle a trop bu. La télévision, qu'elle n'a jamais aimée, où elle ne s'est que très peu produite, ici ou là à l'occasion d'un enregistrement rapide, ne lui réussit pas. Quand elle accepte l'idée d'un show télévisé, cela se passe mal. Il y a longtemps qu'elle reçoit de telles propositions, mais elle les élude. Maria, elle-même (très attentive à la carrière de sa mère, elle ne la prive pas de son aide, jusqu'à venir de temps à autre faire l'habilleuse pour un spectacle), a essayé plus d'une fois, en vain, de monter une telle opération. Cette fois-ci, Marlene se laisse convaincre. Mais elle exige que l'émission soit filmée en Europe. Un théâtre de Londres fera l'affaire. Maria, qui habite maintenant la capitale britannique, peut l'assister, préparer l'arrivée de la star au Savoy, l'aider à trouver des perruques qui lui conviennent, tenter d'arrondir avec les uns et les autres des angles qui avec Marlene sont de plus en plus aigus. Surtout veiller à ce qu'elle reste assez sobre avant d'entrer sur le plateau. Elle a du mal à comprendre que les impératifs techniques ne sont ni ceux de la scène ni ceux du cinéma. L'absence d'un vrai public, qui paie sa place, la prive de cette complicité, ce frisson qui fait la magie des spectacles *live*. L'énorme salaire qu'elle reçoit pour sa prestation ne suffit pas à la détendre. Le décor est affreux, elle ne dispose pas d'une image de contrôle, elle ne voit pas l'orchestre... Elle est mécontente et n'a pas entièrement tort car l'émission n'est pas réussie. Le producteur et le réalisateur ont eu le tort de croire qu'il suffisait de lui demander de chanter sur le plateau comme elle le fait sur scène. Sans se rendre compte que, pour elle, les conditions étaient tellement différentes qu'elle ne pouvait ainsi que donner un spectacle sans âme. Elle exprime ensuite si vivement son mécontentement que l'aventure se termine par un procès.

Marlene a fêté ses soixante-dix ans. Maurice Chevalier meurt. Noel Coward aussi. Elle peut encore, non sans quelque préparation, apparaître en beauté sur scène, devant une caméra ou, encore mieux, sur une de ces photographies qu'elle retouche elle-même pour donner à l'image la perfection que le modèle n'a plus. Son caractère, qui n'a jamais été facile, ne s'améliore pas. Il suffit qu'elle arrive dans un hôtel pour que le personnel soit obligé de se mettre sur le pied de guerre afin que des rideaux spéciaux occultent les fenêtres, que l'éclairage de la salle de bains soit adéquat, qu'y soient installées au moins douze grandes serviettes, que les corbeilles à papiers soient en nombre suffisant... A l'Espace Cardin, où elle donne son spectacle en juin 1973, elle pousse quasiment, par ses exigences, le couturier à la dépression nerveuse. Il s'est pourtant donné beaucoup de mal pour l'accueillir, avec tout le panache dont il est capable. Il a fait décorer spéciale-ment deux loges avec des meubles et des objets qu'il a pris dans son propre appartement et leur a adjoint une salle de bains flambant neuve. Cela ne suffit pas à cette vieille dame, qui connaît de brusques moments de dépression, puis d'autres de grande excitation.

Marlene est vieille et n'est pas heureuse. Seule, ayant perdu bon nombre de ses meilleurs amis, de ses plus anciens amants. Elle attire surtout, désormais, des cour-tisans. Ou bien elle lasse ceux qui lui seraient plus dévoués. Elle perd pied. Elle tombe sur scène, ou de scène. A Londres, la chute, heureusement, n'est pas grave. A Washington, elle bascule dans la fosse d'or-chestre en voulant associer les musiciens aux applaudis-sements. L'accident n'est pas entièrement de sa faute. Stan Freeman, le chef, le successeur de Burt Bacha-rach, monte sur un tabouret pour prendre la main qu'elle lui tend du haut de la scène ; le tabouret bas-cule, entraînant avec lui le musicien et la chanteuse qui ne le lâche pas. Elle se déchire la cuisse. Sa mauvaise santé, ses problèmes de circulation ne favorisent pas la cicatrisation et la plaie reste ouverte. Elle n'annule pas pour autant le spectacle qui l'attend à Montréal. Il lui faut tout de même renoncer à celui qu'elle doit donner, en janvier 1974, à Carnegie Hall, la plus célèbre salle des Etats-Unis, car elle est alors hospitalisée à Houston, où Maria, arrivée d'urgence d'Angleterre, a pu, non sans mal, la confier à un excellent chirurgien.

Peu de temps après, alors qu'elle se repose (mais avons-nous déjà vu Marlene se reposer ?) à Paris, dans l'appartement qu'elle occupe avenue Montaigne, elle se fait une mauvaise fracture. Ivre, elle est tombée. Louis Bozon, un jeune ami qui lui voue une profonde admiration, tout à fait désintéressée, et la voit régulièrement quand elle est à Paris, la fait transporter à l'hôpital américain de Neuilly. Une manœuvre compliquée parce que l'ascenseur de l'immeuble est trop petit et qu'il faut transporter la blessée par l'escalier de service, avec le maximum de discrétion pour éviter que cela se sache et que des journalistes soient alertés. Une radio montre la nécessité d'une opération, mais l'intéressée ne faisant pas confiance aux chirurgiens français, se fait ramener chez elle et n'accepte d'être opérée qu'à New York. Maria, des Etats-Unis, organise son transport d'urgence et sa réception.

Il lui en faut plus pour annuler le spectacle qu'elle doit donner à Londres, un mois plus tard. On doit l'amener jusqu'à la scène en fauteuil roulant, mais une fois là elle se lève et, comme si de rien n'était, la septuagénaire invalide se transforme en diva du spectacle. Richard Burton dit quelques mots pour l'introduire et, sans boiter le moins du monde, elle s'avance pour chanter. La princesse Margaret insiste pour saluer la star à la fin du spectacle et Marlene, qui ne veut pas se montrer ainsi diminuée aux yeux d'une princesse royale, trouve le moyen, malgré sa fatigue, d'apparaître apparemment détendue, en jean et en chemisier. Quant à la presse, elle ne trouve pas la moindre faille au spectacle de cette grande dame qui, après Londres, enchaîne voyages et spectacles ainsi qu'elle le fait depuis des années. Les critiques qui ont un peu suivi sa carrière de chanteuse s'accordent même, le plus souvent, pour dire qu'elle est meilleure qu'elle ne l'a jamais été. A Toronto, peu de temps après, Maria assiste à une scène étonnante : Marlene est ivre, le pas mal assuré, la voix guère plus, quand elle entame son tour de chant, mais soudain elle aperçoit Yul Brynner dans la salle. Elle parvient à

reprendre sa maîtrise et à assurer un spectacle impeccable. De ville en ville, elles parcourent les Etats-Unis.
La fille, trop convaincue de la nécessité d'avoir à veiller
sur sa mère, ne la quitte pas. D'autant plus que sa
consommation d'alcool (désormais le whisky a pris le pas
sur le champagne) ne cesse d'augmenter et que l'usage
du fauteuil roulant complique les déplacements. Quand
la tournée s'arrête, Marlene retourne à Paris. C'est là,
maintenant, qu'elle se sent chez elle, avenue Montaigne.
Et c'est là qu'elle apprend que Rudi a été encore victime
d'une attaque, apparemment plus grave que les précédentes, selon Maria, qui fait en sorte que, surtout,
l'épouse ne débarque pas à Los Angeles pour bouleverser
la vie de l'hôpital. Rudi reste douze jours dans le coma,
en sort partiellement paralysé. C'est en se rendant en
Australie que Marlene vient le voir. Elle n'imagine pas
qu'il puisse se rétablir, parle déjà de vendre sa maison et
ses poulets, demande à Maria de faire piquer ses chiens
(la fille ne se sent pas obligée d'obéir) et jure à qui veut
l'entendre qu'elle se consacrera désormais au bien-être
du pauvre Rudi.

La tournée australienne est désastreuse. Les salles ne
font plus recette. Marlene se saoule. On parle sérieusement d'écourter le voyage. Le producteur en appelle à
Maria pour qu'elle tente de raisonner sa mère. Celle-ci
n'accepte aucun compromis, ne veut pas reconnaître
l'échec, la triste fin de sa carrière. Battre en retraite, la
fille d'un officier prussien ? Vous n'y pensez pas ! Pourtant, devant des salles à moitié vides, le spectacle est
tragique. Quand elle arrive à Sydney, elle n'est plus que
l'ombre d'elle-même, une star titubante, désolante, à
peine consciente au moment d'entrer en scène après
avoir été habillée, soutenue par deux femmes qui se
sont associées bénévolement pour assurer son soutien
logistique. Le rideau s'ouvre. L'orchestre entame le pot-
pourri de ses morceaux célèbres par quoi commence

toujours son récital. La vedette va entrer en scène. Mais elle n'y parvient pas, s'écroule au bord des coulisses, ne peut se relever. Cette fois, c'est le fémur gauche. Pas question de se faire opérer à Sydney. Juste un plâtre pour le voyage et direction Los Angeles, où elle se retrouve dans le même hôpital que Rudi, qui fait de jour en jour des progrès en rééducation. Maria, au moins, peut ainsi s'occuper de ses deux parents. Curieusement, ni l'un ni l'autre ne cherche à voir son conjoint. D'ailleurs, Marlene ne s'attarde pas dans cet hôpital dont elle trouve trop jeune le chirurgien qui doit s'occuper d'elle. Elle préfère retrouver celui qui l'a déjà opérée et se fait de nouveau transporter à New York. Elle y reste hospitalisée pendant quatre mois, plus odieuse que jamais, ne supportant pas les femmes de ménage noires, insultant les infirmières et éventuellement les médecins, ne cessant de se plaindre auprès de sa fille des traitements qu'on lui fait subir, l'accusant de l'abandonner. Enfin de retour dans son appartement new-yorkais, elle refuse de faire le moindre effort en kinésithérapie et s'accroche au déambulateur qui la soutient dans ses déplacements. Quoique ainsi handicapée, elle se précipite en Californie où Rudi est rentré chez lui, accompagné par deux infirmières. Marlene s'impose, donne des ordres et part pour Paris, où elle apprend sa mort, six semaines plus tard. Elle ne vient pas à son enterrement, par peur des journalistes, dit-elle à Maria. Mais Rudi n'avait-il pas lui-même dit à sa fille qu'il aimerait autant que son épouse ne vienne pas jouer les veuves éplorées sur sa tombe, où seul son prénom est inscrit ? Marlene, elle, affirmera volontiers que c'est Maria qui lui a interdit de venir.

Cette fois, Marlene est veuve. Officiellement veuve Sieber. Veuve encore, c'est elle qui le dit, quand elle apprend la mort de Jean Gabin. Difficile alors de ne pas se sentir vieille. Mais elle veut rester active. Gagner

encore de l'argent, car elle n'a toujours pas d'économies, à peine quelques bijoux de côté qu'elle garde
pour Maria. Elle s'enferme afin écrire une autobiographie pour laquelle plusieurs éditeurs ont rivalisé en faisant des offres considérables. Un livre dans lequel,
finalement, elle ne fait qu'effleurer sa propre histoire,
ne révèle aucun secret, ne donne que peu d'informations nouvelles, déforme quelques vérités et se montre
en prétentieuse donneuse de leçons dans quelque
domaine que ce soit.

On ne la voit plus guère. Elle a toujours du mal à se
déplacer. Elle peut passer des journées entières seule,
avenue Montaigne, où pourtant il lui reste un embryon
de cour, quelques fidèles qui veillent sur elle. Elle sort de
sa retraite pour une brève apparition dans un film de
David Hemmings, *Just a Gigolo*, dont la vedette est
David Bowie. Mas elle ne tourne que pendant deux jours
et ne rencontre pas le chanteur. Elle arrive au studio,
accompagnée par Maria, fardée d'un masque époustouflant d'artifice qui lui fait le visage de ses quarante ans,
mais sans aucune expression, appuyée d'un côté au bras
de sa fille, de l'autre sur une canne. Mais elle sidère
l'équipe du film quand elle se met au travail. Les mêmes
réflexes. La même assurance. Une grand-mère se réveille,
vérifie les éclairages, impose son autorité aux techniciens,
impressionne le réalisateur. Marlene rayonne du fond de
sa vieillesse, de sa faiblesse. Une fois encore, une dernière fois, fait illusion, sous un grand chapeau, le visage
derrière une voilette qui rappelle celle de *La Femme et le
pantin*. Dans la première scène, elle est assise. Dans la
seconde, elle s'avance, royale, jusqu'au piano et chante
parfaitement *Just a Gigolo*, une chanson qu'elle ne s'est
pas engagée à interpréter en signant son contrat, parce
qu'elle ne l'aime pas. Mais David Hemmings a su
gagner sa confiance et le professionnalisme est un res-
sort qui ne s'est pas rouillé. Comme elle est arrivée à se

fournir en alcool, malgré la surveillance exercée par Maria, elle est incapable de se souvenir des paroles, mais une fois qu'elles sont écrites en gros caractères sur des panneaux de carton, elle s'en sort très bien.

Ainsi Marlene fait-elle ses adieux à la caméra. Lola Lola prend sa retraite. En disant, avant de se retirer, quelques mots à l'équipe du film. Parce que l'action en est située à Berlin, dans ces années vingt qui furent celles de sa jeunesse et de ses débuts, et parce que la production du film est en partie allemande, elle explique que les nazis l'ont séparée de l'Allemagne, qu'elle n'a jamais renié son pays, qu'elle l'a toujours aimé et qu'il lui manque plus que jamais, que c'est une chose terrible que de perdre son pays et sa langue. Depuis (cela elle ne le dit pas) elle a perdu bien plus : sa beauté, sa jeunesse, sa santé. Dietrich, dans *Just a Gigolo*, a l'air d'être le fantôme de Marlene. Une image, rien qu'une image, irréelle, qu'un souffle pourrait emporter.

12, avenue Montaigne, Paris, 8ᵉ arrondissement. Quatrième étage. Ici vit une vieille star, qui ne sort plus guère de chez elle, ne quitte que très peu son lit, depuis qu'elle est encore tombée, se cassant un os de la hanche. Elle a passé la nuit couchée par terre dans sa salle de bains. On ne l'a pas opérée. Inutile. Simplement se reposer, laisser l'os se recoller tout seul, si possible. Alors elle s'est couchée, une fois pour toutes.

Sur un mur, une galerie de portraits. Ses héros. Rudi, Chevalier, Gabin, Hemingway. Alexander Fleming, dont la pénicilline lui a sauvé la vie. Sviatoslav Richter aussi, le pianiste de génie. Partout des caisses, des valises, des cartons, dans lesquels sont entassés les souvenirs d'une vie exceptionnelle. Dans le couloir, dans la pièce qui serait un *living*, dans la chambre. Elle a dû vider la chambre de bonne qu'elle occupait dans le même immeuble, où elle avait tout entassé… Elle a tout gardé. Traces, dépouilles, reliques… Costumes récupérés après des tournages, robes de haute couture à peine portées, dizaines et dizaines de paires de chaussures... Mais elle se plonge rarement dans ce musée en vrac, sauf quand elle demande à Maria de l'aider à y mettre de l'ordre. C'est une façon de parler : sa fille lui apporte des tiroirs sur son lit, elle fouille, inspecte, ne jette rien, feuillette des lettres, qu'elle relit, qu'elle fait lire à ses visiteurs, à Louis Bozon, par exemple. Il a une clef de l'appartement, au cas où, de même que Ginette Spanier, une amie fidèle aussi, connue chez Balmain, dont elle était une sorte d'hôtesse, mais de classe.

C'est le deuxième appartement qu'elle occupe dans cet immeuble. Le premier, elle le louait à une riche Iranienne qui l'a récupéré à la mort du shah. Elle y recevait plus souvent, plus digne, toujours fidèle au pot-au-feu, très douée aussi pour l'aspic de poisson, faisant le service, restant debout, dans le hall transformé en salle à manger. Dans la salle de séjour, elle s'installait sur une chaise haute, dominant ses admirateurs intimidés. Elle y gardait, sous deux pianos, quelques valises contenant ce qu'il lui fallait emporter en tournée, avec le petit sac dans lequel tenait une robe de scène dont elle ne se défaisait jamais, en voyage, pas plus que des partitions de ses musiciens. Afin que cela, l'essentiel, ne se perde pas. Ou ne soit pas volé. Cela lui est arrivé, une fois, dans un hôtel. Tous les bagages étaient entreposés dans une chambre qu'elle avait louée pour eux, où ils furent visités, délestés de quelques objets plus ou moins précieux. Maurice Chevalier venait dîner de temps à autre, toujours ponctuel, sachant combien elle a toujours eu horreur des gens imprécis. Il arrivait même un peu en avance, attendait l'heure juste devant la porte. Jean-Pierre Aumont aussi est venu, un soir, avec Gloria Swanson, mais Gloria est arrivée avec son dîner, de la nourriture macrobiotique !

254

LA VÉRITABLE MARLENE DIETRICH

Autrefois, il n'y a pas si longtemps, quand elle chantait encore, elle se levait tôt, commençait la journée en arrosant les géraniums. Maintenant elle reste dans son lit. Puisqu'elle a du mal à marcher, elle ne marche plus, ne sort plus. Elle s'est organisée. Elle a tout à portée de la main, sur une série de tables qui l'entourent : papier, enveloppes, timbres, balance pour peser les lettres, blocs-notes, cahier pour y inscrire au fil des jours quelques faits ténus, dictionnaires, téléphone, annuaires téléphoniques... Des livres à lire, des livres de chevet, Goethe et Rilke. Une impressionnante réserve de médicaments. Une réserve de whisky. Une plaque chauffante et quelques ustensiles de cuisine. Un astucieux système de cordons lui permet d'ouvrir ou de fermer la fenêtre. Ce qui est un peu loin, elle l'attrape à l'aide d'une paire de longues pinces.

Elle a une femme de chambre, plusieurs qui se succèdent, dont l'une se plaindra plus tard de sa tyrannie. Une secrétaire aussi, Norma Bosquet, l'épouse d'un écrivain franco-russe, elle-même d'origine américaine. Cela plaît à Marlene, qui aime dire qu'elle a l'âme slave. « Madame Norma » vient, l'après-midi, pour le courrier, toujours abondant. Mais pas question qu'une infirmière lui donne régulièrement des soins, ainsi que le propose Maria.

Des photographes la guettent. C'est la grande époque des paparazzi. Un jour, un camion-grue s'avance devant la fenêtre de sa chambre. Elle a toujours eu horreur des journalistes, des photographes. Dommage qu'elle n'ait pas ici, à sa disposition, quelques amis de Frankie, Frank Sinatra, qui se feraient un plaisir de leur casser la figure. Son pistolet d'alarme suffit à les effrayer, comme les pigeons. Trop bruyants sur le balcon de la rue Jean-Goujon.

Quelquefois, elle a une envie soudaine d'huîtres. Elle envoie Louis Bozon en chercher quatre ou cinq douzaines. Elle fait faire d'autres courses, en abondance, par les concierges de l'immeuble. Elle accumule ainsi beaucoup de choses inutiles. De quoi tenir un siège.

A force de ne plus bouger, les jambes s'atrophient. D'abord elle ne voulait plus se lever, maintenant elle ne peut plus. Marlene est grabataire. Une vieille femme dans des draps sales, parce qu'elle n'aime pas qu'on la dérange pour refaire son lit. Pas plus que pour la laver. Une chambre imprégnée d'une odeur de vieillesse, de maladie, d'excréments gardés dans des pots en attendant que quelqu'un les vide. Cela dure dix ans, dix ans de survie. Elle voit mal, elle devient sourde, elle a de mauvaises dents. Elle se coupe elle-même les cheveux. Elle est souvent saoule. « Pitoyable », pense Maria, qui en a le cœur fendu.

Elle fait plus que jamais un usage immodéré du téléphone, en longues conversations, appelant les uns et les autres à n'importe quelle heure du jour ou de la nuit, peu soucieuse des décalages horaires. Par besoin de parler, besoin qu'on l'écoute. Maria, au bout du fil, de l'autre côté de l'océan, est patiente avec cette vieille mère qui lui est plus étrangère qu'elle ne l'a jamais été, s'enfonçant ainsi dans une vieillesse dramatique. Marlene aussi flirte à distance, s'invente des histoires d'amour. Avec le beau danseur Mikhaïl Barychnikov, son idole pendant quelque temps, puis avec un médecin californien, qui lui envoie des lettres enflammées, érotiques, oubliant sans doute que Lola Lola est désormais une octogénaire mal en point. Elle a aussi de longues conversations, plus normalement amicales, avec Alain Bosquet, le mari de sa secrétaire. Il ne les laissera pas perdre, en fera un livre, superficiel, hâtif.

Elle apprécie de moins en moins les visites. Elle ne reçoit même plus ses petits-fils quand ils sont à Paris et demandent à la voir. Elle trouve toujours de bonnes raisons. Elle préfère entretenir des amitiés téléphoniques, ainsi gardant ses distances. Elle ne veut pas se montrer, mais elle a gardé sa voix. Elle est seule, souvent triste. Elle a besoin d'un public, de gens qui l'aiment. Elle donne son accord à l'animateur de télévision Jacques Martin, avec qui elle entretient une relation confiante, pour un entretien, à condition qu'il lui envoie une liste de questions. Elle y réfléchit. Elle y travaille. Elle commence à écrire ses réponses. Cela dure un an, mais elle s'arrête en chemin. Maximilien Schell, qui a joué dans *Jugement à Nuremberg*, a plus de chance. Il réalise un document très exceptionnel : un long entretien avec Marlene, enregistré avenue Montaigne, en 1984. Maria a monté l'affaire, a fait signer un contrat à sa mère, pensant que cela lui ferait du bien, la sortirait de son inactivité, redorerait un compte en banque mal en point. L'enregistrement est difficile. Elle passe d'une langue à l'autre (l'allemand, l'anglais, le français), bafouille, a la mémoire confuse, ou volontairement fausse la vérité. Ou se contente de répondre qu'elle l'a déjà dit, ou écrit quelque part. Ce n'est pas cela qui permettra de monter la bande-son d'un film. Heureusement, quand elle décide que l'enregistrement est fini, le magnétophone continue de tourner pour enregistrer la conversation d'une hôtesse redevenue miraculeusement charmante pour offrir du thé et des pâtisseries. Grâce à quoi Maximilien Schell parviendra à réaliser un excellent documentaire. Maria, elle, écrit un livre, une biographie de Marlene. Un éditeur le lui a demandé. Elle prend des notes, constitue des dossiers, fouille dans les archives. Marlene en est ravie. Il est entendu que le livre ne paraîtra qu'après sa mort : *Marlene Dietrich par sa fille*. Un monument d'amour, mais de lucidité, tendre et cruel, portrait intime d'une star par quelqu'un de bien informé. Une mère, une fille, dans l'étonnante histoire d'un des grands personnages du XXe siècle. La vie d'une star, de la star même.

LA VÉRITABLE MARLENE DIETRICH

Elle pense à la mort, bien sûr. Elle y a souvent pensé, même quand la question ne se posait pas. Il y a long-temps déjà, elle s'amusait à imaginer ses funérailles. Précisément mises en scène par elle-même. A Notre-Dame, dans une première version, à la Madeleine, ensuite. Amantes et amants réunis pour l'occasion, dans l'admiration et le deuil. Rudi en maître de cérémonie. Nellie pour une dernière mise en plis. Une robe de Balenciaga, un drap signé Dior pour draper le cercueil. Six chevaux harnachés de noir pour tirer le fourgon mortuaire qui remonte la rue Royale, à partir de la Concorde, précédé d'un détachement de la Légion étrangère. La foule massée sur les trottoirs. D'innom-brables travestis déguisés en Dietrich, avec plumes et voilettes. Noel Coward prononce l'éloge funèbre. Orson Welles dit quelques pages de Shakespeare. Jean Coc-teau, lui aussi, a préparé quelque chose. Rudi, à l'entrée de l'église, distribue des œillets rouges ou blancs, rouges pour ceux qui ont couché avec Marlene, blancs pour les autres, qui auraient voulu. Remarque, trop ivre, n'arrive pas jusqu'à l'église, dans laquelle Gabin préfère ne pas entrer, fumant une cigarette... Ou bien elle rêve d'un petit cimetière dans un village de la campagne française, avec un bon restaurant à proximité, pour ceux qui vien-dront se recueillir sur sa tombe. Ou bien elle explique à Maria qu'elle pourrait mettre son corps dans un grand sac-poubelle, puis dans une malle qu'elle ferait sortir de l'appartement par le plus fort de ses fils afin de l'expédier ainsi en Amérique.

Marlene Dietrich meurt le 6 mai 1992. Le cercueil, recouvert du drapeau français et sur lequel sont posées ses décorations, est exposé, le temps d'un service funèbre, dans l'église de la Madeleine, où Louis Bozon lit quelques vers de Rilke. Mais c'est en Allemagne, sur le lieu de son enfance, dans le même cimetière que sa mère, qu'elle est enterrée. Elle en a émis le vœu, un jour, après que le mur de Berlin eut été abattu. Marlene prend l'avion pour son dernier voyage. Maria a fait remplacer le drapeau français par la bannière américaine. De nombreux Berlinois défilent devant sa tombe.

Marlene désormais repose en terre allemande. D'elle, il ne nous reste que des images. Des films, des photographies, dans l'album de famille de notre cinéma. Un visage parfait. Une silhouette parfaite. Un regard à vous fendre l'âme. Une façon de se tenir, la main sur la hanche, pour jauger le public. Une main qui tient une cigarette. Et une voix, qui donne le frisson. Une voix qui chante l'émotion de tomber amoureux encore une fois, qui se demande ce que veulent les gars dans l'arrière-salle, qui s'interroge sur l'endroit où ont disparu les fleurs. La voix de Lola Lola et de Lili Marlene.

ANNEXES

FILMOGRAPHIE

1923
Le Petit Napoléon
de Georg Jacoby.

1923
La Tragédie de l'amour
de Joe May.

1923
La Carrière
de Wilhelm Dieterle.

1924
Le Saut dans la vie
de Johannes Guter.

1926
Manon Lescaut
d'Arthur Robison.

1926
Une du Barry moderne
d'Alexander Korda.

1926
Le Danseur de ma femme
d'Alexander Korda.

1926
Madame ne veut pas d'enfant
d'Alexander Korda.

1926
Tête haute, Charlie !
de Willi Wolf.

1927
Le Baron imaginaire
de Willi Wolf.

1927
Son plus grand bluff
de Harry Piel.

1927
Café électrique
de Gustav Ucicky.

LA VÉRITABLE MARLENE DIETRICH

1928
La Princesse Oh la la
de Robert Land.

1929
*Ce n'est que votre main,
Madame*
de Robert Land.

1929
L'Enigme
de Kurt Bernhardt.

1929
Le Navire des hommes perdus
de Maurice Tourneur.

1929
Dangereuses fiançailles
de Fred Sauer.

1930
L'Ange bleu
de Josef von Sternberg
avec Emil Jannings.

1930
Morocco
(*Cœurs brûlés*)
de Josef von Sternberg
avec Gary Cooper.

1931
X-27
de Josef von Sternberg
avec Victor McLaglen.

1932
Shanghai Express
de Josef von Sternberg
avec Clive Brook, Anna
May Wong.

1932
Blonde Vénus
de Josef von Sternberg
avec Cary Grant, Herbert
Marshall.

1933
Le Cantique des cantiques
de Rouben Mamoulian
avec Brian Aherne, Lionel
Atwill.

1934
L'Impératrice rouge
de Josef von Sternberg
avec John Lodge, Sam Jaffe.

1934
La Femme et le pantin
de Josef von Sternberg
avec Lionel Atwill, Cesar
Romero.

1936
Désir
de Frank Borzage
avec Gary Cooper.

1936
Hôtel impérial
de Henry Hataway
avec Charles Boyer.

1936
Le Jardin d'Allah
de Richard Boleslawski
avec Charles Boyer, Basil
Rathbone.

1937
Le Chevalier sans armure
de Jacques Feyder
avec Robert Donat.

LA VÉRITABLE MARLENE DIETRICH

1937
Angel
d'Ernst Lubitsch
avec Herbert Marshall.

1939
Femme ou démon
de George Marshall
avec James Stewart.

1940
La Maison des sept péchés
de Tay Garnett
avec John Wayne.

1941
La Belle Ensorceleuse
de René Clair
avec Bruce Cabot.

1941
Manpower
de Raoul Walsh
avec Edward G. Robinson.

1942
Madame veut un bébé
de Mitchell Leisen
avec Fred MacMurray.

1942
Les Ecumeurs
de Ray Enright
avec John Wayne, Randolph
Scott.

1942
Pittsburgh
de Lewis Seiler
avec John Wayne, Randolph
Scott.

1944
Hollywood Parade
d'Eddie Sutherland.

1944
Kismet
de Wilhelm Dieterle
avec Ronald Colman.

1946
Martin Roumagnac
de Georges Lacombe
avec Jean Gabin.

1947
Les Anneaux d'or
de Mitchell Leisen
avec Ray Milland.

1948
La Scandaleuse de Berlin
de Billy Wilder
avec Jean Arthur, John
Lund.

1949
Jigsaw
de Fletcher Markle.

1950
Le Grand Alibi
d'Alfred Hitchcock
avec Michael Wilding.

1952
Le Voyage fantastique
de Henry Koster
avec James Stewart.

1952
L'Ange des maudits
de Fritz Lang
avec Mel Ferrer.

LA VÉRITABLE MARLENE DIETRICH

1956
*Le Tour du monde
en quatre-vingts jours*
de Michael Anderson.

1957
Monte-Carlo
de Samuel A. Taylor
avec Vittorio De Sica.

1958
Témoin à charge
de Billy Wilder
avec Charles Laughton,
Tyrone Power.

1958
La Soif du mal
d'Orson Welles
avec Orson Welles.

1961
Jugement à Nuremberg
de Stanley Kramer
avec Spencer Tracy, Burt
Lancaster.

1962
Black Fox
de Louis Clyde Stoumen.

1978
Just a Gigolo
de David Hemmings
avec David Bowie, Kim
Novak.

1984
Marlene
de Maximilien Schell.

DISCOGRAPHIE

Marlene Dietrich
Mythos and Legend
(3CD)
EMI

Marlene Dietrich
Falling in Love Again
(3 CD)
Goldies
OMC Music

Marlene Dietrich
on screan, stage and radio
(2CD)
Legend

Marlene Dietrich
La Blonde Vénus 1928-1948
(2 CD)
Frémeaux et associés

Marlene Dietrich
(2 CD)
Laserlight

Marlene Dietrich
The Blue Angel
The Original Recordings
Pro Arte.

Marlene Dietrich
Live at the Café de Paris
(with Burt Bacharach)
Sony

Marlene Dietrich
at Queen's Theater
(with Burt Bacharach)
Laserlight Digital

Marlene Dietrich
L'Ange bleu 1928-1933
Chansophone

LA VÉRITABLE MARLENE DIETRICH

Marlene Dietrich
My Greatest Songs
MCA

Marlene Dietrich
Les Etoiles de la Chanson
Music Memories

Marlene Dietrich
Falling in Love Again
MCA

Marlene Dietrich
Best of Best
MCA Victor

Marlene Dietrich
Legends of 20th Century
EMI

Marlene Dietrich
Universal Legends
MCA

Marlene Dietrich
Lili Marlene
Polygram

Marlene Dietrich
Come up and see me sometimes !
BMG

BIBLIOGRAPHIE

Nous avons une dette particulière à l'égard de trois ouvrages :

Steven Bach, *Marlene Dietrich, Life and Legend*, William Morrow, New York, 1992.

Une biographie sérieuse et détaillée parue l'année même de la mort de Marlene, malheureusement inexacte sur certains points en raison de dissimulations ou mensonges de l'intéressée, qui n'étaient pas alors vérifiables.

Charles Higham, *Marlene, la vie d'une star*, Calmann-Lévy, 1978.

Le récit un peu hâtif d'une vie, avec quelques témoignages intéressants qui n'ont pas été repris par les ouvrages postérieurs.

Maria Riva, *Marlene Dietrich*, J'ai Lu, 1995.

Le gros et passionnant ouvrage du témoin le plus proche et le plus constant de Marlene : sa fille. L'accès exclusif aux archives de la star, notamment à son journal intime, lui a permis d'éclairer bien des points jusqu'alors obscurs. C'est une Marlene bien vivante, formidable et effrayante, qui apparaît dans ce portrait fouillé sans complaisance, mais dans lequel le personnage de Maria Riva elle-même prend une place excessive.

Nous avons aussi consulté avec profit les ouvrages suivants :

L'Ange bleu, préface de Frédéric Mitterrand, Plume, 1992.

BOZON Louis, *Marlene*, Michel Lafont, 1992.

BUACHE Freddy, *Le Cinéma américain*, 2 vol., L'Age d'Homme, Lausanne, 1985.

CENDRARS Blaise, *Hollywood, La Mecque du cinéma*, col. Poche cinéma, Ramsay, 1987.

DICKENS Homer, *Marlene Dietrich*, Henri Veyrier, 1979.

DIETRICH Marlene, *Marlene D.*, Grasset, 1984.

Marlene Dietrich Abécédaire, Michel Lafont, 1988.

KRACAUER Siegfried, *Une Histoire du cinéma allemand, 1919-1923*, coll. Champs Contrechamps, Flammarion, 1987.

LEBRUN Dominique, *Trans Europe Hollywood*, Bordas, 1993.

MANN Heinrich, *Professeur Unrat*, coll. Les Cahiers Rouges, Grasset, 1991.

NAVACELLE Thierry de, *Sublime Marlene*, Editions Ramsay, 1982.

STERNBERG Josef von, *De Vienne à Shanghai*, coll. Cinémas, Flammarion, 1989.

TULARD Jean, *Dictionnaire du cinéma*, Bouquins.

VEILLON Olivier René, *Le Cinéma américain*, Les Années trente, coll. Points Virgule, Seuil, 1988.

WALKER Alexander, *Dietrich*, coll. Cinémas, Flammarion, 1991.

TABLE

Impression réalisée sur CAMERON par

BUSSIÈRE CAMEDAN IMPRIMERIES

GROUPE CPI

à Saint-Amand-Montrond (Cher)
pour le compte des Éditions Pygmalion
en octobre 2001

N° d'édition : 734. N° d'impression : 014864/4.
Dépôt légal : octobre 2001.

Imprimé en France